Andreas G. Weiß

Ausgelacht!?

Andreas G. Weiß

Ausgelacht!?

Glaube und die Grenzen des Humors

FREIBURG · BASEL · WIEN

© Verlag Herder GmbH, Freiburg im Breisgau 2021
Alle Rechte vorbehalten
www.herder.de
Umschlaggestaltung: Finken & Bumiller, Stuttgart
Umschlagmotiv: © Finken & Bumiller, 2021
Satz: Barbara Herrmann, Freiburg
Herstellung: CPI books GmbH, Leck
Printed in Germany
ISBN Print 978-3-451-38953-5
ISBN E-Book (PDF) 978-3-451-83953-5

Für meine Eltern

Inhalt

0. Prolog ... 11
1. Gefährliche Heiterkeit. Eine Problemskizze ... 21
2. Zu Höherem berufen? Von Menschen, ihrem Lachen und dem Drang nach Erkenntnis ... 47
3. Zwischen Himmel und Hölle. Von lachenden Menschen und dem Lachen Gottes ... 77
4. Angreifbare Religion. Oder: Haben sich die Zeiten geändert? ... 117
5. Fels in der Brandung? Oder: Hört bei Gott der Spaß wirklich auf? ... 157
6. Irritierte Sprachlosigkeit. Oder: Die Kunst, beleidigt zu sein ... 189
7. Wer hat Angst vor Lächerlichkeit? Oder: Lachen als Konfliktraum religiöser Identitäten ... 215
8. Epilog ... 229
9. Danksagung ... 237
10. Anmerkungen ... 241

„Die Menschen nehmen sich selbst zu ernst.
Das ist die Erbsünde der Welt."[1]
(Oscar Wilde)

0. Prolog

Die Tränen Mohammeds

Der 7. Januar 2015 hat sich in das Gedächtnis Europas eingebrannt. Durch eine unfassbare Gewalttat wurde die mediale Welt in Frankreich erschüttert. Zwei maskierte Täter stürmten am helllichten Tag die Redaktionsräume der Pariser Satirezeitschrift „Charlie Hebdo" und ermordeten elf Menschen.[1] Die Kaltblütigkeit der Tat erinnerte an Auftragskiller des organisierten Verbrechens, die Durchführung verwies auf Einsätze von Exekutionskommandos, die im vielbeschworenen Krieg gegen den Terror durchgeführt worden waren. Die Täter ließen keine Zweifel – sie verstanden sich als Ausführungspersonen einer höheren Autorität: „Wir haben den Propheten Mohammed gerächt"[2], sollen sie bei ihrer darauffolgenden Flucht durch die Straßen der Metropole gerufen haben.

Die anschließende Verfolgungsjagd zwischen Polizei und den flüchtigen Attentätern hielt die Welt in Atem. Die Welt blickte gebannt auf die Geschehnisse in der französischen Hauptstadt, die medial inszeniert, dramatisch gerahmt und live auf den Fernsehbildschirmen mitzuverfolgen waren. Ein fast ungläubiges Staunen mischte sich unter den ersten Schock. Auf der Suche nach den tieferen Gründen für die mörderische Tat dämmerte die Erkenntnis: Der Ort dieser Attentate war kein Zufall. Es war nicht zufällig jene Zeitschrift, die schon mehrmals in ihrer Vergangenheit heftigen Anfeindungen religiöser Gruppierungen ausgesetzt war. Hier handelte es sich nicht um einen blinden Amoklauf, sondern um einen gezielt ausgeführten Anschlag auf die Schaltzentrale jenes humorigen Printprodukts, das dafür berühmt war, in seinen mitunter schmerzlich eindringlichen Satireformaten vor nichts und niemandem Halt zu machen. Die von Autor*innen und Zeichner*innen abgeschossenen satirischen Pfeilspitzen waren treffsicher gesetzt. Keine Nische des öffentlichen Lebens war vor ihnen sicher, ihre Wirkung drang nicht selten in Mark und Bein.

Das von den „Charlie Hebdo"-Redakteur*innen heraufbeschworene Lachen blieb nicht selten im Halse stecken. Die bitteren Zerrbilder auf den Titelseiten hatten schon oft zu Entrüstung, Beleidigung und heftigen Diskussionen über die Freiheit von Kunst, Medien und Meinung geführt. Schon häufiger war es zu Drohungen gekommen, aus unterschiedlichsten Richtungen, in unterschiedlichster Intensität. Sie reichten von geistlichen Zurechtweisungen über gerichtliche Mahnungen bis hin zu Boykottaufrufen. Die erwähnten Formen waren sogar noch die gelassensten Reaktionen auf so manch satirische Überzeichnungen auf den Seiten des Magazins. Die satirische Wochenzeitung war bekannt dafür, dass sie weder vor religiösen, noch vor staatlichen oder sonst welchen Autoritäten Halt macht und kein Blatt vor den Mund nimmt. Ihre bildhaften Aufmachungen, verbunden mit bissigen Spott-Texten, hatten bereits mehrfach in der Vergangenheit für moralische Entrüstung gesorgt. „Charlie Hebdo" war auch nicht zum ersten Mal Zielscheibe eines brutalen Angriffs geworden. Bereits 2011 wurde ein Brandanschlag auf die Redaktion verübt, damals jedoch ohne Opfer und Verletzte.[3] Der Provokation, die von den Macher*innen der Zeitschrift wöchentlich in ihren scharfzüngigen Beiträgen hervorgerufen wurde, stand in unregelmäßigen Abständen immer auch eine gehörige Portion Anfeindung gegenüber.

Die Geschehnisse in Paris erinnerten an die von gewaltvollen Wutausbrüchen gezeichneten Protestwellen, die Mohammed-Karikaturen in der dänischen Zeitschrift „Jyllands-Posten" bzw. deren Nachdruck durch das ägyptische Blatt „Al Fager" im Jahr 2005 ausgelöst hatten[4]. Dennoch markierte dieser Januartag im Jahr 2015 einen Einschnitt: Der Hass, der sich an diesem Tag über die Menschen in der dortigen Zeitungsredaktion entlud, wurde zu einer symbolhaften Begebenheit. An diesem Ereignis schienen die moderne Forderung der freien Meinungsäußerung und die religiöse Würde bzw. die darin ausgedrückten Wahrheitsansprüche aufeinanderzuprallen und sich mörderisch zu entladen. Ähnlich wie sich „Charlie Hebdo" in der öffentlichen Wahrnehmung immer stärker als Synonym für die freie Meinungsäußerung in den westlichen, säkular verfassten Gesellschaften durchsetzte und zu einem Identifikationssymbol für ganze Kollektive wurde („Je suis Charlie" – „Wir sind [alle] Charlie"), wurden die gewaltvollen Reaktionen religiöser Seiten angesichts satirischer Zerrbilder ihrer selbst von nun an vor dem Hintergrund der Januaranschläge behandelt.

Für das Magazin selbst änderte die Erfahrung des Anschlags vieles: Während sich die überlebenden Mitarbeiter*innen wohl ihr Leben lang von den erlebten Bildern und dem damit verbundenen Schrecken verfolgt fühlen, hat die Zeitschrift bei ihrer ersten Auflage nach dem Attentat eine nie da gewesene Solidarität und Nachfrage erfahren. Auf der Titelseite des ersten Heftes nach dem Angriff: Ein weinender Prophet Mohammed, der ein Spruchband mit dem Slogan „Je suis Charlie" demonstrativ sichtbar hielt. Dies war eine Botschaft der Redakteur*innen, gleichzeitig spielten sie aber erneut mit dem tabuisierten Darstellungsverbot des Propheten. Die Tränen, die dieses gezeichnete Abbild aus dem Auge drückte, waren beides: Botschaft und Verarbeitung. Sie machten das Erfahrene zum Thema, ohne es lächerlich zu machen. Vielmehr sicherten sich die Zeichner*innen in der fiktiven Solidarität des Propheten gleichsam eine neue Hoffnung und einen Ansporn für ihre Arbeit.

Religiöse Kränkung und gewaltbereite Verteidigung

Die nachfolgenden Auseinandersetzungen über die Ursprünge der Übergriffe vom 7. Januar konnten die religiösen Motivationen, in denen sie eingewoben waren, nicht leugnen. Der Anschlag auf „Charlie Hebdo" war eine religiös motivierte Tat. Für manche Kommentator*innen wurden diese Geschehnisse mit einem Mal zu einem Belegstück für die grässliche Fratze sakraler Gewalt, die sich über allem und jedem ergoss, der sich gegen die religiöserseits proklamierte Unantastbarkeit stellte. Plötzlich flackerte jene fanatische Gewalt in einem europäischen Land wieder auf, die man eigentlich schon längst im finsteren Mittelalter hinter sich gelassen meinte. Es konnte kein Zweifel daran bestehen, dass man hier vor einer explosiven Problemstellung stand, die keinesfalls nur die islamische Glaubenswelt betraf.

Bei den erschütternden Ereignissen rund um „Charlie Hebdo" hatte man es mit einem religionspolitischen Angriff zu tun, der über den Terror eines vermeintlich „heiligen Krieges" hinausging. Hier ging es nicht nur um den Propheten Mohammed, dessen satirisch überzeichnete Darstellung die beiden Attentäter zu ihrem Mordanschlag animiert hatte. Es ging auch nicht um ein rein muslimisches Problem, wie auch die vielfachen Reaktionen aus anderen Religionsgemeinschaften zeigten. Dieses Ereignis zog weite Kreise, gleichzeitig wurde es zum Kulminationspunkt einer ganzen Reihe an Fragen, die das religiöse Selbstbewusstsein in seinem Innersten betraf. Mit den Anschlägen in Paris wurden Themen wie religiös motivierte Gewalt, sakrale Unfehlbarkeitsansprüche, Kritikfähigkeit und nicht zuletzt Ambiguitätstoleranz, also die Fähigkeit mit widersprüchlichen Gegensätzen umzugehen, auf eine neue Ebene gehoben.

Es war, als hätten religiöse Fanatiker zu einem gewalttätigen Schlag angesichts der säkularen Infragestellung ihres Glaubens ausgeholt. Was Jahrzehnte in Form von medialen Auseinandersetzungen, gerichtlichen Urteilen, Unterlassungsklagen oder gegenseitigen Protestaktionen ausgetragen wurde, fand einen schockierenden Eingang in das Bewusstsein der modernen Gesellschaften. Nicht, dass die Auseinandersetzungen zwischen traditionellen Religionsformen und moderner Kunst oder humoristischen Darstellungen auf Kosten der Religion neu gewesen wären, vielmehr war es die explosive Brutalität, mit der sich der religiöse Zorn entlud. Die Diskussionen, die sich anschlossen, gingen ins Grundsätzliche.

Viele fühlten sich an den schon zum Klassiker avancierten Bestseller „Der Name der Rose" von Umberto Eco erinnert, der das Verhältnis von Religion, Humor und damit verbundener Kritikfähigkeit in Form einer fiktiven Mordserie zum Thema macht.[5]

Dass eben jene Frage, die zuvor ein millionenfaches Publikum als Buch und Film unterhalten hatte, durch Anschläge islamistischer Glaubensgruppen wieder neu ins Gedächtnis gedrängt wurde, hatte so wohl niemand erwartet. Was man zuvor noch als eine fiktive Rückblende in längst vergangene Zeiten aus einer inneren Distanz betrachtet hatte, holte die Gesellschaften des 21. Jahrhunderts wieder ein. Zugleich schien sich abzuzeichnen, dass die von Eco aufgeworfene Problematik nicht bloß im Rahmen einer mittelalterlichen Geisteswelt zerstörerisches Potential entfalten kann. Vielmehr erkannte man, dass die Thematik auch in den christlichen Kirchen der Gegenwart enorme Emotionen hervorrief. Spätestens als sich Papst Franziskus selbst zu Wort meldete[6] und betonte, dass Glaube nicht zum Gegenstand von Spott und Satire werden dürfe, war klar, dass die mit den Pariser Anschlägen aufgeworfenen Fragen nicht nur den islamischen Religionsbereich betrafen. Offenbar gab es immer noch ein Unbehagen vonseiten religiöser Vertreter, wenn es um humorvolle Darstellungen ihrer Religion ging. Als würde eines der letzten Tabus der Gesellschaft angerührt, wenn sich die Spott- und Lachmedien auf religiöse Inhalte einschossen.

Komik und Religion. Spannung zwischen Kritik, Selbstironie und Absolutheit

Selbst im 21. Jahrhundert sind die Auseinandersetzungen zwischen Religion und Humor keinesfalls an ihrem Ende. Im Gegenteil. Es spricht sogar viel dafür, dass sich die Problemzonen zwischen religiöser Selbstwahrnehmung, Kritik von außen, säkularer Gegenstimmen und ihrer eigenen pluralen Öffentlichkeit im Rahmen einer medial globalisierten Welt eher vergrößern als verkleinern. Daran ist aber nicht nur die große Anzahl der modernen Medien verantwortlich, sondern zu einem guten Teil auch das unüberschaubare Stimmgewirr öffentlicher Diskussionen sowie Veränderungen in der Art und Weise, wie in gegenwärtigen Inszenierungen Lachen und Humor heraufbeschworen werden. Dabei sollte nicht vergessen werden, dass solche religiös-medialen Kampfplätze nicht erst mit den digitalen Medien entstanden sind; bei genauerem Hinsehen waren die thematischen Spannungsfelder zwischen Humor und Religion auch in den letzten Jahrzehnten niemals friktionsfrei und schon keinesfalls nur auf den islamischen Bereich beschränkt.

Lachen, Humor und Religion sind zwar – so viel sei an dieser Stelle schon einmal vorweggenommen – keinesfalls ein unlösbarer Widerspruch, aber gerade was zeitgenössische Darbietungen mit Bezug auf religiöse Inhalte, aber auch die karikierende Darstellung von Religionsgemeinschaften bzw. ihrer Vertreter anbelangt, bleiben sie ein Problemgebiet. Das mussten etwa die Humorkünstler von *Monty Python* nach ihrem Welterfolg „Das Leben des Brian" (1979) und auch die Macher der US-amerikanischen Kultserien „Die Simpsons" (seit 1989) bzw. „South Park" (seit 1997) oder auch das deutsche Satiremagazin „Titanic" bereits mehrfach erfahren. In Österreich wäre etwa der bekannte Karikaturist Manfred Deix (1949–2016) zu nennen, der in seiner Karriere nicht selten religiöse (besonders katholische) Autoritäten in bissigen Darstellungen aufs Korn nahm und dafür mehr als einmal enormer Kritik und öffentlichem Druck ausgesetzt war. Zahlreiche satirische Darbietungen der letzten Jahrzehnte haben neben jüdischen und christlichen Protesten auch den Aufschrei zahlreicher weiterer Religionsgruppierungen auf sich gezogen; insofern ist die Problematik nicht neu, wohl aber fühlt man in den Auseinandersetzungen der letzten Zeit nicht selten den Anschein einer „Spirale der Gewalt".

Dabei dürfte den meisten Beteiligten längst klar sein: Das Spiel mit tabuisierten Themen, Personen oder Gruppen ist ein Kennzeichen der Satire. Der darin provozierte Aufschrei ist keinesfalls unberechenbar; in vielen Fällen gehört die intendierte Skandalisierung der gezeigten und verzerrten Inhalte zur satirischen Aufmachung dazu. Während die Attacken und aufgebrachten Wortmeldungen die Popularität der jeweiligen Humorist*innen in vielen Fällen nicht im geringsten schmälerten, sondern eher noch förderten, wurde der Graben zwischen den traditionellen Religionsgemeinschaften und den zeitgenössischen Welten des Humors immer tiefer.

Es scheint: Wer sich in westlich geprägten Gesellschaften über Religion, ihre Vertreter*innen oder deren Glaubensinhalte lustig macht, spielt mit einem der letzten Tabus moderner Gesellschaften und läuft zugleich Gefahr, den Zorn zahlreicher gläubiger Menschen und selbsternannter Glaubenswächter auf sich zu ziehen. Diese Verwerfungen und die prognostizierbare Entrüstungswelle der religiösen Seite nutzen zwar viele religionskritische Medien und Personen(-gruppen) umso gezielter für ihren bissigen Spott, dennoch bleibt die Explosivität dieser Thematik auch heute unverkennbar: Mit Religion bzw. Gott ist offenbar nicht zu spaßen. Noch weniger mit jenen Menschen, die sich dem überzeugten Glauben an eine transzendente Größe verschrieben haben. Wie sollte es auch anders sein? Wenn man sich mit ernsthaften Fragen nach Gott, Schuld, Erlösung oder Strafe auseinandersetzt, hat man doch auch im Allgemeinen recht wenig zu lachen – möchte man zumindest meinen. Und wer es sich mit dem höchsten aller Richter verscherzt, der braucht sich auch nicht zu wundern, wenn Heerscharen selbsternannter Glaubenswächter*innen ausziehen, um den „spöttischen Frevlern" die scheinbar gottgewollte Gerechtigkeit widerfahren zu lassen.

Dass sich die Sache wohl nicht so einfach verhält, dürfte recht schnell klar sein. Denn hier kommen Fragen rund um religiöse Ansprüche, Kritikfähigkeit, aber auch der ganz fundamentale Umgang mit menschlichen Emotionen, zu denen Humor und Lachen schließlich auch zählen, ins Spiel. Und genau um diesen spannenden, aber durchaus problematischen Themenrahmen drehen sich gegenwärtig zahlreiche Diskussionen, nicht zuletzt deshalb, weil religiöse Institutionen vermehrt vor der Herausforderung stehen, dass ihre Stimme nur mehr eine unter vielen ist. Die religiöse Logik befindet sich, wie Hans Joas betont, in einem „Zeitalter der Kontingenz"[7], in der die Existenz einer transzendenzbezogenen Perspektivität zu einer bloß möglichen Option, keinesfalls aber notwendigen Tätigkeit mutiert ist. Sowohl das religiöse Leben im Alltag als auch die christliche Theologie sind an Ordnungen verwiesen, die gebrochen und überschritten werden. Die Innenperspektive des Glaubens wird nicht nur von Ereignissen in der Geschichte, biografischen Brüchen oder Fragen der Verständlichkeit herausgefordert, sondern sie ist Kritik, Neudeutungen, Verzerrungen und Angriffen von außen ausgesetzt. Das macht das Glaubensleben im Kontext des 21. Jahrhunderts noch einmal prekärer, weil in all diesen Verwerfungen und Bruchlinien letztlich die Fragilität des Glaubens selbst zutage tritt. Diese Verschiebung geltender Ordnungssysteme und deren Infragestellung beinhalten jedoch nicht automatisch das Fallen in ein zutiefst zerstörerisches Vakuum, sondern markieren eine Leerstelle, an der ein Raum kreativer Neuentdeckung entstehen kann. Um diesen Raum aber zu eröffnen und die Wirkung eines möglicherweise erfrischenden Perspektivenwechsels zu erfahren, sind alle Beteiligten gefordert: Es gilt zu reflektieren, wie man mit den Infragestellungen und den damit verbundenen Fragilitäten des „Eigenen" umgehen lernt und möglicherweise völlig neue Seiten der Weltperspektive entdecken kann.

In dieser Zeit einer dauernden Relativierung ehemals recht unhinterfragter Selbstverständlichkeiten drängt sich insofern die Frage nach einem realistischen Selbstumgang, der Fähigkeit zur Selbstironie und der Bereitschaft, mit solchen Anfragen oder Unterbrechungen von außen produktiv umzugehen, auf. Dass auch das Lächerliche bzw. die Gefahr des spöttischen Verlachtwerdens hier eine Rolle spielen, ist möglicherweise eine triviale Behauptung. Dass diese jedoch durchaus eine Ressource für ein kritisches und zutiefst christliches Selbstverständnis darstellen können, klingt für viele Ohren weiterhin befremdlich. Diese Quellen des christlichen Selbst freizulegen und den Umgang mit der eigenen Hinterfragbarkeit zu reflektieren setzt voraus, dass man sich der Konfrontation stellt. Humor ist in Bezug auf religiöse Themen schon allein deshalb nicht unproblematisch, weil darin eine Tatsache zum Vorschein kommt, die von gar nicht wenigen Glaubensgenoss*innen gerne vergessen wird, nämlich die Möglichkeit, dass sich der eigene Glaube als gar nicht so einfach und klar darstellt, wie er nach außen gerne präsentiert wird. Im Glauben kommen Hoffnungen, Zweifel, Überzeugung zusammen, aber auch die ganz basale Einsicht, dass sich letzten Endes viele Bereiche in der Wirklichkeit anders verhalten können, als sie möglicherweise auf den ersten Blick wahrgenommen werden. Dies muss nun keinesfalls zu Erheiterung und Lachanfällen führen, vielmehr ist diese Einsicht zunächst einmal verunsichernd.

Dennoch stellt sich für das menschliche Leben die fundamentale Frage, wie man im praktischen Dasein mit der „Uneindeutigkeit der Welt"[8] umzugehen hat bzw. wie man produktiv in einer solch unsicheren Umwelt existieren kann. An dieser Problemstelle setzt dieses Buch an: Es ist eine Untersuchung, die sich der problematischen Situation bewusst ist, in der sie durchgeführt wird. Es ist – auch (oder vielleicht besonders) für einen Theologen – keinesfalls selbstverständlich, dass man sich angesichts der brutalen Anschläge und der mitunter heftigen Auseinandersetzungen zwischen modernen Medien, bissiger Religionskritik oder lachhafter Inszenierungen religiöser Inhalte und Personen, tiefer mit dem Verhältnis von Religion und menschlicher Humorfähigkeit auseinandersetzen möchte. Dennoch soll genau dies das Ziel dieser folgenden Überlegungen sein: Auf der einen Seite soll keinesfalls verschwiegen werden, dass ein solches Unterfangen immer auch von unmenschlichen und grausamen Ausbrüchen vonseiten der zutiefst beleidigten Religion geprägt ist, die die Gesellschaften erschüttern. Die Opfer solch unmenschlicher Gewaltausbrüche sollen deshalb auch nicht vergessen werden. Sie bilden ein für die Religionen selbst schockierendes Mahnmal, das unseren weiteren Weg begleiten wird. Auf der anderen Seite soll gleichzeitig kritisch gefragt werden, ob sich im humorvollen Umgang mit religiösen Fragestellungen nicht sogar ein besonderer Wert versteckt.

So möchte ich mich nicht damit begnügen, zu zeigen, dass Religionen (in meinem Fall natürlich besonders die christliche) mit satirischen Hinterfragungen ihrer selbst in einer nicht-gewaltförmigen oder nicht-destruktiven Art und Weise umgehen können. Vielmehr möchte ich noch einen Schritt weitergehen und behaupten, dass der humorvolle Umgang mit dem eigenen Glauben, die Fähigkeit zur Selbstironie, mehr noch: die Wahrnehmung der eigenen Lächerlichkeit, zu den Kennzeichen des christlichen Lebens gehören. Aber dazu später mehr. Trotzdem gilt an dieser frühen Stelle des Projektes auch schon: Vorsicht ist geboten! Im humorvollen Umgang mit der Welt, aber auch im Lachen über die alltäglichen Dinge des Lebens zeigen sich alternative Räume und Lebensdimensionen, die nicht im starren Gefüge einer normierten Weltsicht abgebildet werden können. Das macht die menschliche Fähigkeit des Lachens bzw. sich über Dinge lustig zu machen immer auch zu einer schwer zu bändigenden Eigenschaft. Wer sich also – selbst innerhalb der Theologie – mit dem menschlichen Humor auseinandersetzt, betritt ein nicht selten argwöhnisch betrachtetes Gebiet. Nicht nur der Blick in die Religionsgeschichte, sondern auch in die Entwicklung weltlicher Gesellschaften und Politik beweist, dass der menschliche Humor alles andere als eine unproblematische Größe ist.

1. Gefährliche Heiterkeit. Eine Problemskizze

„There are no folk in the whole world so helpless or so wise.
There is hunger in our bellies, there is laughter in our eyes;
You laugh at us and love us, both mugs and eyes are wet:
Only you do not know us. For we have not spoken yet."[1]

G. K. Chesterton

Lachen am Rande menschlicher Regelsysteme

Wir sollten uns nichts vormachen: Lachen ist alles andere als eine einfache Kost, es ist keinesfalls ein simples Thema und schon gar nicht ein problemloses Attribut menschlichen Gefühlslebens. So sehr diese menschliche Fähigkeit unseren Alltag versüßt und manche schweren Stunden einfacher erscheinen lässt, so ambivalent erscheint sie, wenn man einen genaueren Blick auf sie wirft. Würden wir das menschliche Lachen auf die leichte Schulter nehmen, wäre die Gefahr groß, das Ziel dieses Buches bereits auf den ersten Schritten aus dem Fokus zu verlieren. Menschliches Lachen wird in vielerlei Hinsicht „in seiner Mehrdimensionalität verfehlt, in seiner Daseinsfunktion unterschätzt"[2] und viele Untersuchungen neigen dazu, die menschliche Lachbefähigung zu unterschätzen. Wir sollten uns davor hüten, diese schwer zu kontrollierende Eigenschaft menschlicher Emotionalität abseits ihrer enormen Macht und gleichzeitiger Ambivalenz zu betrachten: Das Lachen ist in der Lage, manch tiefsitzende Formen menschlicher Abgründe mit einem Mal an die Oberfläche zu befördern, die in vielen Fällen zu heftigen Auseinandersetzungen führen können. Wenn Menschen lachen, so ist das keinesfalls immer ein Ausdruck harmloser Gemütserhellung. Hinter der Mimik angespannter Lachmuskeln kann sich so mancher Charakterzug verbergen, der nichts mit einem friedvollen Lächeln zu tun hat. Das prekäre Moment an dieser Eigenschaft menschlichen Daseins jedoch ist, dass umstehende Personen in vielen Fällen gar nicht so genau bestimmen können, was denn nun eigentlich mit einem lachenden Gesicht ausgesagt werden soll. Diese Zweischneidigkeit menschlicher Heiterkeit ist trügerisch, sie ist enorm faszinierend und dennoch oftmals höchst problematisch.

Deshalb gilt es, Vorsicht walten zu lassen: Selbst wenn die Thematik der folgenden Überlegungen am Berührungspunkt zwischen den beliebten Themen von Humor, Komik und Satire – allesamt alltägliche Erscheinungen in der Medienlandschaft – angesiedelt ist, bedeutet das nicht, dass es ein lustiges Unterfangen ist. Je tiefer wir in die Fähigkeit menschlicher Erheiterung vordringen, umso klarer wird sich zeigen, dass wir es mit einem äußerst heterogenen Feld zu tun haben: Wer sich mit dieser menschlichen Fähigkeit auseinandersetzt, trifft keinesfalls auf einen Raum unbeschwerter Heiterkeit, sondern hier hat man es mit komplexen Zusammenhängen zu tun, die ihrerseits schon viele Opfer gefordert haben. Ja, Sie haben richtig gelesen: Wir müssen uns darauf gefasst machen, dass der Gang der hier folgenden Gedanken mit zahlreichen Leiden gesäumt ist – durch die Geschichte hindurch, aber auch in der Gegenwart des 21. Jahrhunderts.

Eines sollte am Beginn keinesfalls verschwiegen werden: Menschliche Humorfähigkeit reicht weiter als etwa der nüchterne Blick auf die evolutionär entwickelte Anlage unseres biologischen Organismus.[3] Ein Lachen zur falschen Zeit, am falschen Ort gegenüber dem falschen Gegenstand (oder der falschen Person) kann zu Ausbrüchen von Gewalt, zu Mord und Totschlag führen. Die Tragik manch grausamer Episoden der Weltgeschichte liegt darin, dass es sich dabei um Opfer einer misslichen Interpretation menschlicher Humorfähigkeit handelt. Oder, einfach gesagt: Wer die Macht eines (falsch verstandenen) Witzes unterschätzt, läuft Gefahr, unter die Räder der eigenen Unvorsichtigkeit zu kommen. Die Folgen können verheerend, ja irreversibel, sein: Jene Menschen, die durch Gewaltausbrüche aufgrund von satirischen, zynischen Bemerkungen oder oftmals schlicht missverstandenen Formen von Witz und Komik ums Leben gekommen sind, werden nicht einfach wieder lebendig. Sie wirken mahnend in jenem emotionalen Raum menschlichen Daseins, der zwar vielen Menschen Freude und Unterhaltung bringt, dennoch aber immer eine Gratwanderung am Rande dessen bleibt, was innerhalb des Rahmens individueller oder sozialer Akzeptanz positioniert ist.

Insofern ist die Geschichte des Lachens immer zugleich eine Problemgeschichte, die von persönlichen und gesellschaftlichen Tabus, von Sprachregeln, Geboten von Achtung, Ernsthaftigkeit, nicht zuletzt aber auch von den Grenzen kultischer Heiligkeit und irdischer Profanität handelt. Worüber auf welche Weise gelacht werden darf, liegt nicht in der bloßen Entscheidungsgewalt einzelner Personen, sondern betrifft im Letzten immer die Gesellschaft, in der die Menschen leben. Hier gibt es regulative Normen oder vielfach auch unbewusst übernommene Gewohnheiten, die regeln, wie ein gelingendes Miteinander der Menschen zustande kommen kann. Das betrifft neben täglichen Umgangsformen und Verhaltensweisen auch Fragen, wie man etwa persönliche Gefühle gegenüber anderen oder in bestimmten Situationen öffentlich zeigen sollte. In dieser Hinsicht betrifft es auch jene Emotionsformen und die dazugehörigen Gesichtszüge, die wir als Lachen bezeichnen. In sozial definierten Momenten, in denen Lachen als unpassend empfunden wird, könnte so manches Grinsen Anlass zu Unstimmigkeiten bis hin zu knallharten zwischenmenschlichen Verwerfungen geben. So betont Klaus Berger zutreffend: „Humor gehört im Zweifelsfall zu den fremdesten und damit am meisten der Interpretation bedürftigen Produkten einer Kultur."[4] Dabei ist noch gar nicht gesagt, wer oder was eigentlich diese Instanz sein müsste, die Grenzen und Möglichkeiten einer bestimmten Humorfähigkeit denn nun interpretieren und definieren sollte.

Um zu verstehen, wie brenzlig so manches Lachen sein kann, muss man nicht gleich in staatsphilosophischen Zusammenhängen denken; man kann dies bereits im alltäglichen Zusammenleben mit anderen Menschen erfahren: Wer lachen kann, suggeriert damit nicht selten, sich in eine Rolle von Leichtigkeit und Distanziertheit versetzen zu können – und das ist keinesfalls immer gewünscht. Dies gilt sowohl im Hinblick auf den Grund des Lachens sowie auf die Situation, in der sich der Lachende befindet. Worüber und in welchem Moment gelacht werden darf, geht auf soziale Konventionen und Erwartungen zurück. Hier kann man in vielen Fällen von den ungeschriebenen Gesetzen des „guten Geschmacks", also gesellschaftlich entwickelten Umgangsformen, sprechen. In anderen Momenten wiederum ist ein Lachen besonders gegenüber Personen höchst problematisch: Wer sich bei einer Polizeikontrolle plötzlich einem lautstarken Gelächter hingibt, braucht sich nicht zu wundern, wenn die Beamten etwas genauer kontrollieren wollen. Im schlimmsten Fall könnte ein unvermittelt auftretendes Lachen in dieser Situation auch als Beleidigung oder Provokation gedeutet werden – und würde noch einmal verschärfte Konsequenzen nach sich ziehen. Die Szenerie einer Kontrolle durch Ordnungshüter der öffentlichen Sicherheit ist im allgemeinen Verständnis eine ernste Situation und weniger eine, in der man versuchen sollte, die Atmosphäre durch ein scheinbar unbeschwertes Gelächter aufzulockern. Dieser Versuch könnte nämlich nicht nur scheitern, sondern zu höchst gefährlichen und unangenehmen Situationen führen.

Die Grenzen einer Gesellschaft bilden somit auch immer Grenzen dessen, was im Lichte von Heiterkeit oder Lächerlichkeit betrachtet oder verlacht werden darf. Nicht jede Situation ist für einen Lacher passend. Es gehört „[z]um allgemeinen Wissensvorrat einer Gesellschaft [...], daß ich über meine Situation und ihre Grenzen Bescheid weiß."[5] Insofern bestimmen die sozialen Tabus nicht zuletzt auch die Art und Weise, wie sich die Menschen auf Themenbereiche ihres Lebens beziehen können. Ungezügeltes Lachen ist in der Lage „jeglichen Ernst der Lächerlichkeit [zu unterziehen]. Das ist aber für Mensch und Gesellschaft riskant, spart diese anmaßende Fähigkeit doch nichts aus, nicht einmal das Heilige."[6] Das betrifft jedoch keinesfalls nur die Religionen dieser Welt; man kann Spuren solcher gesellschaftlicher Grenzziehungen in vielen Kulturkreisen vorfinden. Dass sich das hier angesprochene „Heilige" ebenso nicht auf eine rein religiös verstandene Sakralität beschränken muss, sei hier am Beginn unserer Gedanken vorerst nur angemerkt. Dennoch sollte uns stetig bewusst sein, dass es Bereiche von herausgehobener, deshalb auch oftmals tabuisierter Sakralisierung selbst in den säkularen Gebieten des menschlichen Lebens gibt. Dies schließt an die Feststellung von Hans Joas an, der betont, dass sich Formen von Sakralität nicht nur im Bereich der religiösen Weltperspektivierung, sondern auch im Blickwinkel säkularer Wirklichkeitserfassung finden lassen.[7] So betont Joas:

„In sozialwissenschaftlicher Perspektive ist Sakralität nicht einfach eine inhärente Qualität von Objekten, sondern eine Attribution, eine Zuschreibung durch Menschen, [... die überzeugt sind,] dass eine solche Zuschreibung angemessen ist."[8]

In dieser Perspektive dürfte auch schnell klar sein, dass selbst die säkulare Gesellschaft Platz für Formen von Sakralität wahrt. Auch wenn westlich geprägte Staaten und Lebensformen heute in einem verstärkten Maß als säkular definiert sind, ähnelt der ehrfürchtige Umgang mit manchen Personen, Räumen, Zeremonien oder Themen immer noch jenem Geschehen, das in früheren Zeiten den Religionen vorbehalten war. Sogar in jenen Bereichen menschlichen Lebens, die auf den ersten Blick nichts mit einer transzendenzbezogenen Haltung oder dem Glauben an ein göttliches Wesen zu tun haben, treffen wir auf Formen von Heiligkeit und die Verhaltensregeln, die im Umgang damit gefordert werden. Heilige Dinge beanspruchen von den Menschen eine besondere Art, ihnen zu begegnen. Der Umgang mit allem, was mit dem Attribut einer sakralen Besonderheit versehen wird, soll, wenn er dessen besonderer Aura nicht gerecht wird, unterbunden werden. Nicht selten wird mit Argusaugen beobachtet, wer sich nur der Sphäre der Sakralität nähert. Dabei wird gerade der vielfach als lustvoll erlebte Zustand der Erheiterung, des lachenden und komischen Umgangs, in vielen Kulturen nicht als passend angesehen. Diese heiligen, in ihrer Relevanz „herausgenommenen" Gegenstände, Themen oder Personen sind mit einer solch besonderen Wichtigkeit versehen, dass den Menschen hier keinesfalls alles erlaubt ist. Wer etwa das Andenken an einen geliebten Menschen zum Gegenstand von Spott oder Witz macht, rührt an Formen der Heiligkeit, selbst wenn die betreffende Person möglicherweise weder religiös noch von einer ganzen Gemeinschaft als besonders verehrungswürdig angesehen wird. Sakralität kann dort, wo es sich um eine besondere emotionale Hingabe und Relevanzzuschreibung handelt, durchaus in den Bereich des Individuellen verschoben sein[9], wobei eine Verletzung dieser Bereiche ebenso kränkende Wirkungen haben könnte und möglicherweise gewaltförmige Reaktionen nach sich ziehen würde.

„Die Wirkung eines Lächelns kann tödlich sein."[10]

Bereits an dieser Stelle zeigt sich die komplexe Gemengelage, die uns im weiteren Themenfeld begleiten wird. Dass Menschen lachen können, ist zunächst eine evolutionär und biologisch grundgelegte Fähigkeit. Als solche ist diese Anlage mitunter nur schwer zu kontrollieren. Als reflexhafter, situativer Ausdruck ist es den betreffenden Personen bei vielen Gelegenheiten schlichtweg unmöglich, das Lachen zu regulieren, zu dämpfen oder ganz zu unterdrücken. Wer schon einmal in den Genuss eines nicht zu bändigenden „Lachkrampfes" gekommen ist, wird wissen, wovon die Rede ist. Dem Schwall, der bei solchen Gelegenheiten das Gemüt des Menschen verlässt, können viele Personen nicht Herr (oder Frau) werden. Und die Reaktionen darauf könnten auch nicht unterschiedlicher ausfallen: Während manche sich durch die Wahrnehmung eines Lachanfalls in Form „einer situativen Ansteckung"[11] ebenso zu einem solchen verführt sehen, reagieren andere mit unverständlichem Schweigen oder betretener Stille. Selbst wenn die biologische Basis der menschlichen Lachfähigkeit also in Aufbau und Entstehung unseres Organismus durchaus ähnlich ausgeprägt ist, sind Formen, Auftreten und Konsequenzen dieser Gefühlsregung sehr verschieden.

„Die Wirkung eines Lächelns kann tödlich sein."[1]

So ist es höchst unterschiedlich, worüber man lacht, aber auch, wie auf ein aufgetretenes Lächeln reagiert wird. Vielfach liegt der Grund einer Belustigung in der individuellen Lebensgeschichte verankert oder wurde durch Erziehung mitgegeben, manchmal bleiben die Gründe aber unerklärbar und spontan. Beispielsweise ist der berüchtigte „englische Humor" der legendären Comedy-Gruppe „Monty Python"[12] nicht jedermanns Sache – und dennoch können sich viele sonst eher reservierte Personen bei manchen der skurrilen Sketche dieser Klamauk-Truppe ein Lachen nicht verkneifen. Zu diesen unkontrollierbaren und höchst individuellen Ausprägungen des Humors kommt jedoch auch hinzu, dass es gesellschaftliche Regeln – geschriebene und ungeschriebene – gibt, die menschliche Emotionalität regulieren und leiten sollen.

Das bedeutet in einer ersten Konsequenz, dass es eben nicht ausschließlich die Sache der lachenden Personen ist, ob der Ausbruch ihrer wie auch immer gearteten Heiterkeit passend ist oder nicht. Was zunächst als emotionaler Ausbruch oftmals nicht einmal in der Macht der einzelnen Personen steht, wird noch ein Stück unkontrollierbarer, wenn andere Personen an der Interpretation dieser Gefühlsregung beteiligt sind. Ob ein Lachen angemessen ist oder ob die Art und Weise der Heiterkeit möglicherweise verletzend oder beleidigend empfunden wird, liegt selten alleinig in der Hand des/der Lachenden. Vielfach liegen die konkreten Beweggründe im Dunkeln, seine Intention wird vom Ausbruch seiner Heiterkeit verstellt oder bis zur Unkenntlichkeit verzerrt. Bis sich der Emotionalitätsschub wieder abgebaut hat und die lachende Person näher erklären kann, was sie zu diesem Gelächter animiert hat, vergehen möglicherweise endlos scheinende Momente. In diesem Leerraum zwischenmenschlicher Kommunikation können Missverständnisse entstehen, die eventuell nie mehr wieder aufgeklärt werden können. Was als affektiver Ausdruck menschlichen Gemüts durch eine situativ wahrgenommene Komik an die Oberfläche tritt, kann so in weiterer Folge Affektreaktionen hervorrufen, die nicht mehr in der Kontrolle der Einzelnen liegen. Am Beispiel des Lachens ist deutlich zu erkennen, wie eng menschliche Emotionalität und ihre sozialgeschichtliche Einbettung verankert sind. Individualität und Sozialität treffen hier an einem besonderen Punkt menschlichen Lebens aufeinander, die in unterschiedlichen Kontexten völlig anders gelagert sein können. Das macht diese Thematik einerseits zu einem enorm spannenden Thema, zeigt aber auch die darin enthaltene Explosivität an.

Die Kausalkette, die von einem Lacher ausgelöst wird, kann bis hin zu gewaltförmigen Auseinandersetzungen führen. So mancher Lacher in der Geistesgeschichte der Menschheit wurde mit harten Sanktionen gemaßregelt. Sinnbild für die prekäre Lage menschlicher Lachgesellschaften wurde etwa die Rolle des (Hof-)Narren im europäischen Mittelalter, der in seiner Figur zugleich Komik und Tragik symbolisiert.[13] Er stand nicht selten nur knapp am persönlichen Abgrund: Ein schlechter Witz, der die Humorgrenze der herrschenden Klasse überschritt, konnte sein Leben kosten. Ebenso drohten auch Strafen, wenn sich das von seiner Rolle eingeforderte Gefühl ausgelassener Heiterkeit nicht einstellte. Jedoch: Wie die Zuhörer*nnen auf seine humorvollen Einlagen reagierten, konnte nicht vorausgesagt werden. Die Tätigkeit glich dem sprichwörtlichen „Tanz auf dem Vulkan".

Keinesfalls ist dieses Risiko humorbezogener Tätigkeiten auf die eigentlich fälschlicherweise als dunkel bezeichnete Zeit des Mittelalters beschränkt, ebenso wenig gibt es solche mitunter tödlichen Konsequenzen falsch verstandener Witze nur im Kontext westlicher Geisteshaltungen. Komik ist durch die Zeit hindurch ein gefährliches Feld kultureller Betätigung, gleichzeitig kann die höchst ambivalente Rolle menschlichen Lachens bis heute im täglichen Leben aller nachvollzogen werden: Lachen ist mehr als eine bloße Erheiterung und keinesfalls ist es immer ein Ausdruck freundlicher Gesinnung, ein Lächeln drückt nicht immer eine offene Geisteshaltung aus. Bereits in täglichen Begegnungen werden die Menschen vor die Herausforderung gestellt, sich zum Lachen anderer zu positionieren oder – in Hinsicht auf das eigene

Lachen – selbst auf ihre Gemütsäußerungen zu achten. Missverständnisse scheinen allgegenwärtig zu lauern.[14] Als beispielhaft kann ein kurzer Dialog aus dem Hollywoodstreifen „Die Wutprobe" aus dem Jahr 2003 gelten. In der Sitzung einer Selbsthilfegruppe geraten der gewaltbereite Chuck und der Hauptcharakter Dave Buznik aneinander. Der eigentlich gutmütige Dave sitzt während seiner ersten, richterlich verordneten Sitzung in der Gruppe und lächelt, während die um ihn sitzenden Personen ihre teils sehr persönlichen Geschichten erzählen. Der jähzornige Chuck sieht diesen Gesichtsausdruck jedoch als eine Provokation und stellt ihn zur Rede:

„Chuck: ‚Worüber lachst du, Dave?'
Dave: ‚Ich lach einfach so. Keine Ahnung. Jedenfalls nicht über dich.'
Chuck: ‚Lachst du etwa mit mir? Denn ich lach überhaupt nicht …'"[15]

Zwar eskaliert die Situation an dieser Stelle nicht, aber bereits diese drei kurzen Sätze verdeutlichen die höchst brenzlige Situation: Schon die Frage Chucks bringt Dave aus dem Gleichgewicht – er versucht sich vom Verdacht des Auslachens zu befreien, indem er sein Gegenüber als Gegenstand des Lächelns aus dem Spiel nehmen möchte. Das „Jedenfalls nicht über dich" kann gleichsam als Versuch einer Schadensbegrenzung gesehen werden. Der verunsicherte Dave möchte die Ambivalenz seines Gesichtsausdruckes mindern. Sofort hat er in der Frage seines Gegenübers erkannt, dass diese Situation eskalieren könnte.

Das kurze Gespräch der fiktiven Charaktere kann uns exemplarisch klarmachen, dass ein möglicherweise ohne besondere Intentionen getätigtes Lächeln schlichtweg missverstanden werden kann. Ein Lachen, so könnten wir hier schließen, steht keinesfalls für sich – es will interpretiert und in einen situativen, sprachlichen oder gesellschaftlichen Zusammenhang gebracht werden. Dabei ist aber wichtig, dass der Lachende bei diesem Interpretationsprozess nicht mehr unbedingt die finale Instanz ist. Ob sein Lachen als Angriff, Provokation oder als eine harmlose Gemütsäußerung verstanden wird, kann im Ernstfall über Eskalation oder Verharmlosung der Situation entscheiden. Entschuldigungen könnten zu spät kommen, nachträgliche Erklärungen der möglicherweise gedankenlosen Mimik als unzureichend gesehen werden. Schnell kann so aus einem unbewussten Lächeln eine brenzlige Situation entstehen. Die hier anklingende Unterscheidung zwischen einer arglosen Heiterkeit auf der einen Seite und einer beleidigenden, missbilligenden, schadenfrohen oder geringschätzigen Art des Lachens andererseits wird uns in der weiteren Folge noch verstärkt beschäftigen. Doch auch hier gilt: Nicht erst in der medial aufgeladenen Zeit des 20. oder 21. Jahrhunderts stellt sich eine solche Frage, sie zieht sich quer durch Kulturen, Zeiten und Episoden der Menschheitsgeschichte. Tatsächlich befinden wir uns hier in guter Gesellschaft: So haben sich keine geringeren als die beiden Allzeitgrößen antiker Philosophie, Platon und Aristoteles, mit den Phänomenen des Lachens, ja ebenso der feinen, eigentlich unscharfen Grenze zwischen den unterschiedlichen Formen des Lachens auseinandergesetzt. Bereits in der Antike nämlich wusste man sehr wohl darüber Bescheid, dass dem Phänomen menschlicher Erheiterung keinesfalls nur positive Momente anhaften, sondern dass Lachen Kräfte in sich bergen kann, welche die öffentliche Ordnung gefährden, das Zusammenleben unmöglich machen oder sogar dauerhaft schädigen können.[16] Der Zweischneidigkeit des menschlichen Gelächters entspricht eine einerseits gesellschaftsfördernde, andererseits aber schwer zu bändigende und unkontrollierbare Kraft als zwei Seiten ein und derselben Medaille.

Im Ereignis des Lachens

Es ist nach wie vor eine eindrucksvolle Episode der internationalen Weltpolitik: Als der russische Präsident Boris Jelzin und sein US-amerikanischer Amtskollege Bill Clinton im Jahr 1995 im New Yorker „Hyde Park" aufeinandertrafen, standen die Zeichen auf offene Konfrontation. Bereits mehrere Zusammenkünfte waren vorausgegangen. Beide Länder konnten sich auch nach monatelangem Tauziehen in der aufflammenden Balkan-Krise nicht auf eine gemeinsame Linie einigen, dieser Gipfel sollte eine Lösung herbeiführen.[17] Wenig optimistisch zeigten sich die Medien, die bereits in den Tagen vor dem Aufeinandertreffen von einem vorherzusehenden „Desaster" sprachen.[18] Als sich nun die beiden wohl mächtigsten Männer der Welt zu einer Pressekonferenz im vollbesetzten Medienauditorium einfanden, passierte etwas Unerwartetes: Noch bevor die beiden Staatschefs ihre überraschende Einigung der Weltpresse mitteilen konnten, ergriff der russische Präsident das Wort und holte zu einem verbalen Rundumschlag gegenüber den Medien aus: „Nun kann ich Ihnen zum ersten Mal mitteilen: Sie sind alle ein Desaster!"[19] Der darauffolgende Lachanfall Clintons ist Geschichte: Bis heute hat sich das Bild des lachenden US-Präsidenten in das Gedächtnis eingeprägt. Neben ihm ein sichtlich verdutzter Jelzin, der mit dieser Wirkung seiner Aussage nicht gerechnet hat. Es scheint, als würde er gerne mitlachen, wisse aber nicht so recht, wie ihm in dieser Situation geschieht. Das Lachen Clintons scheint anzustecken, dennoch hütet sich der russische Staatschef, einfach so in das Gelächter ein-

Boris Jelzin und Bill Clinton 1995 im „Hyde Park" (Quelle: White House Photographic Office)

zustimmen. Es dauerte Minuten, bis die Pressekonferenz wieder fortgesetzt werden konnte, da Clinton nur schwer zu beruhigen war. Der politischen Einigung tat dies keinen Abbruch – dennoch: Es war das unkontrollierte Lachen Clintons (so wie auch der kolportierte Alkoholkonsum von Jelzin an diesem Tag), das von diesem politischen Zusammentreffen in Erinnerung blieb.

Lachen ist kein einfaches Emotionalitätsschema, das sich von einem Menschen auf den anderen übertragen lässt. Die dynamische Eigenkraft eines Lächelns – oder passiv: eines Angelächeltwerdends – erschließt die unterschiedlichsten Handlungs- und Reaktionssphären im zwischenmenschlichen Zusammenleben, wobei der eigentliche Grund bzw. jener ursprüngliche Reiz, Gedanke oder Gegenstand, der diesen Gefühlsausdruck ausgelöst hat, oftmals im Dunkeln bleibt. Denn, was eigentlich die Ursache oder der Hintergrund des Lachens ist, liegt nicht einfach auf der Hand. „Menschen lachen nämlich über alles Mögliche, keineswegs nur über Witziges und Komisches; und schon gar nicht drückt sich im Lachen notwendig immer ein humorvolles Gemüt aus."[20] Ein lächelndes Gesicht eröffnet Interpretationsräume, die sowohl für den Lachenden als auch für sein Gegenüber mitunter bedrängend werden können. In einem Anflug ungezügelter Heiterkeit kann sich Vieles spiegeln. Von kolportierter Überlegenheit, herablassender Infragestellung oder Beleidigung bis hin zu offener Herzlichkeit und einladender Fröhlichkeit ist die gesamte Bandbreite menschlicher Deutungsmacht angesiedelt. Wer lacht, setzt in seiner Mimik einen Prozess in Gang, macht sich in gewisser Weise aber auch angreifbar. Denn: Wer die Deutungshoheit über die eigenen Ausdrucksformen nicht mehr in den eigenen Händen hält, macht sich in gewisser Weise selbst zum Gegenstand neuer emotionaler Ausbrüche. Und diese sind – bei Gott! – nicht immer positiv.

So hat der bekannte bayerische Kabarettist Gerhard Polt in einem Interview betont, dass sich der menschliche Humor nur schwer planen ließe – dieser „ereigne sich" vielmehr.[21] Das Ereignis des Lachens? Nun, was auf die Schnelle möglicherweise ungewöhnlich erscheint, wirkt bei genauerer Betrachtung gar nicht mehr so abwegig. Die Unplanbarkeit und die letztliche Unkontrollierbarkeit von Lachen und Humor trägt ein Überraschungsmoment in sich, das sich in letzter Konsequenz nicht vorhersagen lässt. Nicht zufällig bringt Reiner Heckl das Lachen mit einem punktuellen „komischen Ereignis oder dem Aha-Effekt"[22] in Verbindung. Das Ereignismoment, das hier angesprochen wird, dürfte Grundlegendes zutage fördern: Ein Ereignis kann nicht einfach produziert, nicht geplant, hergestellt oder einfach vorausgesagt werden.[23] Wer es tatsächlich mit einem unvermittelten und affektiven Humorausbruch zu tun hat, wird vor etwas Unerwartetes gestellt. Folgt man dem philosophischen Ereignis-Begriff, den etwa Slavoj Žižek[24] herausgearbeitet hat, so wird recht schnell klar, dass man es bei einem Ereignis im ursprünglichen Sinn mit etwas völlig Unerhörtem zu tun hat – nämlich mit etwas, das nicht erwartet werden konnte. Die Spontaneität des menschlichen Lachens erinnert in gewissen Momenten also an das Schockmoment, das in unvorhergesehenen Ereignissen das Leben der durchgetakteten Gesellschaft durchbricht. Es ist, als würde am Ereignispunkt die Erwartungshaltung der Menschen mit einem Mal auf einen neuen Raum erweitert, der eigentlich jenseits dessen liegt, was in den Regelsystemen von Kultur und Gesellschaft als „Normalität" erwartet wird. Die Unmittelbarkeit eines Ereignisses ist so viel wie *„eine Veränderung des Rahmens, durch den wir die Welt wahrnehmen und uns in ihr bewegen."*[25]

Ja, ein spontanes, unvermitteltes Lachen kann eine Situation völlig neu definieren – wie etwa der Witz und die darauffolgende Reaktion bei unserem eingangs erwähnten Beispiel im Hyde Park von New York. Jelzin, der – glaubt man manchen Darstellungen – wohl auch schon einige alkoholische Getränke genossen hatte, machte eine Bemerkung, die weder von der Reporterriege noch weniger aber von US-Präsident Clinton erwartet wurde. Damit wurde die „Aura" des eigentlich ernsten und von politischer Etikette geprägten Moments völlig verändert. Diese unvermittelte Bemerkung löste etwas aus, das so von beiden wohl nicht intendiert und schon gar nicht vorherzusehen war. Clinton hätte sich aufgrund dieser Attacke Jelzins wohl auch mit ernsthafter Miene zurückhalten können – was aber bekannterweise nicht geschah. Das ereignishafte Gelächter Clintons wurde ikonisch, es gilt bis heute als ein denkwürdiger Moment international berühmter Lachmomente. Und, wenn man es genau nimmt, hat dieses Lachen die eigentlich streng geplante und durchkomponierte Struktur des Gipfels nachhaltig (auch in der medialen Nachwirkung) verändert. So Žižek:

> „In einem Ereignis ändern sich die Dinge nicht nur: Was sich ändert, ist eben jener Parameter, an dem wir die Tatsachen der Veränderung messen, d. h. ein Wendepunkt verändert das gesamte Feld, innerhalb dessen Tatsachen erscheinen."[26]

Das Lachen der Menschen, so sehr es in das alltägliche Leben eingebettet scheint und über weite Strecken unbewusst erlebt wird, öffnet jeweils einen Raum für zwischenmenschliche Interaktionen. Dieser Raum wird mit Interpretationen gefüllt, die Menschen reagieren hier mit mindestens ebenso spontanen Erwiderungen auf das Unvermittelte des Lachmomentes. Dass diese Momente keinesfalls immer so glimpflich ausgehen wie unsere beispielhafte Episode zeigen jedoch viele Begebenheiten in der Geschichte. Lächeln zieht keinesfalls immer ein freundliches Gegenmoment nach sich. Die Rahmenbedingungen für diese immer wieder neu zu entdeckenden Räume zwischenmenschlicher Interaktion sind keinesfalls statisch vorgegeben, sondern selbst im Laufe der Zeit kulturell gewachsen und weiterhin in einem dauernden Veränderungsprozess. So sehr man im Allgemeinen davon ausgehen möchte, dass sich Regeln menschlicher Komik und Humoreinlagen ähneln oder überzeitliche Muster aufweisen, so kontextuell begrenzt und höchst dynamisch sind sie bei genauerer Betrachtung. Wer einen Witz oder eine humorvolle Bemerkung machen möchte, sollte gut über die Erwartungshaltungen und die sozialen Regeln seines Publikums Bescheid wissen, um nicht in eine möglicherweise gefährliche Sackgasse zu steuern. Eine letzte Sicherheit dafür, dass ein Akt der Heiterkeit erwidert wird oder zu einer freundlichen Erwiderung führt, gibt es aber nicht. Dieses Risiko bleibt den menschlichen Lachmomenten inhärent. So sehr man in vielen Kulturkreisen für eine humorvolle Bemerkung voraussetzt, dass die anderen Menschen verstehen, worum es eigentlich geht und wie die Aussage intendiert ist, so unsicher oder mitunter gefährlich bleibt diese Annahme. Dieses Wechselspiel von gesellschaftlichen Regeln, intendierter Komik und der individuellen Humorfähigkeit des jeweiligen Gegenübers wird uns noch weiter beschäftigen. An dieser Stelle genügt es vorerst festzuhalten, dass die Regelsysteme des Lachens keinesfalls so festgeschrieben sind, wie wir das in unserem Alltagsverständnis voraussetzen, und dass Lachen alles andere als eine arglose Emotionalität unseres Alltags ist.

Reine Provokation? Das offenbarende Moment des Lachens

„Dicker, was lachst du so dreckig?"[27], wird der Protagonist Lukas in Felix Lobrechts Roman „Sonne und Beton" gefragt. „Was lachst du denn so eklig?" wird beinahe im selben Atemzug noch einmal nachgefragt. Die Situation ist uneindeutig. Marco, der Fragende, fühlt sich durch das lachende Gesicht seines Gegenübers offenbar irritiert. Beschwichtigungen in einer solchen Situation sind schwierig. Ohne Erklärung bleibt ein Lachen nicht selten ein Angriff auf jene, denen im direkten Umfeld nicht klar ist, worüber eigentlich gelacht wird. Beinahe verkrampft suchen wir in solchen Situationen nach Erklärungen für diese Leerstelle. Irritation will aufgelöst werden, sie kann aber durchaus eskalieren. Marco, der Fragende in besagter Szene, drängt nach. In seinem jugendlichen Slang unterbreitet er – immer noch auf eine Antwort des Angesprochenen wartend – selbst einen Deutungsversuch: „Wie nix? Alter, du guckst, als hättste grad'n Taui inna Spielo gewonnen, ja."[28]
Ein Lachen steht niemals für sich allein. Die Gemütsäußerung in dieser kurzen Episode bei Felix Lobrecht macht das deutlich. An der

Frage nach dem tieferen Sinn eines Lachers entscheiden sich nicht selten Eskalation oder Deeskalation einer Situation. Selbst bei Menschen in der näheren Umgebung, Personen, mit denen dauernd kommuniziert wird, kann ein grinsendes Gesicht Unbehagen auslösen. Wofür ein menschliches Lachen steht, ist nicht einfach festgelegt; der Kontext, in welchem dieses zutage gefördert wird, kann es noch einmal in andere Zusammenhänge betten. Nimmt man diesen unkontrollierbaren Raum des Humors ernst, so lässt sich bereits erahnen, dass wir es hier mit einem höchst prekären Moment menschlicher Existenz zu tun haben. So explosiv sich die emotionale Fähigkeit des Menschen entladen kann, so unberechenbar ist ihre Wirkung auf andere Menschen. Insofern besitzt der Moment des Lachens etwas Unverfügbares, etwas Provozierendes und etwas Offenbarendes zugleich. Unverfügbar, weil die Deutung nur zu einem geringen Teil vorausgesetzt oder beeinflusst werden kann. Provozierend wirkt ein Lachen im wahrsten Sinne des lateinischen Ursprungs: Die Pro-vokation als ein Apell, eine Hervorrufung oder als eine Aufforderung (mitunter zum Kampf).[29] Als vieldeutige Emotion ist ein Lachen in vielen sozialen Interaktionen nichts anderes als eine Herausforderung – und zwar besonders für diejenigen, die mit ihm konfrontiert werden. Diese Provokation ist in der Lage, Unsicherheiten der Personen, verborgene Vorurteile, aber auch erlittene Traumata zutage zu fördern. Gerade weil ein lachendes Gesicht sozial nicht einfach determiniert oder mit einer eindeutigen Zuordnung versehen ist, wird es zu einem Hebel emotionaler Interaktionen. Menschen, die sich dadurch provoziert fühlen, werden mit einer Antwort reagieren, die diese innere Irritation aufnimmt. Somit ist ein unvermittelt ausgestoßenes Lachen durchaus in der Lage, bei den umherstehenden Menschen jene Gefühlsregungen hervorzurufen, die oftmals sehr gekonnt unter der Decke sozial geforderter Verhaltenscodices verborgen bleiben. Genau diese Funktion führt uns zum dritten Moment, welches das Lachen auf die Menschen ausüben kann.

Denn offenbarend wirkt die Emotionalität des Lachens insofern, dass es in vielen Situationen Facetten unseres zwischenmenschlichen Erlebens an die Oberfläche bringt, die unter normalen Umständen, wie etwa dem normierten Umgang kulturell geforderter Höflichkeit, verborgen bleiben. In solchen Szenarien intendieren die beteiligten Personen oftmals gar nicht ihre tieferen Gefühle einzubringen, doch werden sie möglicherweise gerade durch das Lächeln des Gegenübers im wahrsten Sinne des Wortes dazu „pro-voziert". Darum werden sie auf dieses Lachen reagieren – und zwar in vielen Fällen unabhängig davon, was gesellschaftlich gerade höflich wäre oder nicht. So kann es vorkommen, dass die Provokation des Lachens in der Reaktion des Gegenübers jenen Charakterzug zutage fördert, der sein Handeln bestimmt – und dies in vielen Fällen ungeschönt jenseits sozialer Etikette, Manieren oder Floskeln der Höflichkeit. Hier kann es durchaus vorkommen, dass ein Ausdruck von Heiterkeit mehr über denjenigen Menschen aussagt, der darauf reagiert, als über jene Person, die das Lächeln in die Welt gesetzt hat. Im ereignishaften Moment des Lachens wohnt somit mitunter ein Moment zwischenmenschlicher Offenbarung – es wird etwas sichtbar, das nicht einfach einseh- oder vorhersehbar war. Dennoch sagt gerade dieser spontane Charakterzug möglicherweise mehr über einen Menschen (oder auch eine gesamte Gruppe) aus, als es jede Form durchgetakteter Selbst- oder Fremdbeschreibung jemals hätte erreichen können. Unvermittelte Handlungen oder Äußerungen werden nicht selten zu einem Ausdruck innerster Charakterzüge menschlicher Personen. Diese werden – selbst wenn sie von Affekt und möglicherweise von unkontrollierbaren Gefühlsäußerungen geprägt sind – zu Kennzeichen personaler Identität: An den prekären Ereignissen des eigenen Verlachtwerdens oder der fremdbestimmten Infragestellung fundamentaler Überzeugungen lichten sich in vielen Momenten innigste Haltungen, die in der Selbstverständlichkeit des Alltags oftmals verborgen bleiben. Was sonst eventuell niemals an die Oberfläche personaler Handlungsmuster gelangen würde, kann durch solch herausfordernde Momente aufbrechen und handlungsleitend werden. Das macht solche Situationen aber auch gefährlich: In ihnen können menschliche Fassaden bröckeln,

Autoritäten können untergraben werden, ja in einem unvermittelten Lachen können Ordnungen von Macht zerbrechen und Gesellschaftsgefüge durcheinandergeraten, möglicherweise vollständig aufgehoben werden. Konsequenzen sind hier nicht einfach absehbar. Dies ist mitunter auch ein Grund, warum menschliches Lachen über weite Strecken der Geschichte als Gefahr für Recht, Sicherheit und Autorität gesehen wurde.

Zum Lachen in den Keller? Von Orten und Künsten der Heiterkeit

„Sie dürfen es sich im Mastkorb gemütlich machen, Mr. Young. Dort dürfen Sie so viel lachen, wie Sie wollen, da stört Sie keiner."[30] Fast symptomatisch klingen die Worte von Kapitän Bligh im Hollywood-Klassiker „Meuterei auf der Bounty" aus dem Jahr 1962. Die Verbannung eines Lachenden an einen Ort der Einsamkeit, weit weg von den streng geregelten Abläufen und der strikten Hierarchisierung der Besatzung, wirkt als reale Distanzierung von jener Gefahr, die durch lachende Menschen droht. Was der Kapitän mit den Worten „Da stört sie keiner" eigentlich ausdrücken möchte, ist dem Publikum klar: Die Ungestörtheit des Herrn Young ist selbstverständlich nicht die Sorge des Befehlshabers, sondern vielmehr seine eigene. Er ist es, der sich eine ungebetene Störung in Form des Gelächters eines Untergebenen vom Hals schaffen möchte. In der Verbannung kann dieses Lachen zu keiner Gefahr für die Autorität des Anführers der Mannschaft werden. Der Ort des Mastkorbes dient der Bändigung. Hier geht es um nichts weniger als um Autorität und Ordnung an Bord. Wenn die Untergebenen über den Kapitän, den Träger der obersten Befehlsgewalt, zu lachen beginnen, droht der Zusammenbruch der gesellschaftlichen Struktur an Bord. Die Infragestellung der Machtausübung beginnt in den Augen vieler Menschen dort, wo dieser nicht mehr mit ausreichend Ehrfurcht und Unterwürfigkeit begegnet wird. In dieser Perspektive ist klar, dass ein Lachen von Untergebenen nicht geduldet werden darf – es ist so etwas wie die erste Keimzelle einer Meuterei oder Anarchie unter der Mannschaft. Wo die Autorität nicht mehr anerkannt oder sogar verlacht wird, beginnt die strenge Struktur mariner Hierarchisierung Risse zu bekommen. Die Konsequenzen im Film sind legendär: Die Auflehnung eines Untergebenen, die Entmachtung des Kapitäns wurde zu einem Meilenstein der Filmgeschichte. Die darin enthaltenen Implikationen jedoch sind überzeitlich. Hier werden Fragen nach Recht, Ordnung und Hinterfragung von Autoritäten gestellt, die nicht auf den Bereich des Schiffes oder die Vergangenheit, in der das Hollywoodspektakel angesiedelt ist, beschränkt sind.

Was auf der Kinoleinwand Grund zum Schmunzeln und höchst unterhaltsam sein kann, hat einen nicht unbedeutenden Bezug zur Realität: Die Frage ob, wo und auf welche Weise die Menschen ihre natürliche Neigung zum Lachen ausleben sollten, trägt eine enorme gesellschaftspolitische Tragweite in sich. Diese betrifft in erster Linie Entscheidungsträger der Gesellschaft, aber in weiterer Folge natürlich auch das Volk. Wer im Lachen der Menschen eine Gefahr für die angestammte Hierarchie, das Funktionieren von Ehrerbietung und Respekt erkennen will, sieht sich vor die Aufgabe gestellt, diese Gemütsregung so gut es geht zu unterdrücken oder so zu regulieren, dass sie der öffentlichen Ordnung nicht gefährlich werden kann. Idealerweise, könnte man schließen, sollte dieser für das Autoritätsgefühl gefährlichen Emotion ein geschützter Platz zugewiesen werden, an dem die Menschen die Leichtigkeit des Witzes und Humors ausleben könnten, ohne damit die Struktur des Staatsgebildes zu gefährden. Somit wäre die humorvolle Entladung jener gefährlichen Menschen in einem abgesicherten Raum angesiedelt, der eigens dafür vorgesehen war.

Zugegeben: Das liest sich wie die Fantasien aus einer düsteren Zukunftsvision von George Orwell, tatsächlich aber begleiteten solche Fragen bereits in der griechischen Antike zahlreiche Generationen und bis heute verehrte Philosophen[31]. Die klassische Form der Komödie, heute als Kulturform der attischen Zeit gefeiert, war nicht zuletzt auch von der Frage nach Macht, dem Bändigen von Emotionen und der regulativen Eindämmung des Lachens beeinflusst. Die Komödie entstammte ihrem Namen und Brauch nach den berüchtigten Umzügen (gr. *komos*) zu Ehren des Gottes Dionysios, in denen die Menschenmenge in einem kollektiven Rausch von Alkohol und unbändigem Treiben jeglichen Anstand hinter sich gelassen haben soll.[32] Die ungezügelten Charakteristiken dieser Bräuche haben sich in zahlreichen homerischen Epen niedergeschlagen. Hier waren es besonders die Götterfiguren, die sich einem solchen ungezügelten Treiben von emotionalen Ausbrüchen und purer Schadenfreude hingegeben haben. Dichterische und dramatische Überreste dieser kultischen und mythischen Inszenierungen dürften literaturgeschichtlich noch Eingang in die Texte der frühen Komödiendichtung gefunden haben, doch wurden sie im Laufe der Zeit schwächer und das „komödiantische" Treiben auf den Ort des griechischen Theaters beschränkt. Hier sollte ein Ort geschaffen werden, an dem die zügellosen Attacken auf Autorität, Götter, sogar Politik und Gesellschaft stattfinden konnten. Insofern wäre „der öffentliche Gebrauch der Komödie gefährlich, weil er die öffentliche Ordnung des Zusammenspiels von Vernunft und Leben gefährdet."[33]

Das komödiantische Treiben in den zügellosen Bräuchen zu Ehren des Dionysios wurde begrenzt. Es wurde, wenn man es drastisch formulieren will, mit den Zügeln der öffentlichen Ordnungskraft so domestiziert, dass es nur mehr an einem eigens dafür ausgewählten Ort stattfinden konnte. Das Theater der griechischen Antike sowie die Dichtkunst wurden so zu Instrumenten, mit denen das Lachen gebändigt wurde. Die ekstatische Gefahr, die dem zügellosen Humor innewohnt, wurde auf diese Weise auf einen räumlich und zeitlich begrenzten Rahmen festgelegt. Das Lachen einer mit allerlei Rauschmitteln oder durch bloße ungebremste Heiterkeit betäubten Menschenmenge kann zum Hinterfragen der Ordnung, zum Lächerlichmachen von Autoritäten, ja sogar zu Umstürzen in der Politik führen. Wenn man diese menschlichen Emotionsschübe nicht vollends aus dem Leben verbannen kann, dann sollte man sie zumindest so regulieren und beschränken, dass das Treiben auf einen bestimmten Ort eingedämmt ist. So betont Friedemann Rickert: „Die Komödie hat somit einen gesellschaftspolitischen Effekt, der das zügellose Lachen eingrenzt und im öffentlichen Sinn beherrschbar machen will."[34] Die Komödiendichtung tritt dort auf, wo gefährliche Auswüchse menschlicher Humorfähigkeit unkontrollierbar werden könnten. Sie wird zeitgeschichtlich zu einem Erscheinungsbild, welches das Aufbegehren und Verlachen von Staatsautoritäten durch das gemeine Volk unterbinden möchte. Jene Kunstform, die auch heute an zahlreichen humanistischen Schulen zum Standardrepertoire des Griechischunterrichts zählt, wurde in gewisser Weise zu einem gesellschaftspolitischen Kollaborateur bei der Bändigung des „zerstörerischen" Humors der Masse – zumindest dessen befürchteter zerstörerischer Kraft.

Grundsätzlich dürfte es kein Zufall sein, dass sich bereits im antiken Umfeld rund um diese „Orte des Lachens" einerseits eine Form philosophischer Tradition im Umgang mit Lachen, andererseits enorme Kreativität in Bezug auf Dichtung und Sprache entwickelt hat. Beides, sowohl die Forschung über die Ursprünge und Eigenart menschlichen Humors als auch die gesellschaftliche Rahmung und Bereitstellung von Unterhaltungsformen, haben nachhaltigen Einfluss auf die westliche Geschichte genommen. Bereits in dieser engen Verzahnung von grundlegend kulturellen Tätigkeitsfeldern rund um das menschliche Lachen zeigt sich: Die Kunst, Menschen zum Lachen zu bringen, Formen von Witz und Komik[35], gleichzeitig aber auch die unterschiedlichen Momente des Lachens sowie die menschliche Sprachfähigkeit hängen eng zusammen.[36] Das betrifft nicht nur die evolutionäre Entwicklung der menschlichen Gesichtsmuskulatur (ohne die die bezeichnende Mimik des Lachens schlicht unmöglich wäre), sondern auch symbolische Kommunikationsweisen, mit denen sich Menschen in Situationen und Szenarien unabhängig von ihrem konkreten Erleben versetzen können. Sprache und Humor geben sich in vielen Momenten des Lebens die Hand – zudem sollten nicht die Größen des pantomimischen Humors quer durch die Geschichte vergessen werden.

Diese kulturell eingebetteten Versuche, die Menschen zum Lachen zu bringen, haben gemeinsam, dass sie auf eine Form von Kommunikation bauen, die (im Erfolgsfall) einen Verstehensprozess in Gang bringen und bei den Menschen eine Art von Erheiterung in Gang setzen. Was nun diese Auslöser im Einzelnen sind, kann stark variieren. Ebenso lässt sich nicht einfach vorhersagen, ob die Versuche dieser Kunst von Erfolg geprägt sind oder nicht. Dazu sei noch einmal an Gerhard Polt erinnert, wenn er betont, dass „Humor, Komik, Satire – oder wie man das auch immer nennt"[37] sich im wahrsten Sinne des Wortes „ereignen", also im Grunde genommen nicht einmal die Künstler selbst wissen, ob ihre Formen von Erheiterung beim Publikum ankommen. So sehr die Unvorhersagbarkeit von Lachen und Erheiterung diese kulturellen Formen begleitet, so hartnäckig versuchten die Menschen quer durch die Geschichte, dieser Unkontrollierbarkeit Herr zu werden. In immer ausgefalleneren Methoden, Witzerzählungen, komischen Darstellungen und belustigenden Darbringungen sollte die Erheiterung des Publikums sichergestellt werden. Dies warf aber zunehmend auch ethische Fragestellungen auf: Mit den immer neu variierenden Mitteln von Komik und Unterhaltung stellte sich in weiterer Folge auch immer wieder die Frage, ob die einzelnen Unterhaltungsformen die Grenzen des guten Geschmacks einhielten. Somit drangen auch die Gründe und Objekte des Lachens in einen moralischen Blickwinkel, in dem man entscheiden wollte, ob ein Lachen nun angemessen oder ethisch verwerflich sei.

Die Reichweite dieser Problematik, genauer gesagt, ihr gesellschaftsbildendes und -veränderndes Potential, kann gar nicht hoch genug eingeschätzt werden: Denn die Art und Weise, wie man der menschlichen Emotion des Lachens in Kunst, Kultur und Religion im europäischen Kontext des Christentums begegnet ist, kann abseits der problembezogenen Anfänge der Komödiendichtung und des Theaters als Ort des Lachens nicht verstanden werden. So ist auch einer der maßgeblichen Denker für das christliche Altertum und zugleich die bis tief in das europäische Mittelalter maßgebliche Geistesgröße sehr von der Erfahrung dieses antiken Kontextes geprägt. Wir sprechen hier von niemand Geringerem als Platon, dessen Denken, besonders aber auch sein – sagen wir – eher reserviertes Verhältnis zur menschlichen Heiterkeit die späteren Jahrhunderte prägen sollte.

Der Blick zurück für den Blick nach vorne

Wenn wir im Folgenden einen kurzen Abstecher in die Geistesgeschichte des Lachens machen, sollten wir uns zwei Einschränkungen vor Augen führen: Solche genealogischen Rückzeichnungen sind zunächst immer fragmentarisch. Sie sind das Ergebnis einer geistesgeschichtlichen Entwicklung und die Auswahl der Denker (dabei handelt es sich leider in der Mehrheit um Männer) ist immer unvollständig und schlaglichtartig. Eine solch kurze geschichtliche Notiz kann für unser Vorhaben nur einführend sein. Das ist dem Platzmangel geschuldet, andererseits ist aber auch der Problemrahmen, in dem wir uns den explosiven Kampfplätzen zwischen Humor und Religion nähern wollen, europäisch und westlich dominiert. Dies ist keinesfalls der einzige Zugang, auch ist die christliche Tradition bei Weitem nicht die einzige Religion, die sich mit der Frage ihrer eigenen Humorfähigkeit auseinandergesetzt hat bzw. sich heute damit von Neuem beschäftigen sollte.

Darüber hinaus wird mit einer solchen Rückzeichnung trotz ihrer perspektivischen Begrenzung durchaus sichtbar, dass die im Prolog angerissenen Fragen von Humor, Komik und die damit verbundene Hinterfragung religiöser und säkularer Autoritäten nicht erst moderne Erscheinungsformen sind. Es wäre ein Kurzschluss zu suggerieren, erst das neuzeitliche Freiheitsdenken oder die Entwicklung säkularer Lebenswelten – oder besser gesagt: die Idee säkularer Lebensbereiche – hätte zur Folge gehabt, dass es zu Konfliktpotentialen im Bereich des Komischen gekommen wäre. Diese gab es vielmehr bereits in den Anfängen menschlicher Kultur, ganz besonders bereits im Ausgang der europäischen Geistesgeschichte. Dieser Blick zurück sollte uns in Erinnerung rufen, dass wir es, wenn wir über Komik, Satire oder Humor sprechen, mit einem allgemein menschlichen Phänomen zu tun haben. Die damit verbundenen Anliegen gehen tiefer als eine bloß methodische Eingrenzung dessen, was öffentlich verzerrt, humorvoll überzeichnet oder lächerlich gemacht werden darf, suggeriert. Hier bewegen wir uns nicht nur auf einem soziokulturell vorgezeichneten Gebiet oder auf der Ebene individueller Gefühlsregungen. Vielmehr haben wir es mit einer menschlichen Anlage im biopsychischen System des Organismus zu tun, von dem man sich nicht einfach lösen kann. Was bleibt: Die grundsätzliche Problematik des Lachens und wie damit umgegangen werden soll und die bleibende Verschränkung zwischen Kultur, Biologie und Erziehung. Selbst wenn es ethisch noch so genau festgelegt und austariert ist, worüber nicht gelacht werden darf, bedeutet das noch lange nicht, dass sich der reflexhafte Reiz im Menschen bzw. die damit verbundenen Vorstellungen oder Bilder einfach mit solchen Regelsystemen ausschalten oder regulieren ließen. Genauso wenig werden die einmal getroffenen Regelungen ewige Gültigkeit beanspruchen oder jenseits aller soziokulturellen Unterschiede aufrechterhalten werden können. Wir haben es tatsächlich mit einem sehr unsicheren Terrain zu tun, auf dem wir uns zwar tastend fortbewegen können, uns aber nicht die Illusion machen sollten, zu einem abschließenden Ende zu kommen.

Das bedeutet auch für unsere Rückblende, dass sie immer auch ein Blick in die Gegenwart, eine Ahnung für die Zukunft, also eine Vernetzung zutiefst menschlicher Phänomene quer durch die Zeit ist. Ob und inwiefern sich daraus ein Wert für den religiösen Glauben ergeben wird, sollten wir erst später in unseren Betrachtungen erwägen. Dennoch kann es beruhigend sein, wenn man weiß, dass die gegenwärtig auftretenden Probleme bereits im Lauf der Geschichte diskutiert wurden. Das schützt einerseits davor, dass man sich selbst und die Zeit, in der man lebt, zu wichtig nimmt, aber man weiß sich angesichts der dauernden Probleme gewiss auch in guter Gesellschaft: Der Anschein einer nicht selten vermuteten linearen „Entwicklung" in der europäischen Geistesgeschichte kann nicht verbergen, dass wir es an vielen Punkten mit eigentlich zeitlosen Streitfragen zu tun haben, die in der jeweils gültigen kontextuellen Prägung neu ausgehandelt werden müssen. Insofern stehen wir heute nicht vor anderen Herausforderungen als im europäischen Mittelalter oder dem ausgehenden Altertum, wohl aber haben sich die Parameter der Überlegungen verschoben, so wie sich auch die gesellschaftlichen Ordnungsstrukturen verändert haben.

Dass der folgende Blick zurück in die griechische Antike geht, ist dabei ebenso wenig zufällig wie die Fokussierung auf Platon und Aristoteles: Hier haben wir es mit Geistesgrößen unserer westlich europäischen Geschichte zu tun, die bis heute interessante Fragestellungen behandelt und analysiert haben. Beide haben auf ihre je unterschiedliche Weise spätere Entwürfe und Ansätze geprägt – und bis heute werden sie in zahlreichen Diskussionen und Auseinandersetzungen als Richtgrößen und argumentative Schwergewichte angeführt. Dabei wird oftmals vergessen, dass beide Denker selbst wiederum in einem geschichtlich besonders akzentuierten Kontext, nämlich der attischen Demokratie gelebt und gearbeitet haben. Insofern spiegeln ihre Sichtweisen wiederum eine besonders gelagerte Perspektive auf die behandelten Probleme wider. Nichtsdestotrotz: Die attische Demokratie, die ihrerseits selbst mit den je eigenen Problemchen und Umbrüchen zu kämpfen hatte, wirkt auch für unsere heutigen Zusammenhänge in vielerlei Hinsicht fremd und ähnlich zugleich.

2. Zu Höherem berufen? Von Menschen, ihrem Lachen und dem Drang nach Erkenntnis

> „Aber auch *lachlustig* dürfen unsere Jungen nicht sein!
> Denn wenn man sich starkem Lachen hingibt, zieht das
> einen starken Umschwung nach sich. [...]
> Unannehmbar ist es daher, bedeutende Männer
> vom *Lachen* überwältigt darzustellen[.]"
> (Platon)[1]

Lachen fressen Seele auf? Inspirationen aus der Zeichentrickkiste

Gestatten Sie einen kurzen Szenenwechsel in ein fiktives Los Angeles im Jahre 1947: Regisseur Robert Zemeckis entführt uns in seinem 1988 erschienenen Film „Falsches Spiel mit Roger Rabbit"[2] in eine Welt, in der Menschen und Zeichentrickfiguren (die sogenannten „Toons") zusammenleben. Trickfilme werden in dieser Fiktion nicht gezeichnet, sondern mit den *Toons* als realen Darstellern gedreht. Die ureigenste Aufgabe der *Toons* ist es, die Menschen zu erheitern. Ihr humorvolles und fröhliches Gemüt ist darauf ausgerichtet, die Menschen in L. A. durch ihre Filme aufzumuntern und zum Lachen zu bringen, was diese angesichts der finanziell und wirtschaftlich schweren Zeiten gut gebrauchen können. Die farbenfrohen Zeitgenoss*innen ihrerseits fühlen sich in dieser Rolle auch sehr wohl, dürfen sie in den Filmen doch ihr ganzes sonniges Gemüt ausleben und sich selbst zum Narren machen.

Getrübt wird diese eigentlich gut funktionierende Koexistenz aber, als der düstere, glatzköpfige Richter Doom auftaucht. Doom, in seiner durchaus furchterregenden Menschengestalt eigentlich der Gesetzeshüter der Nachbarstadt von L. A., in der die *Toons* leben, stellt sich zunehmend als eine Bedrohung für die spaßigen Bewohner der Zeichentrickkulisse heraus. In der Handlungsfolge des Streifens wird immer klarer, dass Doom keinesfalls für Recht und Ordnung steht. Vielmehr ist sein Ziel, die Zeichentrickfiguren allesamt zu vernichten. Das humorvolle Treiben der *Toons*, ihre auf Heiterkeit und Lachen ausgelegte Existenz sind ihm ein Dorn im Auge. Erst am Ende des Films wird das Geheimnis gelüftet: Auch Doom selbst ist eigentlich ein *Toon* – jedoch einer, der sich mit der in seinen Augen erniedrigenden Existenz seiner Trickgenoss*innen nicht abfinden will. Deshalb tritt er selbst immer in menschlicher Gestalt auf und hat seine Existenz ganz dem Ernst des Lebens verschrieben. Er inszeniert sich als grimmige Person, als vernunftvoller und ernstzunehmender Charakter. Damit steht er in seinem ganzen Dasein plakativ für die Ablehnung der humorvollen Heiterkeit der *Toons*.

Für unser Thema ist an dieser fiktiven Handlungsfolge interessant, dass Doom in seiner Existenz nach etwas strebt, dem das Lachen und die Komik der anderen Zeitgenossen im Wege zu stehen scheinen. Mit dem radikalen Schritt der Vernichtung von Heiterkeit und Humor möchte er für sich einen Existenzrahmen schaffen, der den anderen *Toons* nicht zugänglich ist. Seiner Berufung zu Ernst und menschlichem Anschein hat die humorvolle Existenz seiner Artgenossen zu weichen, so zumindest der Plan. So wirkt das Vorhaben des Bösewichtes symptomatisch und offenbarend zugleich: Dem Streben nach Menschlichkeit wird die Koexistenz alternativer Lebensentwürfe untergeordnet. Nicht nur das, der Richter spricht ein Urteil über sie, das ihre fröhliche und humorvolle Existenzberechtigung als Ganzes bestreitet.

Die Problematik homerischen Lachens

Zurück nach Athen: Als die griechische Komödie in der attischen Demokratie ihren Siegeszug antrat, war das Lachen der Menge in gewisser Weise schon gebändigt. Jene zügellosen Ausschweifungen während des dionysischen Umzuges waren der Theatermentalität gewichen, die homerischen Göttergeschichten des 8. Jahrhunderts v. Chr. einer moderaten Art der weltlichen Unterhaltung. Dies war

Die Problematik homerischen Lachens 49

jedoch weit mehr als ein attischer Kultur- bzw. Gattungswechsel im Übergang von der mythischen zur dichterischen Erlebniswelt, sondern damit waren auch gesellschaftspolitische und ethische Implikationen verbunden: Für das explosiv-grenzenlose Lachen, das sich an den göttlichen Trinkgelagen und Zwistigkeiten orientierte, schien zunehmend die Akzeptanz im öffentlichen Leben abhandengekommen zu sein. Tatsächlich waren die göttlichen Mythen, in denen sich die Bewohner*innen des Olymps des einen oder anderen Gelages und damit verbundener Spaßigkeiten, Konkurrenzkämpfe, Frivolität oder Schadenfreude hingegeben hatten, zahlreichen Zeitgenoss*innen ein Dorn im Auge. Denn „die Götter im Olymp lachen nicht aus Glück oder Freude [...] Sie lachen aus Spaß an der Komik, die eine ‚Komik der Herabsetzung' ist."[3] Dieses Lachen der Gött*innen in homerischen Epen hat nichts mit einer ausgelassenen und unbekümmerten Heiterkeit zu tun, sondern ist Ausdruck der göttlichen Überlegenheit, die sich gegenüber den Schwachen und Untergebenen auslässt. Die Rücksichtslosigkeit dieses Lachens war es auch, was die öffentliche Ordnung gefährden könnte, sähe man darin einen Aufruf an die Menschen, sich an diesen Formen schadenfrohen Gelächters zu orientieren und es ihnen möglichst gleichzutun.[4] Diese „Götterburlesken"[5] tragen etwas Gefährliches in sich: Sie suggerieren nicht nur, dass die göttlichen Figuren jeglicher Vernunft und Ethik der Menschen enthoben sind, sie vermitteln bisweilen auch den Eindruck, dass sich die herrschende Klasse (eine solche sind schließlich auch die Götter des Olymps) nicht unbedingt an die moralischen Kategorien zu halten habe. Die Gefahr liegt in der verführerischen Annahme, dass jene Menschen, die an göttlichen Kulten, Festen oder den dionysischen Trinkgelagen teilnahmen, sich auch an dieser Rücksichtslosigkeit der göttlichen Gestalten ein Vorbild nehmen könnten.[6] Die drohende Folge wäre nicht zuletzt eine Entgleisung des gut strukturierten Lebens in der attischen Umgebung, in der jede Person ihren Platz der zugewiesenen Ordnung einnehmen und ihre tägliche Arbeit ausführen konnte. Verheerend wäre die Aussicht gewesen, dass Menschen durch den berauschenden Kult verführt würden, ihren angestammten Rang im öffentlich-gesellschaftlichen System preiszugeben.

Daneben aber, so der Tenor manch zeitgenössischer Kritiker des mythischen Kultes, lieferten die Handlungsstränge der homerischen Epen gleichzeitig ein unscharfes Bild für die bitteren Konsequenzen des göttlichen Lachens: Denn während sich die Götter und Göttinnen in ihrer himmlisch-olympischen Wohnstatt der emotionalen, mitunter derben und schadenfrohen Heiterkeit hingaben, waren es die Menschen auf Erden, die die Folgen der göttlichen Tiraden auszubaden hatten. Sie bezahlten mit Kriegen, Leid und Ungerechtigkeit, was in den göttlichen Zügellosigkeiten auf humorvolle Weise codiert ist. Letztlich waren es die Götter, die mit ihren ungehemmten und oftmals schlichtweg boshaften Auseinandersetzungen Kettenreaktionen auslösten, die im Endeffekt für die Menschen enorme und leidvolle Konsequenzen hatten.

„[Die] Schmerzen der Griechen also, die sich zu Tausenden mit den Trojanern einen blutigen Kampf auf Leben und Tod lieferten, [...] hatte nicht zuletzt das] homerische Gelächter aus der distanziert-heiteren Götterwelt [hervorgerufen] – es erklingt über den Schlachtfeldern und Leichenhaufen."[7]

So wurde die Kritik am mythisch ausgeprägten Lachen lauter: Die homerischen Geschichten zeugten in den Augen vieler Denker von einem zügellosen und moralisch verfehlten Begriff des Lachens, der es als unproblematisch darstellte, wenn die herrschenden Götter durch ihre exzessive und unbekümmerte Art zahlreiche Menschenleben forderten. Als wäre es ihr göttliches Recht, ihre Überlegenheit so auszuspielen, dass geschichtliche Kriege und Unmenschlichkeiten auf Erden zutage treten, sie selbst aber von den tragischen Folgen ihres leichtsinnigen Gelächters unberührt blieben.

Von lachenden Mägden und bierernsten Philosophen. Ein Abstecher zu Platon

Was sich vollzog, war keinesfalls eine punktuell einsetzende Distanzierung zwischen der anbrechenden Philosophie in der griechischen Antike einerseits und dem homerischen Epos andererseits, vielmehr war es ein Wandel von Paradigmen, der sich über Jahrhunderte zog.[8] Diese Dynamik einer dauernden Veränderung umfasste viele Bereiche des Lebens, war also keinesfalls auf die Geistesgeschichte oder Ideale der Wissenschaftlichkeit beschränkt. Deshalb ist es auch wichtig zu betonen, dass die philosophische Entwicklung in der damaligen Zeit ein Aspekt dieser größeren Umwälzungen war und nicht eine plötzlich auftretende, neuartige Denkweise über die Wirklichkeit. Zwar wurde die geschichtliche Einbettung ihres Entstehens lange Zeit wenig beachtet (oder zumindest nicht explizit erwähnt), die Umstände traten allerdings in den letzten Jahrzehnten wieder verstärkt ins Bewusstsein: So wurde etwa schon durch Adorno und Horkheimer die Sicht modifiziert, dass sich die aufkommende griechische Philosophie von den epischen Mythen einfach mittels eines Vernunftbegriffs getrennt bzw. abgelöst hätte.[9] Vielmehr sei es eine Bedeutungs- und Akzentverschiebung gewesen, die auch mit neuen Methoden, Textgattungen und schließlich auch mit ethischen und politischen Perspektiven an einer Erklärung der Welt arbeitete. Insofern gingen Neujustierungen in Leben und Denken bereits in der attischen Welt Hand in Hand – nicht eine wie auch immer geartete theoretische Wissensform hatte einen Umbruch ausgelöst, sondern sie erwuchs selbst aus geänderten Lebensumständen.

Warum sind diese Bemerkungen an dieser Stelle wichtig? Nun, wir nähern uns in unserer kurzen geschichtlichen Einordnung des Lachens einem Philosophen an, der an der Nahtstelle von attischer Kultur, mythischer Dichtung und hellenistischer Philosophie gewirkt hat, nämlich Platon (427–347 v. Chr.). Er hatte mit seiner Einschätzung der homerischen Dichtung, aber auch des menschlichen Lachens an sich enormen Einfluss auf die späteren Jahrzehnte und Jahrhunderte, ja sogar Jahrtausende. Deshalb ist es zentral, sich bereits am Beginn dieses Kapitels klarzumachen, dass Platons Philosophie – so kreativ, inspirierend und bahnbrechend sie auch ist – nicht einfach „vom Himmel gefallen", sondern dass ihr Urheber selbst in geschichtlichen Prozessen eingebettet war, aus denen seine Sichtweise auf die Welt erwachsen ist. Platon sprach in seinen Schriften und Dialogen nämlich deutlich, manchmal sogar überdeutlich, aus, was er von den humorvoll-tragischen Göttergeschichten *a lá* Homer hielt – und das war nicht allzu viel.

Das menschliche Lachen war für Platon – in aller Kürze gesagt – bereits eine affektive Stimmung, die die gesamte Person erfasst. Für ihn ist das Lachen in einen zwischenmenschlichen Bereich eingebettet, in dem Menschen durch die Wahrnehmung von Schein und Sein, von Realität und Illusion, von Erwartung und tatsächlicher Erfüllung so etwas wie einen emotionalen Bruch erleiden. Platons Vorstellung: Die Menschen nehmen Dinge und andere Zeitgenoss*innen bzw. deren Handlungen wahr, die nicht so sind, wie man sie eigentlich erwartet hätte. Das komische Moment spielt sich hier auf der Ebene eines Auseinanderklaffens von Sein und Sollen ab und dieses, so die Vorstellung des griechischen Denkers, bringt den Menschen auf eine Gefühlsachterbahn. Die Reaktion des Menschen ist eine eigenartige Mischung aus Sorge und Erheiterung, einerseits eine Art enttäuschte und irritierte Zurückhaltung, andererseits empfindet er aber zugleich Erleichterung, dass er durch seine geistliche Begabung diesem Bruch in der Wirklichkeit in gewisser Weise enthoben ist.[10] Platon beschrieb in diesem Sinne das menschliche Lachen bereits als etwas durchaus Komplexes, machte damit auch schon klar, dass es sich bei dieser menschlichen Gefühlsregung keinesfalls nur um etwas Arg- oder Harmloses handelt, sondern dass damit auch zwischenmenschliche Machtgefälle verbunden sein können. Zwar dürfte dem antiken Denker klar gewesen sein, dass nicht jedes Lachen automatisch eine Form interpersonaler Aggression ist, dennoch aber erhält die menschliche Humorfähigkeit bei ihm den Hauch von etwas potentiell Destruktivem, das es zu einem höchst ambivalenten Phänomen macht.

Eine sehr bekannte Anekdote, die Platon seinem Lehrer Sokrates in den Mund legt, kann das veranschaulichen: Sokrates, nicht nur geistiger Vater und persönlicher Freund, sondern auch die fachliche Autorität für Platon, erzählt über ein Missgeschick des Philosophen Thales von Milet, der bei der Beobachtung des Himmelsgewölbes den Blick nicht mehr auf den Boden gleiten ließ und in einen Brunnenschacht fiel. Eine junge thrakische Dienstmagd, die das zufälligerweise mitangesehen hatte, lachte ihn daraufhin aus und spottete, er versuche Dinge am Himmel zu erkennen und zu verstehen, wisse aber nicht einmal etwas darüber, was ihm vor der Nase läge.[11] Der Spott dieser Magd wurde in der Geistesgeschichte zu so etwas wie einem Sinnbild des böswilligen Lachens, in dem die Menschen den Sinn und Wert des Gegenübers verkennen. Wie man nun auch dazu stehen möchte, die Situation zeigt deutlich auf, was Platon mit seiner Theorie des Lachens eigentlich aussagen wollte: Die junge Dame nimmt etwas wahr, nämlich dass jemand mit offenen Augen in einen Brunnenschacht stürzt, etwas, das sie so nicht erwartet hatte. Dabei empfindet sie zwar möglicherweise Sorge und Mitgefühl, gleichzeitig wird sie sich aber auch ihrer überlegenen Situation bewusst, weil es nicht sie ist, die da am Boden des Brunnens liegt. In ihrem Lachen drückt sich somit nicht nur eine emotional harmlose Reaktion aus, sondern auch eine Form der Missachtung der geistigen Autorität des Philosophen.

In den Werken Platons hat man es an verschiedenen Stellen mit dem Lachen zu tun.[12] Die wohl wesentlichste Konsequenz seiner Einschätzung über diesen menschlichen Charakterzug ist recht eindeutig: Durch das Lachen wird das zwischenmenschliche Leben, die Ordnung der Gesellschaft, aber auch das Ansehen von Personen gestört. Platon verbindet seine Ablehnung der „komischen Lust" mit einem ethischen Urteil – und diese Verbindung sollte tatsächlich in der weiteren Geistesgeschichte eine enorme Folgewirkung haben.

Lachen war damit nicht mehr nur eine menschliche Emotion, ein körperlich-affektiver Reflex, vielmehr wurde es – zumindest potentiell – als Gefahr für menschliches Zusammenleben angesehen. Gerade weil das Lachen der Menschen zwischen unterschiedlichen Ständen, Geschlechtern und Klassen neue Machtgefüge hervorbringen kann, wird es beinahe zu einem Damoklesschwert über den Köpfen der Gesellschaft: Wenn die Menschen über die Verantwortlichen im Staat, über die wissenschaftlich interessierten Personen, die geistigen Autoritäten lachen könnten, sich dabei mitunter sogar an den dichterischen Erzählungen über die göttlichen Bewohner*innen des Olymps orientieren können, dann kann dies durchaus systemgefährdend werden.

„Entscheidend zum Verständnis der platonischen Theorie des Lachens ist, daß Platon das Lachen erstens unter dem zwischenmenschlichen Aspekt diskutiert und zweitens in der ‚komischen Lust' etwas Minderwertiges erblickt. Schon bei Platon kommt es so zu einer [...] Verknüpfung von Lachtheorie und ethischem Urteil."[13]

Wenn man sich die Linie und Richtung der platonischen Philosophie vor Augen führt, dürfte sein reservierter Blick auf das menschliche Lachen durchaus verständlich sein: Einerseits ging es Platon in großen Teilen seines Denkens um den Entwurf einer funktionierenden und stabilen Staats- und Gesellschaftstheorie, andererseits fragte sich der Philosoph auch, was denn das ureigenste Ziel des menschlichen Daseins sei bzw. was die Menschen in ihrem Leben erreichen könnten. Für beides sah Platon im Lachen eher hemmende Potentiale: Die drohende Unsicherheit im Staat und zwischenmenschlichen Zusammenleben hatten wir schon kurz angesprochen, aber selbst in der Betrachtung des einzelnen Menschen findet Platon keinen besonderen Wert im Komischen.

Der Mensch als Vernunftwesen sei im Gegensatz zu anderen Lebewesen mit der Fähigkeit ausgestattet, dass er „hinter" die scheinbaren Dinge und Zusammenhänge der Wirklichkeit, in die geistige Welt der „Ideen" Einblick erhält. Dazu benötigt der Mensch, so Platon, aber eine Enthaltung von den irdischen Dingen ebenso wie von den emotionalen Erschütterungen des Körpers. Kurz gefasst: Wer sich tatsächlich gänzlich der Vernunft, der Philosophie und den „Dingen, wie sie wirklich sind" zuwenden möchte, könne und dürfe sich nicht mit Minderwertigkeiten, Lächerlichkeiten oder Lastern abgeben. Die Sicherheit der steten und festen Einsicht in die Wirklichkeit überzeitlicher Erkenntnis steht dem wechselhaften, ambivalenten und höchst dynamischen Emotionsleben entgegen. Die Erfüllung des menschlichen Wesens sei die Betrachtung, die Betätigung der Vernunft, nicht das emotionale Gefühlsfeuerwerk, wie das etwa im Lachen empfunden werden kann. Das Komische verdecke den Blick auf die Dinge, es verzerre die Wirklichkeit, ja schon die alte homerische Dichtung baue in zahlreichen Strophen ihrer Verse gerade auf dieser (für Platon: scheinbaren) Kunst auf, dass sie Personen, die Welt oder Figuren aus dem täglichen Leben gerade nicht so darstellt, wie sie eigentlich sind. Durch Komödienstücke dieser Art würde der Mensch eher vom Kern vernünftiger Weltwahrnehmung weggeführt, was für Platon niemals im Bereich des menschlich Erstrebenswerten liegen kann. Schließlich sollten es gerade diejenigen sein, die Einsicht in die wahren und vernünftigen Zusammenhänge haben (natürlich die Philosophen), die auch in einem geordneten Staat das Sagen haben sollen – dabei sollten sie keine Zeit mit unvernünftigen Dingen, komischen Szenarien oder anderen Lächerlichkeiten vergeuden. Die Aufgabe der gebildeten Männer (damals waren leider nur Männer in dieser Sparte vertreten) sei die Sicherung einer tugendhaften und gemäßigten Lebensweise, die auf Basis der Vernunft agiert, nicht die „Schilderung einer [...] verkehrten Welt, die nur die Jugend davon wegführt, das rechte Maß zu finden."[14]

Zwischen Berufung, Verführung und Bestätigung

Die platonische Skepsis gegenüber dem menschlichen Lachen ist ein Zweifaches: Einerseits ist sie natürlich in die Lebenssphäre der griechischen Antike sowie die geistesgeschichtlichen Entwicklungen in der attischen Demokratie eingebettet. Als solche ist sie selbst eine Reaktion auf die damaligen Umstände, die gleichzeitig in das Ganze der platonischen Philosophiesystematik eingebettet ist. Es wäre falsch, Platon als den Urheber und Erfinder einer komik-feindlichen Denkweise in der westlichen Welt hinzustellen, auch wenn sein historischer Einfluss in der Folgezeit sehr wohl überproportional angewachsen ist. Andererseits ist Platons Perspektive auf das menschliche Lachen eine (zwar durchaus zeitgebundene, aber enorm) scharfe Analyse menschlicher Lachfähigkeit. Bei ihm kommen bereits Themen wie Autoritätskritik, das Rühren an Standesidealen oder die Verletzung von Heiligkeit in den Blick, die nicht zuletzt auch für unsere Fragestellungen von größter Bedeutung sind. Die Ambivalenz menschlichen Lachens tritt bereits bei Platon in seiner ganzen Brisanz zutage. Insofern kann und sollte man Platons kritischen Blick durchaus wertschätzen, wenngleich man aus heutiger Sicht zahlreiche seiner Beobachtungen und Schlüsse möglicherweise nicht mehr teilen wird. Zwar ist seine Antwort auf die Frage, ob das Lachen denn nun gut oder schlecht für den Menschen ist, ziemlich rasch in Richtung einer negativen Bewertung gerichtet, dennoch ist sein Verdienst, dass er das Lachen des Menschen nicht losgelöst von den anderen Lebensbereichen gesehen hat. Dass das Lachen enorm negative Auswirkungen auf das zwischenmenschliche Zusammenleben, auf Beziehungen oder auf die interpersonale Wertschätzung haben kann, dürfte zwar auch in der Antike im alltäglichen Gefüge wahrgenommen worden sein. Platon aber bettete seine Kritik nicht nur in eine gesellschaftspolitische Philosophie ein, sondern verband mit ihr auch einen weiteren Aspekt, den wir heute wohl unter menschlicher Selbstverwirklichung subsummieren würden: Auf die Frage, was denn der Mensch als Mensch erreichen kann, was sein Ziel im irdischen Dasein eigentlich sei, fand Platon in der vernünftigen Lebensweise, in der betrachtenden Anschauungsform das Ideal, das seiner Meinung nach dem Menschen als vernunftbegabtem Lebewesen am ehesten entspricht., Das stimmt zwar nicht mit der modernen Auffassung von Selbstverwirklichung und Individualität überein, aber das war auch nicht das Blickfeld der antiken Philosophien.

Nun, wir sollten nicht so weit gehen, Platon deshalb als humorfeindlich und herrschsüchtig angehauchten Emotionsgegner zu betrachten. Auch für ihn ist das „rechte Maß" in allen Dingen eine entscheidende Richtschnur. Dennoch, das sollte durchaus betont werden, hat Platon der vernünftigen Lebensweise einen entscheidenden Vorrang eingeräumt. Dieser menschlichen Befähigung sollten alle anderen Emotionen, Affekte, Handlungsweisen oder praktischen Tätigkeiten nachgeordnet sein, weil sie – nach Platon – die einzige Praxis im menschlichen Leben sei, die auf die ewigen Wahrheiten ausgerichtet ist und nicht im Gewirr geschichtlicher Eventualitäten untergeht. Würden emotionale Prägungen des Menschen im Leben die Überhand gewinnen, so wäre das Ideal des menschlichen Daseins, nämlich Einsicht in die letzten Dinge und die Welt der Ideen zu erhalten, unerreichbar. Diese Hierarchisierung der menschlichen Tätigkeiten hat enorme Konsequenzen für das Menschenbild Platons, sie hat andererseits aber auch Folgen für die Konzeption seiner gesellschaftspolitischen Staatslehre.

Die Verzahnung des menschlichen Lachens mit einer ethischen Einordnung hat Konsequenzen, nicht zuletzt auch für die Existenz der Philosophen: Denn nicht selten – wie auch das Beispiel von Thales und der thrakischen Magd zeigte – werden sie selbst zum Gegenstand des Lachens. Das Verlachtwerden wird auf diese Weise bereits bei Platon zu etwas Offenbarendem. Das Lachen ist für ihn nicht selten Ausdruck von Unverständnis, ja letztlich der Beweis von Unkenntnis. Nichtsdestotrotz verbindet sich für Platon aber genau an diesem Punkt eine grundlegende Erfahrung der Philosophen, da sie von der unkundigen Menge der Menschen oftmals aufgrund ihrer Tätigkeit ausgelacht werden. Diese Form des Gelächters wird von Platon selbstverständlich äußerst negativ bewertet, schließlich legen sich die so Lachenden mit der vornehmsten und besten Lebensform des Menschen an. Zugleich – und damit kann gesagt werden, dass sich bei Platon durchaus auch ein positiver Aspekt des Lachens verbirgt – wirkt dieses Lachen für die Verlachten als Bestätigung: Die Tatsache, dass ihnen mit Unverständnis und Spott begegnet wird, können sie als eine Bestärkung auf ihrem Weg ansehen. Ihre auf Vernunft und Erkenntnis angelegte Tätigkeit kann durch die Divergenz mit anderen Lebensentwürfen und vorherrschenden Meinungen als lächerlich empfunden werden, und das Lachen der Menschen als eine Folge aus der Unfähigkeit, die Überlegenheit des philosophischen Lebensideals anzuerkennen.[15] Den gebildeten Menschen wird im Spott, gleichzeitig aber auch in der eigentlich verzerrenden Darbietung im Komödienspiel, ihre eigene Überlegenheit gespiegelt; zwar ist dieses Lachen selbst nicht positiv zu bewerten, wohl aber die Signale, die es in Richtung der Menschen haben kann, die es als Ansporn und Antrieb zu Bildung, Erkenntnis und Wissen wahrnehmen. Im derartigen Lachen drückt sich zwar weiterhin eine eigentlich ethisch zu verurteilende Verkehrung der Welt aus, eine mitunter verworrene Umkehrung von Werten, Gesetzen und Tugenden. Gleichzeitig werden aber diese Lachgeschütze zu „Warnschüssen" für die Gebildeten, indem sie ihnen in lächerlicher Spiegelbildlichkeit vor Augen halten, wohin sie selbst abgleiten könnten, würden sie ihre Ideale, Ziele und Lebensinhalte leichtfertig aus den Augen verlieren. Das Lachen der „ungebildeten Menge" ist somit neben der Offenbarung einer nicht-philosophischen Unkenntnis auch ein Anstoß, am Weg der Bildung und Philosophie festzuhalten.[16] Das Entscheidende in diesem platonischen Verständnis jedoch ist, dass das Lachen selbst keine Hilfe zu einem Erkenntnisfortschritt darstellt – es besitzt keinen besonderen Wert, um das Ziel der Wahrheitseinsicht erreichen zu können.

Lachhaft! Es bleibt kompliziert

So sehr Platon in zahlreichen Urteilen gerne als ein unbelehrbarer Gegner des menschlichen Lachens dargestellt wurde, so wenig gerecht wird ihm dieses vorschnelle Urteil. Zwar ist nicht zu leugnen, dass Platon dem Lachen grundsätzlich skeptisch bis ablehnend gegenübergestanden ist, dennoch zeigt seine durchaus differenzierte Auseinandersetzung mit den Formen menschlichen Gelächters auch, dass er dieses Thema nicht einfach als ein Randthema ansah, das man schnell mit einem argumentativen Kniff beiseiteschieben könnte. Platon kam immer wieder auf dieses Thema zurück, es ist in gleich mehreren seiner Schriften präsent. Außerdem ist Platon in seiner Perspektive durchaus differenziert, für ihn ist die emotionale Grundanlage des Menschen auch nicht etwas, das die philosophische Riege überhaupt nicht beträfe. Bei ihm gilt für alle Menschen in ihrer gesamten Existenz, dass sie in eine Gefühlsachterbahn zwischen komischem Erleben, ernsthaften Fragen und mitunter schwer zu bändigenden Ausbrüchen ihrer Heiterkeit eingebunden sind. Insofern ist seine Sichtweise auf das Thema zwar sehr wohl von seinem Philosophieideal stark überformt, doch war sich Platon natürlich auch bewusst, dass er das Lachen nicht aus der Gesellschaft oder dem Leben der Menschen verbannen kann. Dies wollte er wahrscheinlich auch gar nicht – was ihm aber durchaus am Herzen lag, war herauszustellen, dass die Führung im Staat eine ernsthafte Tätigkeit ist, die nicht von Lächerlichkeiten abgelenkt werden sollte bzw. dass diejenigen, die die zentralen Entscheidungen in der Politik treffen sollten, auch eine besondere Autorität haben müssen, die nicht einfach einer öffentlichen Lächerlichkeit preisgegeben werden dürfe. Auch dieses Problem von öffentlicher, ja sakraler Autorität und dem Verlachtwerden durch die Menschen wird uns noch weiter begegnen. Nicht nur in Bezug auf die menschliche, sondern auch auf eine mögliche göttliche Autorität wird diese Frage wieder in unsere Auseinandersetzung einfließen. Die Sorge Platons, dass durch ungerechtfertigtes Lachen oder Spott das Gelingen des Staates, ja sogar die Entfaltung menschlicher Wesenseigenschaften gehindert und unmöglich gemacht werden können, macht deutlich, wie ernst Platon das Lachen nimmt. Seiner Ansicht nach können Emotionalität und die Ambivalenz ungezügelter Affekte sehr wohl gefährlich werden, weshalb sich Platon offensichtlich dazu verpflichtet fühlt, an mehreren Stellen seiner Werke auf diese Gefahr hinzuweisen.

Ein Schüler auf Abwegen? Aristoteles und sein „Ja, aber" zum Lachen

Wenn es eine Lehrer-Schülerverbindung in der Philosophiegeschichte gibt, auf die sich der von Immanuel Kant in Bezug auf dessen ehemaligen Studiosus Johann Gottlieb Fichte verwendete Spruch „Gott schütze uns vor unseren Freunden"[17] mindestens ebenso anwenden lässt, ist es wohl das Verhältnis von Platon und Aristoteles (ca. 384–322 v. Chr.). Betrachtet man die Lehren der beiden griechischen Philosophen genauer, erhält man an unterschiedlichen Stellen den Eindruck eines eigenartigen Nähe-Distanz-Spannungsfeldes, das unterschiedliche Akzentuierungen ihrer Theoriegebäude zutage treten lässt. Nicht, dass Aristoteles gar nichts mehr mit der Lehre seines geistigen Vaters zu tun haben möchte. Keinesfalls. Und dennoch kann man sich des Eindruckes nicht erwehren, dass sich seine Denkweisen an zentralen Punkten im Vergleich zu seinem Lehrer so stark unterscheiden, als würden sie beinahe in einer Art Gegensätzlichkeit erscheinen: Der einstmalige Schüler, nun selbst zum geachteten Philosophen geworden, möchte genau an markanten Stellen seines Denkens aus dem Schatten seines früheren Meisters treten. Warum das in der Rezeptionsgeschichte so wahrgenommen wurde, kann heute natürlich nicht mehr mit aller Sicherheit nachgezeichnet werden – das Verhältnis zwischen Platon und Aristoteles unterscheidet sich aber dadurch enorm etwa vom Lehrerbild Platons, das dieser in seinen Schriften zu seinem verehrten Mentor Sokrates vermitteln will. Diese Impression einer nicht ganz friktionsfreien Beziehung der beiden Denker dürfte wahrscheinlich auch der berühmte Raffael vor Augen gehabt haben, als er in den vatikanischen Räumen zwischen 1510 und 1511 die berühmte „Schule von Athen" malte.[18] Im Zentrum dieses monumentalen Wandgemäldes nämlich stehen die beiden griechischen Allzeitgrößen der Philosophie, farblich markant unterschieden durch ihr rotes und blaues Gewand. Während der eine, Platon, in den Himmel – in Richtung der beinahe himmlischen Ideen – zeigt, deutet Aristoteles auf den Boden des Irdischen, offenbar um anzuzeigen, dass der menschliche Erkenntnisweg bei den einfachen, irdischen Dingen ansetzen muss, um zum Göttlichen vorzudringen.

Obwohl wir in Bezug auf Platon und Aristoteles nicht so einfach nachvollziehen können, ob es zwischen den beiden ähnliche scharfe Auseinandersetzungen wie zwischen Fichte und seinem Königsberger Mentor gegeben hat[19], kann auch das Thema „Lachen" beispielhaft für die Unterschiede der beiden Denker gelten. Der einstmalige Schüler der platonischen Akademie in Athen hat sich nämlich – nicht nur, aber auch – an diesem Punkt von seinem Lehrer unterschieden. Nicht, dass Aristoteles den Menschen weniger als Vernunftwesen angesehen hätte, ebenso hätte Aristoteles auch keine böswilligen Verspottungen zwischen den Menschen gutgeheißen. Dennoch erhält man in seinem Werk einen durchaus vielschichtigen Zugang zur Welt des Humors – was dann wohl auch Umberto Eco zu seinen Gedanken in „Der Name der Rose" inspiriert hat: Denn Aristoteles wendet sich dem menschlichen Lachen und der anthropologischen Fähigkeit zu komischem Erleben durchaus offener zu – und sah darin sogar einen besonderen Erkenntniswert.

Aber alles der Reihe nach: Natürlich hat auch Aristoteles gewusst, gegen welche Formen menschlichen Lachens Platons Kritik gerichtet war und aus welchen Gründen sein Lehrer zu diesen Schlüssen kam. „Aber Aristoteles sah offensichtlich nicht ein, warum man das Lachen nicht für bestimmte nützliche Funktionen zulassen sollte, um es auf diese Weise bändigen zu können."[20] Aristoteles ging es bei der Behandlung des menschlichen Lachens zunächst also gar nicht darum, dieses vollständig zu „rehabilitieren", sprich: für gut zu heißen. Eine solche Polarität zwischen ihm und seinem Lehrer würde tatsächlich überraschen. Vielmehr ging es ihm darum, das Lachen nicht grundsätzlich als negativ einzustufen, sondern mit einem differenzierteren Blick möglicherweise sogar nützliche Eigenschaften in ihm freizulegen. Dennoch stand auch für ihn fest: Spott und Beleidigung dürften keinesfalls einfach toleriert oder gefördert werden. Sein Argumentationsgang ist jedoch ein fundamental anderer als der Platons: Ausgangspunkt seines Gedankengangs ist die (scheinbare) Beobachtung, dass der Mensch das einzige Lebewesen sei, das Lachen kann. „Daß nur der Mensch kitzlig ist, liegt an der Feinheit seiner Haut und an dem Umstand, daß nur er von allen Geschöpfen lachen kann."[21]

Für den griechischen Philosophen stand diese Beobachtung fest. Die Erkenntnis der neueren evolutionsbiologischen Forschung[22], wonach auch bei anderen Tierarten (und keinesfalls nur bei Menschenaffen) lachähnliche Ausdrucksformen, Transmitterausschüttungen und Verhaltensphänomene nachweisbar sind, hätte Aristoteles sicherlich erstaunt, er hätte sich aber – selbst ein Naturwissenschaftler – nicht dagegen gestellt. Wie dem auch sei: Für Aristoteles ist das Lachen eine Eigenschaft des Menschen, die ihn von anderen Lebewesen unterscheidet, insofern ein artspezifisches Wesensmerkmal. Dass aus diesem Umstand jedoch keinesfalls folgen müsse, dass es sich dabei um ein ausschließlich positives Charakteristikum handelt, sollte hier doch betont werden. Nur weil der Mensch etwas kann, das andere „Sinnenwesen" nicht können, bedeutet das nicht, dass es sich dabei um eine gute und erstrebenswerte Eigenschaft handelt. Dennoch liegt in dieser Ausschließlichkeit für Aristoteles bereits ein wichtiger Verstehensschlüssel: Da nämlich auch die Vernunft etwas ist, das den Menschen von den Tieren unterscheidet, ist die Annahme, dass es zwischen Lachen und Vernunft bzw. Erkenntnis eine Verbindung gibt, nicht ganz abwegig. Zwei ausschließlich dem Menschen zukommende Fähigkeiten könnten durchaus miteinander in Verbindung stehen. In diese Richtung weist, wie Friedemann Richert betont, wohl auch der Umstand, dass Aristoteles in seinem Buch „Über die Seele" gleich alle emotionalen Affekte des Menschen in eine Verbindung mit dem Vernunftprinzip der Seele setzt: „Wie es scheint, sind auch alle Affekte der Seele mit dem Körper verbunden: Mut, Sanftmut, Furcht, Mitleid, Wagemut, ferner Freude, Lieben und Hassen."²³

Diese Verbindung der körperlichen Eigenschaften des Menschen mit seiner Vernunftbegabung ist für die Philosophie des Aristoteles von großer Bedeutung: Er geht, anders als Platon, nicht einfach davon aus, dass die emotionalen und physischen Momente des menschlichen Körpers zu einer niedrigeren und minderwertigen Stufe des Menschseins gehören, von der sich der erkennende Mensch möglichst lösen sollte. Vielmehr kann es zwischen den körperlichen, emotionalen, sowie geistigen und vernünftigen Prinzipien im Menschen durchaus eine produktive Zu-

Platon und Aristoteles in der „Schule von Athen" (Raphael: Die Schule von Athen, 1509–1511, Fresco in den Raphael-Räumen, Apostolischer Palast, Vatican.)

ordnung geben. In dieser In-Bezug-Setzung aller Lebensmomente auf die menschliche Erkenntniskraft ist zwar weiterhin eine starke Gewichtung auf die theoretische Begabung des Menschen im Vergleich zu seinen körperlich-emotionalen Eigenschaften zu finden. Aber unter Umständen, so die Annahme Aristoteles', können die physischen Momente dem Menschen auch in seinem Erkenntnisvorgang durchaus behilflich sein.

Wenn man sich den Gedankengang von Aristoteles genauer ansieht, merkt man, dass es ihm zunächst um keine ethische Qualifizierung des Lachens geht. Das Lachen ist zuallererst ein Faktum, das Menschen von Tieren unterscheidet. Die moralische Bewertung, ob es gut oder schlecht ist, wird bei Aristoteles erst in einem zweiten Schritt unternommen. Diese Vorgangsweise zeigt bereits, dass der Schüler Platons anders vorgeht als sein früherer Lehrer: Aristoteles schätzt den menschlichen Erkenntnisweg als ein Fortschreiten von den konkreten Dingen hin zu vernünftiger Einsicht. Der Anstoß zu Wissen, so der Tenor in seiner Wissenschaftslehre[24], sei weniger eine punktuelle Erkenntnis der allgemeinen, vernünftigen Dinge bzw. deren Zusammenhänge, sondern ein Weg von der Sinneswahrnehmung einfacher Dinge über Abstraktion, logische Schlussfolgerungen und Formulierung von umfassenden Gesetzen. Dies zeigt aber ganz deutlich, dass Aristoteles die konkreten irdischen Dinge, also das, was mit den Sinnen wahrgenommen werden kann, die einfachen Zusammenhänge und Eindrücke durchaus positiv wertgeschätzt hat – sie sind nämlich der Anfang der Erkenntnis und geben den Anstoß für den philosophischen Weg zu weiterer Erkenntnis.

Was bedeutet für Aristoteles aber nun das Lachen des Menschen? Aus der reinen Beobachtung, dass das Lachen eine den Menschen auszeichnende Eigenschaft ist, folgt für Aristoteles zunächst zwar noch nicht, dass sie entweder gut oder schlecht sei, wohl aber, dass diese Fähigkeit es allemal wert ist, sie in Bezug auf menschliche Erkenntnis genauer unter die Lupe zu nehmen. Und so hat bereits Aristoteles in einigen seiner Schriften unterschiedliche Formen des Lachens analysiert und darüber nachgedacht, was der richtige Umgang mit dieser Eigenschaft ist. Dafür ist ein Prinzip wichtig, das Aristoteles in der „Nikomachischen Ethik" darlegt[25]: Der Mensch sollte – in allen Handlungsweisen – immer auf ein vernünftiges Mittelmaß abzielen. Menschliches Tun und Entscheiden sollte sich nicht an Extremen orientieren, sondern – letztlich immer im Einzelfall und je nach Situation – eine Mitte finden zwischen möglichen Über- bzw. Unterbetonungen. Das Verhalten des Menschen erscheint Aristoteles dann vernünftig und sinnvoll, wenn es sich in einer gemäßigten Form abspielt: In Bezug auf das Lachen bedeutet das für Aristoteles, dass der Mensch weder völlig humorlos leben, noch ständig und alles ins Lächerliche ziehen soll.[26]

> „Wer nun im Komischen übertreibt, [...] sucht um jeden Preis das Lächerliche und strebt mehr danach, Lachen zu erregen als [...] die ausgelachte Person nicht zu verletzen. Wer aber selbst niemals scherzt und sich über die Scherzenden ärgert, gilt als ungebildet und steif."[27]

Man merkt hier, dass sich Aristoteles zwar durchaus bewusst war, dass das menschliche Lachen in einen beleidigenden Spott und in persönlichen Angriff umschlagen kann, ja, dass es sogar so weit gehen kann, dass Menschen alles und jeden ständig ins Lächerliche ziehen, nur um einen guten Lacherfolg zu erzielen. Gleichzeitig aber möchte er die Lachfähigkeit des Menschen, weil es sich bei ihr ja schließlich um eine natürliche Wesenseigenschaft handelt, keinesfalls völlig unterbinden. Würden die Menschen in allen Lebenslagen vollständig auf das Lachen verzichten, gäben sie einen Teil von sich selbst preis; sie würden eine jener Anlagen, die ihnen aufgrund ihrer emotionalen und physischen Anlage offensteht, schlichtweg verdrängen. Damit aber stünden sie vor der Gefahr, einen wesentlichen Teil des Menschseins aufzugeben.

Die Lösung des Aristoteles erscheint einfach, aber auch praktisch zugleich: Jeder Mensch müsse sich von Situation zu Situation jeweils neu überlegen, ob ein Spaß angemessen ist oder nicht. Das habe in Bezug auf die gegebenen Umstände und die involvierten Personen zu geschehen. Ein Scherz kann für das Zusammenleben oder die Beziehung zwischen den Menschen sehr wohl förderlich sein – er sollte aber keinesfalls um jeden Preis angestrebt werden. Auch hier spiegelt sich die Beobachtung wider, die wir bereits am Beginn unserer Überlegungen gemacht haben: Das Lachen ist eine problematische Größe im menschlichen Leben, gleichzeitig aber auch eine, die das Zusammenleben lebenswert machen kann. Es gibt schlichtweg keine Selbstverständlichkeit, in der man sich darauf verlassen könnte, dass das Gegenüber einen Spaß versteht oder – auch eine vorsichtig ausgesprochene – Ironie nicht als eine persönliche Beleidigung auffasst. Letztlich bleibt auch dieses von Aristoteles geschätzte Ziel der „goldenen" Mitte mit einem Restrisiko behaftet, das nicht einfach ausgeschaltet werden kann, aber es scheint durchaus, dass Aristoteles dem Lachen im Rahmen des menschlichen Lebens eine so wesentliche Rolle zugetraut hat, dass er es nicht völlig aus dem Leben der Menschen verbannen möchte. Zwar gibt es bei ihm weiterhin die ethisch negative Bewertung von (als falsch angesehenen) Formen des Lachens, gleichzeitig aber ist durchaus anzumerken, dass Aristoteles diese ethische Qualifizierung in Bezug zu etwas Größerem im menschlichen Leben gesetzt hat.

Das Lachen und die menschliche Erkenntnis

Indem Aristoteles dem menschlichen Lachen einen – wenn auch eingeschränkten – Wert im menschlichen Leben zuerkannt hat, dürfte deutlich werden, dass sich für ihn die „Sache mit dem Komischen" nicht so einfach verhält, wie dies noch bei seinem Lehrer der Fall war. Während Platon die Komödiendichtung und Theateraufführungen argwöhnisch als seichte Unterhaltung und als eigentlich ablenkende Erfindung für die Bevölkerungsteile angesehen hat, die nicht mit der Philosophie und dem strengen Wissen vertraut waren, kommt sein Schüler auch an diesem Punkt zu einer anderen Einschätzung: Zwar ist das zweite Buch der „Poetik" des Aristoteles, in dem er sich (glaubt man antiken Berichten) tatsächlich eingehend mit der Kunstform der Komödie beschäftigt haben soll, nicht überliefert (ja, das ist genau jenes Buch, das Umberto Eco in seinem historischen Roman „Der Name der Rose" teilfiktional behandelt), dennoch lässt sich eine interessante Linienführung in der aristotelischen Philosophie feststellen: Die Komödie ist für ihn eine ähnliche Kunstform wie die Tragödie, sie stehen gewissermaßen nebeneinander und zeichnen sich durch Entsprechungen aus. Beide Formen von Dichtung und Schauspiel hätten zur Aufgabe, den Menschen etwas in veränderter und pointierter Form näherzubringen. Dafür zieht die Tragödie die handelnden Charaktere besonders in den Bereich des Dramatischen, ja sie zielt besonders auf die heldenhaften Taten, mitunter auch tragischen Wendungen und leidvollen Erfahrungen, in denen sich Menschen zu bewähren haben: „Die Tragödie ist Nachahmung einer guten und in sich geschlossenen Handlung [...,] die Jammer und Schaudern hervorruft und hierdurch eine Reinigung von derartigen Erregungszuständen bewirkt."[28] Die Aufgabe der Tragödiendichtung beläuft sich bei Aristoteles auf einen pädagogischen Aspekt. Durch die Konzentration auf bestimmte Lebensthemen, die den Menschen schwere Zeiten bereiten, kann die Tragödie, indem sie solch negative Emotionen im Raum des Theaters – quasi als geschütztem Ort – hervorruft, die Menschen von derartigen Zuständen befreien. Heute würde man diesen „Reinigungsakt" der Tragödie möglicherweise als „Schocktherapie" bezeichnen. Die ausdrücklich positive Wirkung, die Aristoteles der Dichtkunst zuschreibt, kommt daher, dass sie den Menschen auf einen emotional angestoßenen, aber letzten Endes doch auch vernünftigen Erkenntnisweg über das eigene Leben bringt: Weil die Menschen im Theater mit derartigen Themen konfrontiert werden, können sie sich durch die inszenierte Initiative mit ihrem Selbst, aber auch mit den Umständen ihres Lebens auseinandersetzen. Was Aristoteles hier macht, ist ein philosophischer Kunstgriff, der paradigmatisch ist für manche Theorien in den modernen Kommunikationswissenschaften: Er bewertet das Schauspiel, also die Texte und die Darbietungen im Theater, nicht nach einen fiktiven

Inhalten (also von der Tatsache her, dass dargestellt wird, was so gar nicht der Wahrheit entspricht), sondern danach, was es im Publikum auslöst.

„Diese Reinigung der Tragödie findet [...] im Wechselspiel zwischen Fremd- und Selbsterkenntnis statt, wobei als Zielpunkt hier die wahre Selbsterkenntnis ausgemacht werden kann. Und eben diese Katharsis dürfte Aristoteles auch der Komödie zugeschrieben haben."[29]

Die Tatsache, dass Aristoteles die beiden Formen der Dichtung in einem Werk behandelt, könnte durchaus nahelegen, dass er ihnen in Bezug auf die menschliche Erkenntnis einen ähnlichen Wert zugeschrieben hat. „Tragödie und Komödie werden gleich zu Anfang der ‚Poetik' noch mit gleichem Gewicht behandelt."[30] Die Komödie setzt im Unterschied zur Tragödie an einem anderen Punkt an, dürfte jedoch um nichts weniger „funktional und rational"[31] sein.

Die Darstellungsweise in der Komödiendichtung zerrt die menschlichen Figuren in einen Bereich des Surrealen: Sie bildet Menschen in ihrer Hinfälligkeit, in der Tollpatschigkeit, aber auch in ihren schlechten Eigenschaften ab, macht sie dadurch aber auch durch das moralische Urteil des Publikums angreifbar bzw. zieht sie in den Bereich eines Lächerlichen. Die Komödie bildet ab, wie sich schlechte Menschen durch ihre Boshaftigkeit oder ihre Durchtriebenheit selbst verzerren. Damit werden die dargestellten Schlechtigkeiten bzw. deren ausführende Handlungsträger*innen in den Augen der Zuschauer*innen jedoch gerade nicht zu heldenhaften Figuren, an deren Verhalten man sich orientieren könnte, vielmehr gleichen sie einem ins Lächerliche verkehrten Spiegel.[32]

Beide Kunstformen spielen mit der Fähigkeit des Menschen, sich zu inszenieren und fiktionale Zusammenhänge darzustellen. Dabei spielen sie mit der Erwartungshaltung des Publikums. Die meisten Emotionen werden schließlich dann ausgelöst, wenn ein Handlungsschwenk einsetzt, den man so nicht erwartet hat. Auch hier ist das Auseinanderklaffen von Erwartung und Erfüllung ein Thema. Es werden umso mehr Gefühlsregungen ausgelöst, je radikaler, mitunter auch surrealer diese Handlungsumkehrungen sind bzw. je ausgeprägter und sogar überbetont einzelne Charakterzüge in den Akteuren aufblitzen. Hier ist einerseits die übertreibende Darstellung, aber auch das Strapazieren von Unmöglichkeiten, Unabsehbarkeiten oder Fantasien ausschlaggebend, um den gewünschten Effekt beim Publikum hervorzurufen. Auffallend ist dabei, dass sich die dichterischen Erzählungen eben solcher Effekte und Textformen bedienen dürfen, die dem Anschein nach zunächst nicht auf Wahrheit und Adäquatheit der dargestellten Zusammenhänge Wert legen, sondern erst in einem zweiten Schritt Anstoß zu weiteren Gedankengängen über die Bedeutung der künstlerisch aufbereiteten Schauspielstücke geben, damit sich die Menschen in ihrem Nachdenken über jene Charaktere erheben: „Diese Erkenntnis ist [...] heilsam, weil sie den Menschen auf schmerzlose Weise im Vernunfthorizont ‚erwachen' lässt. Wenn man so will, lehrt Aristoteles ein überlegt-überlegenes, ein maßvolles Lachen."[33]

Lachen als kunstvolles Erkenntnismaß. Die Provokation zur Stellungnahme

Der kurze Vergleich zwischen Platon und Aristoteles soll zeigen, dass das Lachen bereits in der Antike eine höchst umstrittene Realität war. Zwar bleiben diese kurzen Abrisse der beiden Philosophen nur Stückwerk, aber sie bringen uns auch auf das am Beginn dieses Kapitels eingebrachte Beispiel aus „Roger Rabbit" zurück: Die Art und Weise, wie man sich zum Lachen bzw. zu den Möglichkeiten und Grenzen der Komik verhält, hängt nicht zuletzt vom jeweiligen Menschenbild ab. Die positive oder negative Bewertung von Gefühlen, psychischen und physischen Eigenschaften verbindet sich in zahlreichen Fällen immer damit, was den Menschen in ihrem Leben einerseits zugetraut wird bzw. welches Ziel man für sie vorsieht. Dass der fiktive Richter Doom im Zeichentrick-Klassiker das Lächerliche ausrotten möchte, weil er darin nicht zuletzt seine eigene Berufung gefährdet sieht, mag durchaus ein mahnendes – wenngleich auch selbst höchst unterhaltsames – Beispiel sein. Diese Auseinandersetzungen, so fantasiereich und komisch sie auch erscheinen mögen, stehen in einer engen Verbindung zu menschlichen Fragestellungen, sie beleuchten fundamentale Auseinandersetzungen über das Menschsein selbst. Dass sowohl Platon als auch Aristoteles ein sehr vernunftbestimmtes Bild des Menschen gezeichnet haben, sollte klar geworden sein, dennoch aber liegen sie mit ihrer Einschätzung, ob die menschliche Lachfähigkeit nun dem Ziel des Menschen, seiner inneren Berufung zu Weisheit und Einsicht, förderlich oder hinderlich sei, nicht auf eine Ebene. Die Wege und Räume, in denen sich menschliche Erkenntnis der Welt, zugleich aber auch die Selbsterkenntnis abspielen, sind keinesfalls statisch. Die Theorien darüber, ob und wie der Mensch zu Wissen gelangen kann und welche Rolle dabei Emotionen spielen dürfen, ist bis heute Gegenstand lebendiger Kontroversen.

Zwar verhält es sich keinesfalls so, dass Aristoteles das Lachen der Menschen unter allen Umständen als positiv und erstrebenswert eingeschätzt hätte, doch räumte er der heiteren Veranlagung des Menschen ein pädagogisches und erkenntnistheoretisches Potential ein: Das Lachen könne – unter gewissen Umständen und in Form einer künstlerischen Darbietung – durchaus seinen Zweck im Rahmen von Gesellschaft, Kommunikation wie auch der Selbsterkenntnis erfüllen, nämlich als Denkanstoß, der die Menschen in ihrer Fertigkeit zu Selbst- und Fremderkenntnis voranbringen kann. Als solch pro-vozierendes Lachen, als Hervorrufung und initiierende Erkenntnisursache, kann diese menschliche Emotion durchaus als eine Aufforderung an die Menschen gesehen werden: Das Lachen, sowohl das eigene, als auch das Anderer, wird zum Auftakt eines Erkenntnisweges, indem man nach seinen Gründen und Ursachen fragt, kritisch auf sich und die Welt sieht, um zu erkennen, was denn dieses Lachen ausgelöst hat, was es aber auch mit den Menschen in der näheren Umgebung macht.

Die Provokation der griechischen Komödie bestand darin, dass sie Dinge abgebildete, die so im menschlichen Zusammenleben nicht vorgesehen sind: Mord, Totschlag, Lüge und Betrug konnten ihren Weg auf die Bühnen der Polis-Theater finden. Und dennoch – geht es nach Aristoteles – sollten diese Darbietungen nicht unwidersprochen bleiben. Vielmehr sollten sie der Ausgangspunkt für eine kritische Infragestellung sein, wobei die Zuschauer durchaus selbst in der Verantwortung standen. Das eigentliche Ziel der pädagogischen Wirkung, die Aristoteles im Theater realisiert sah, lag nicht so sehr in der Schauspielarena, sondern in den Zuschauer*innen selbst. Sie waren es, die über die Themen, Akteure und die Handlung der Komödie nachdenken sollten. Insofern galt das Lachen dem Philosophen als ein Schritt in Richtung menschlicher Selbsterkenntnis, das nicht stumm und unwidersprochen im Raum verhallen, sondern einen Erkenntnisgang nach sich ziehen sollte.

Warum Platon, warum Aristoteles?

Bereits in diesen kurzen Beispielen aus der Philosophiegeschichte haben wir zahlreiche Themen und Fragestellungen angesprochen, die auch für unsere weiteren Überlegungen von zentraler Bedeutung sein werden. Platon und Aristoteles können durchaus als zwei unterschiedliche Denkfiguren in Bezug auf das Lachen gelten, wenngleich wir schon gesehen haben, dass zwischen den beiden eher ein Prozess fortlaufender Denkentwicklung als ein Widerspruch oder Bruch festzustellen ist. Nichtsdestotrotz haben sich diese beiden „Großen" der abendländischen Philosophie besonders in der christlichen Tradition, dann in weiterer Folge aber auch im Aufkommen der Neuzeit zu den zentralen Bezugsgrößen entwickelt.

Doch sollte man im Blick haben, dass zwischen ihnen ein historisch verursachtes „Ungleichgewicht" herrscht, das durch menschliche „*ignorantia*" bedingt ist und der platonischen Sichtweise im Laufe der christlichen Traditionsgeschichte einen jahrhundertelangen „Startvorteil" verschafft hat: Platon wurde rezipiert,

Aristoteles zu einem Großteil nicht. Damit ist nicht gemeint, dass es aufgrund von bösartiger Nichtbeachtung der aristotelischen Schriften im westlichen Mittelalter zu einer weit verbreiteten Vergessenheit seiner Person und Teilen seiner Philosophie gekommen ist. Die Gründe dafür sind vielfältig, bis heute aber auch nicht eindeutig geklärt. Fakt ist, dass sich die Überlieferungsgeschichte der aristotelischen Schriften nicht lückenlos nachvollziehen lässt und man davon ausgehen muss, dass für zahlreiche Epochen im christlichen Altertum seine Schriften nicht zugänglich waren. Manche waren sogar vollständig in Vergessenheit geraten, einige konnten nicht einmal mehr in Fragmenten, Übersetzungen, sondern oftmals nur durch Rezeptionen in anderen Texten wiederentdeckt werden.[34] Dies tat allerdings der Popularität seiner Schriften keinen Abbruch, vielmehr kam es im späten Mittelalter zu einer wahren Welle der Aristotelesrezeption (insbesondere durch die Überlieferung aus dem arabischen Raum), was wiederum auf die Geistesgeschichte der Neuzeit erheblichen Einfluss hatte.[35]

Für die christliche Geschichte waren diese beiden Philosophen wahre Autoritäten in der Rezeption der antiken Denkschulen, wenngleich natürlich nicht die Einzigen. Deshalb sind es besonders auch ihre Einschätzungen in Bezug auf das Lachen, die die Jahrhunderte geprägt und die Stellung der christlichen Lehren gegenüber der menschlichen Fähigkeit nachhaltig verändert haben. Zu den einflussreichsten normativen Texten für das christliche Leben gehören sicherlich die im Altertum entstandenen Mönchsregeln, die ihrerseits unter Bezugnahme auf Desiderate platonischer und neuplatonischer Philosophie eine enorm kritische Linie in Bezug auf das menschliche Lachen an den Tag gelegt haben.[36] Die von Platon aufgerissene Dualität menschlicher Berufung zwischen der höher geschätzten Lebensform geistiger Erkenntnis und der emotionalen Tiefenstruktur körperlicher Existenz scheint auch in diesen Traditionen durch. Dabei war es sicherlich nicht nur eine Frage der höheren Erkenntnisdimension, die jenseits der körperlich affektiven Lebenslinien gesucht wurde, sondern auch die Frage nach der Kontrollierbarkeit menschlicher

Gesellschaftsformen. Wir haben bereits gesehen, dass schon in der antiken Lebenswelt dem Lachen eine mitunter so starke Erschütterungskraft zugeschrieben wurde, dass letztlich allen sakralen und politischen Autoritäten eine Unterdrückung dieser Emotion nahezuliegen schien. In Verbindung mit einem sakral definierten Ernst, der den religiösen Fragen und heiligen Texten zugeschrieben wurde, entstand so etwas wie eine ideale Lebensform des ernsthaften Glaubens, der sich vollends auf Gott und eine jenseitiger Erfüllung richtete. Auch deshalb „verurteilt das Mönchtum insgesamt das Lachen als Ausdruck einer unbeherrschten und unbesonnenen Lebenshaltung, die als einem Christen nicht angemessen erachtet wird."[37] Insofern hat man es in den ersten Jahrhunderten des Christentums insbesondere mit der platonischen Linienführung zu tun, die dem Lachen mehr als kritisch gegenüber stand. Lachen tritt in diesen Beobachtungen besonders als Ausdruck der menschlichen Sündhaftigkeit und Skepsis gegenüber Gott zutage, es wird als eine Geringschätzung der göttlichen Herrlichkeit und Offenbarung gleichsam auf eine Stufe mit körperlichen Versuchungen gestellt. Demgemäß führe die Erheiterung von der Ernsthaftigkeit himmlischer Berufung weg, weil sie den Blick für das Zentrale des Glaubens, nämlich Gott, trübe. Auf der anderen Seite wäre ein weiterer Nebeneffekt des Lachens, so etwa Basilius von Caesarea[38], dass es durch seine emotionalen und körperlichen Erschütterungen die christlichen Gläubigen von Enthaltsamkeit und Selbstbeherrschung ablenkt.

Die platonische Blaupause für diese Argumentationsführung bestimmte lange Zeit die Art und Weise, wie man von christlicher Seite her Fragen von Humor und Lachen begegnet ist. Wie Friedemann Richert ebenfalls in Bezug auf die „Magisterregel" sowie die „Regel des heiligen Benedikt" herausgearbeitet hat, gleichen wesentliche Begründungsfiguren an zahlreichen Stellen diesen eindrücklichen Texten über das monastische Lebensideal. Nicht, dass es dabei um bloßen Machterhalt oder eine Aufrechterhaltung autoritativer Verhältnisse im Sinne einer Unterdrückung der Untergebenen ging. Für die Urheber dieser Texte stand über weite

Strecken tatsächlich das Seelenheil der Menschen im Zentrum – und die formulierten „Maßnahmen" zur menschlichen Verhaltensnormierung sollten zur Erreichung dieses Ziels führen. Die Sorge – und damit ist tatsächlich eine Art Furcht gemeint – um die himmlische Erlösung bestimmte das irdische Dasein: Das Leben auf Erden wurde als Raum der Möglichkeiten interpretiert, zu dieser himmlischen Freude zu kommen. Wer diese erlösende Herrlichkeit jenseits des menschlichen Daseins erreichen wollte, tat besser daran, die (zeitlich begrenzten, vergänglichen und höchst ambivalenten) Freuden der Welt gering zu schätzen.

Immer wieder begegnet uns diese Ausrichtung an den himmlischen Dingen, die eine Ablehnung irdischer Vergnügungen oder emotionaler Erheiterung rechtfertigen sollte. Das Ideal monastischen Lebens wurde gleichsam als elitäre Daseinsform angepriesen. Die Kleriker innerhalb der Abteien beteten zwar für die „einfachen" Menschen mit – also jene, die außerhalb der Klostermauern ihr Dasein fristeten und nicht in den Genuss des kontemplativen Lebens kamen –, waren aber dennoch von ihnen abgesondert. Die Mönche würden damit zu den Erwählten zählen, die in ihrer christlichen Lebensweise dem hervorgehobenen Berufsstand von Platons Philosophen entsprechen. Was diese im Dialog „Der Staat" (Politeia) als herrschende Schicht der Gesellschaft für die anderen Milieus darstellten, wurde in der christlichen Denkweise der spätantiken und frühmittelalterlichen Perspektive in vielen Fällen auf das klerikale Leben übertragen: Gemäß dieser Vorstellung lag die Verantwortung für das Seelenheil der Menschen bei den privilegierten Ständen – wozu auch und besonders die monastischen Gemeinschaften zählten –, diese hatten gleichsam eine ganzheitliche Verantwortung.

Man merkt: Das Lachen bzw. die vielfachen Formen des Komischen, denen Aristoteles zumindest grundsätzlich auch einen gewissen Erkenntnisgrad zugeschrieben hatte, kommen hier nicht zu tragen. Dennoch wäre es – mit Richert[39] – zu kurz gegriffen, einzig und allein der platonischen Tradition bzw. den Mönchsregeln die Schuld zuzuweisen für die langgehegte christliche Skepsis gegenüber dem Lachen. Die Überzeugung, wonach Lachen und

Vernunft nicht zusammenpassen, war eine viel komplexere Überzeugung zahlreicher antiker Schulen, die durch die monastischen Regelformen in ein christliches Lebensverständnis umgewandelt wurde. Der Skepsis gegenüber dem Lachen entsprach über weite Strecken auch eine Leibfeindlichkeit, der Angst vor dem Humor eine existentielle Furcht um das Seelenheil. Die Vernachlässigung des Lachens war insofern ein Resultat bestimmter in der Antike verankerter Denkweisen und nicht der Ausgangspunkt einer Geschichte der Unterdrückung. Doch lassen sich auch diese Momente des sich anbahnenden christlichen Mittelalters nicht scharf voneinander trennen.

Von philosophischen Tendenzen und theologischen Überformungen

Gerade am vielschichtigen Beispiel des Lachens zeigt sich, wie stark theologische Diskurse in geistesgeschichtliche Zusammenhänge eingewoben sind. Als solche geprägte Wissensformen haben sie Bezug zu zeitgenössischen Plausibilitätskriterien und produzieren ihrerseits Identitäts- und Glaubenswissen in einem geschichtlichen Kontext – mit teilweise enormen Auswirkungen auf Gesellschaftsbilder, Herrschaftsformen und ethischen Normierungen. Dazu kommt, dass im klassischen Autoritätsdenken des christlichen Altertums normierende Texte nicht nur einen bloßen Vorbildcharakter hatten, sondern dass sie in gewisser Weise als Ausdruck göttlicher Offenbarung verstanden wurden. Wurden Texte so zu Autoritäten, war die Gefahr groß, den geschichtlichen Kontext ihrer Entstehung zu vergessen und für ihre Inhalte Normativität zu postulieren und eine besondere Bedeutung zu beanspruchen. Nicht selten wurde aus den getätigten Diskursen Eindeutigkeit abgeleitet, die es gar nicht gab. Selbstverständlichkeiten wurden ausgerufen, die als solche gar nicht vorzufinden waren.

Das Lachen ist in diesem Zusammenhang keinesfalls der einzige Themenkomplex, wohl aber einer der bekanntesten. Die Lachskepsis galt jahrhundertelang so unhinterfragt, dass sie den

Blick für den vielfältigen Umgang mit dem Lachen in den biblischen Quellen trübte, welche Spuren genuin religiöser Deutungen des Lachens enthalten. Diese lassen erkennen, dass sich religiös orientierte Diskurse über das Lachen immer in einem komplexen Raum unterschiedlicher Kulturen, Autoritäten und Problemstellungen abgespielt haben, was aus ihnen selbst ein höchst dynamisches Theoriekonglomerat macht. Aber genau diese Komplexität wurde im Laufe der Geschichte vielerorts vergessen oder man hat versucht, sie vergessen zu machen. Dies geschah nicht böswillig, sondern um Klarheit und Eindeutigkeit willen. Der Glaube verlange eine eindeutige Positionierung, was sich zur Forderung nach eindeutigen Reglementierungen steigerte.

Der theologische Diskurs ist mit anderen zeitgenössischen Diskursen immer eng verwandt, und geht doch über diese hinaus. Seine Perspektive radikalisiert zahlreiche Tendenzen philosophischer und kultureller Prägungen und lässt so spezifische Aspekte in den Vordergrund treten. Als religiöse Perspektivierung geht sie von der anthropologischen Anlage des Menschen auf fundamentale Fragen, auf letzte Fragen und Fragen nach Gott über. Ein solcher Spannungsbogen impliziert eine Menge Konfliktpotential; eine theologische Auseinandersetzung ist daher enorm wichtig, wenn wir uns dem Problemüberhang zwischen religiösen Ansprüchen, menschlichem Humorverständnis und den vielschichtigen Lachformationen im menschlichen Leben nähern wollen.

3. Zwischen Himmel und Hölle. Von lachenden Menschen und dem Lachen Gottes

> „Du besitzt den göttlichen Funken.
> Du hast die Gabe, Freude und Lachen in die Welt zu bringen.
> Ich weiß das, ich hab' Dich erschaffen."
> (Morgan Freeman als Gott)[1]

Gott, der Scherzkeks?

„Ist das der Himmel?"[2], fragt Bruce Nolan (dargestellt von Jim Carrey) im Spielfilm „Bruce Allmächtig", als ihn Gott für ein kurzes Gespräch von der Erde entrückt. „Nein, das ist der Mount Everest", erwidert dieser. „Du solltest wirklich öfter den ‚Discovery Channel' einschalten." Ein leichtes Lächeln zeichnet sich auf das Gesicht von Bruce. Dann fügt Gott, vom afroamerikanischen Schauspieler Morgan Freeman verkörpert, trocken hinzu: „Aber das kannst du ja jetzt nicht mehr ... wo du doch tot bist!" Das entspannte Grinsen auf der Miene seines Gegenübers versteinert sich. Entsetzen macht sich breit, die Augen von Bruce machen den Schock deutlich, der ihm gerade in die Glieder gefahren ist. Er fragt entsetzt: „Ich bin tot!?!" Die Antwort Gottes lässt nicht lange auf sich warten: „Nein! Ich nehm' dich nur auf den Arm."

Der Dialog, der sich zwischen beiden daraufhin entspinnt, bringt tiefe menschliche Emotionen, aber ebenso religiöse Themen an die Oberfläche, immer begleitet von einem lockeren, freundschaftlichen, dann aber plötzlich wieder todernsten Gesprächston. Die Unterhaltungen zwischen Gott und der Hauptfigur des Films gehen tiefer als es manche Teile des Publikums wohl erwartet hätten, obwohl dessen Genre als moderne Filmkomödie insbesondere an der Unterhaltung der Zuschauer*innen interessiert ist. Fragen zu Liebe, Allmacht, Schicksal, der Rolle Gottes im menschlichen Leiden, aber auch der Vorstellung dessen, was die Menschen von Gott erwarten bzw. erbitten können, finden in diesem Film Platz. Unter der Oberfläche des auf Klamauk und so manch skurrilen Witz getrimmten Handlungsstranges schwelen zahlreiche theologische und religiöse Fragestellungen, die – manchmal explizit, manchmal implizit – zur Sprache kommen. Morgan Freemans Darstellung des allmächtigen Gottes, der für eine gewisse Zeit all seine Macht und Fähigkeiten an den unzufriedenen Menschen Bruce abgibt, hat es vielen Kinobesucher*innen besonders angetan: Die lässige, humorvolle Art, mit der Gott gegenüber Bruce auftritt, sein Witz, aber auch seine damit verbundene süffisante Ironie kratzen an so manchen Vorstellungen, die in monotheistischen Religionen von Gott gehegt werden. Dass man sich zudem für den farbigen Publikumsliebling im Gewand „des Höchsten" entschieden hat, spitzte die Sache nochmal zu: Nicht, dass sich Christen keine farbige Inkarnation Gottes vorstellen könnten – zahlreiche kontextuell und kulturell eingebettete Darstellungen etwa von Jesus oder der Jungfrau in asiatischer oder afrikanischer Tradition beweisen eindrucksvoll das Gegenteil.[3] Es war besonders das Moment des Unerwarteten, das diese Rolle Freemans für das Publikum so interessant machte: Er forderte in seiner Figur bzw. deren humorvollen Art und Weise die Gottesvorstellungen vieler Menschen heraus. Der Schlüssel für diese besondere Anziehungskraft könnte nicht zuletzt im von ihm verkörperten Wechselspiel zwischen humorvoller Lockerheit und sehr ernsten Gesprächsthemen stecken. Die Frage, die manchen Zuschauer*innen auf der Zunge gelegen ist, lautete wohl: „Darf man Gott überhaupt als einen lachenden und humorvollen Gott darstellen? Würde das nicht das Leiden zahlreicher Menschen selbst der Lächerlichkeit preisgeben, wenn der Allmächtige mit Witz und Komik über so manche Geschehnisse der Welt redet?" Diese und ähnliche Fragen bergen echtes theologisches Problempotential. Gleichzeitig führen sie uns in unserer Auseinandersetzung mit Möglichkeiten und Grenzen des menschlichen Lachens noch einmal einen Schritt weiter.

Eine schöpfungstheologische Tiefenbohrung

Dass wir mit der menschlichen Fähigkeit des Lachens nicht nur in einen gesellschaftspolitisch höchst brisanten Bereich vorstoßen, sondern es mit einer letztlich biologisch grundgelegten Eigenschaft des Menschen zu tun haben, fördert in einem weiteren Schritt auch theologische, genauer gesagt schöpfungstheologische Fragen herauf. Diesen themenübergreifenden Zusammenhang, den Max Lühl in seinem eindrucksvollen Werk „Lachen als anthropologisches Phänomen"[4] aus zahlreichen spannungsgeladenen Perspektiven beleuchtet, hat ebenso Friedemann Richert herausgestrichen, wenn er betont, dass „Lachen [...] Ausdruck der gottgeschaffenen Lebendigkeit"[5] ist. Diese Feststellung fügt der bereits angedeuteten thematischen Komplexität noch eine weitere Dimension hinzu, entgrenzt sie aber zugleich in den Bereich der letzten, finalen Fragen. Das Lachen nicht nur als anthropologisches Faktum, sondern als oftmals sakral codiertes Geschehen ordnet die ethische Konnotation in einen Geltungsrahmen von religiöser Sozialisation und darin geltenden Regelsystemen ein. Diese Bereiche ihrerseits bergen Reibungsflächen und Konfliktpotentiale, die besonders in den letzten Jahrzehnten nochmals an Brisanz gewonnen haben. Dies hat auch zu neuen Sichtweisen in der religionswissenschaftlichen und theologischen Diskussion geführt. Nicht, dass es theologische Auseinandersetzungen dazu erst im 20. Jahrhunderts gäbe, keineswegs. Betrachtet man aber frühere Abhandlungen zum menschlichen Lachen, wird man sehr schnell merken, dass diese sehr stark von einer ethischen Überformung und einer grundsätzlichen Skepsis geprägt waren. Dabei gibt es tatsächlich ebenso erkenntnistheologische Fragen und offenbarungstheologische Punkte, die in Bezug auf das menschliche Lachen erörtert werden sollten. Neben der bedeutenden Arbeit von Max Lühl gehören auch die Untersuchungen von Karl-Josef Kuschel und Peter Berger in diese Entwicklung, in der man sich aus spezifisch religiöser Sicht, nicht aber mit erhobenem Zeigefinger dem menschlichen Lachen nähert.

Als eine genuin im organischen, emotionalen und psychischen Fundament des menschlichen Existierens angelegte Fähigkeit vermittelt das menschliche Lachen insbesondere im schöpfungstheologischen Aspekt der „Ebenbildlichkeit mit dem Schöpfer" einen Problemhorizont, der weit vor der kulturell und ethisch geprägten Qualifizierung des menschlichen Lachens ansetzt. Denn als bloßes Faktum des menschlichen Körpers und eines emotionalen Gemüts, das sich in weiterer Folge durch Erziehung und Sozialisation zu einem Charakterzug bzw. handlungsleitendem Zug entwickeln kann[6], ist das Lachen etwas, das vom Beginn menschlicher Existenz an grundgelegt ist. In ihm artikulieren sich Anliegen und Eindrücke des Menschseins – oftmals bevor überhaupt eine sprachliche Begabung entfaltet oder symbolische Verständigung erlernt wurde. Als solche fundamentale Expression ist das menschliche Lachen selbstverständlich auch theologisch interessant, da die Entwicklung von Lachmuskeln sowie die Herausbildung der für das zwischenmenschliche Mienenspiel notwendigen „Spiegelneuronen"[7] auf eine Basis zurückgehen, die in seinem vor-geburtlichen Ursprung wurzeln. Ob man diesen nun – monotheistisch gesprochen – direkt mit einem Schöpfergott in Verbindung bringt oder mit einer evolutiven Entwicklung biologischer Prozesse, ändert zunächst nichts an der Tatsache, dass die Fähigkeit des Lachens einen natürlichen Ursprung hat – vielleicht „nicht nur", sicherlich „aber auch". Dies ist zunächst einmal eine Gegebenheit, aber noch keine Qualifizierung, was auch für einen christlichen Blick auf diese emotionale Ausdrucksform gelten sollte. Denn nicht jegliche dem Menschen offenstehende Fähigkeit kann gleich mit Verweis auf den Ursprung im Schöpfergott als „gut" angesehen werden – dafür ist die Sache zu kompliziert.

Dennoch stellt sich die Frage, ob und wie im menschlichen Lachen nicht insbesondere auch eine theologisch relevante Qualität seiner Existenz zum Tragen kommt und in weiterer Folge Kirchen- und Religionsgemeinschaften diese Eigenschaft fruchtbar machen oder zumindest einen Umgang mit ihr pflegen können, der positive Aspekte menschlicher Humorfähigkeit nicht unter das Diktum eines generalisierenden Negativurteils stellt. Lachen verbirgt in sich eine enorme Vielzahl möglicher Ausdrucksarten, die nicht nur für die individuelle Haltung, sondern auch für die Gemeinschaft sowohl gefährlich als auch nützlich sein können. Diese Ambivalenz ist und bleibt unauflöslich, die Grenzziehung zwischen den Extremformen schwierig. Die Versuchung ist groß, in eine moralisierende Trennung von (scheinbar) gutem und (scheinbar) bösem Lachen zu verfallen, als würde eine strikte Barriere zwischen den – zuvor theoretisch aufgestellten – Bereichen möglich sein.[8] Diese Lösung wäre zu einfach, dass es einen klar abgrenzbaren positiven Bereich der menschlichen Humorfähigkeit gäbe, der vielleicht praktischerweise zugleich mit dem (christlichen) Glaubensleben identifiziert werden könnte. Vielmehr setzt sich der Bereich des menschlichen Lachens aus einer wahren Bandbreite von Schattierungen zusammen, die erst im konkreten Einzelfall bewertet werden können. Nichtsdestotrotz verdient es diese menschliche Emotion gerade in ihrer Pluralität und grenzübergreifenden anthropologischen Dimension theologisch bedacht zu werden.

Mit der Verzahnung von theologischen, kulturellen und ethischen Fragestellungen in Bezug auf die menschliche Anlage zum Lachen nähern wir uns einem weiten Problemfeld an, in dem die Theologie keinesfalls eine hervorgehobene Stimmgewalt beanspruchen kann. Wohl aber lohnt es sich, aus der religiösen Perspektive den Blick auf die verborgenen oder möglicherweise viel zu lange vergessenen Potentiale menschlicher Humorfähigkeit im Bereich des Religiösen zu werfen. An dieser Stelle sollte nicht der Fehler begangen werden, vom Sein auf das Sollen zu schließen, sprich: aus der puren biologischen Fähigkeit des Menschen eine ethisch qualifizierte Forderung oder gar eine Norm ableiten zu wollen. Vielmehr sollten die vielseitigen Formen menschlichen Lachens auf ihren inneren Bezug zu theologischen Themenstellungen in den Blick treten und die Frage gestellt werden, ob und inwiefern sich die christliche Lebens- und Glaubensweise von humorvollen Begebenheiten in deren ganzer Ambivalenz inspirieren, vielleicht ja sogar stärken könnte. Hier wird uns in zahlreichen Aspekten vermehrt auch die Frage begleiten, ob und inwiefern sich im Lachen eine möglicherweise in der Existenz des Menschen als „Geschöpf Gottes" grundgelegte Haltung verbirgt, die das Leben auch besonders in einer religiösen Glaubensperspektive vertiefen kann. Die Theologie würde – bildlich gesprochen – auf Basis der biologischen und soziokulturellen Erkenntnisse versuchen, im Raum des menschlichen Humors Anschlussstellen für eine theologische Aufarbeitung zu finden.

Das von Rudolf Lüthe in seiner kritisch-aufklärerischen Darstellung des Humors hervorgestrichene „Entdecken der Widersprüchlichkeiten in der Welt im Allgemeinen und der menschlichen Existenz im Besonderen"[9] zeigt uns eine solche theologisch durchaus bedenkenswerte Ebene des menschlichen Humors: Durch das Lachen, so folgert Lüthe im Anschluss an die „Erfahrung der Inkongruenz" bei James Beattie[10], kann der Mensch sich und die Welt im Sinne einer erfahrenen Widersprüchlichkeit wahrnehmen (ähnlich, wie uns etwa bereits bei Aristoteles begegnet ist). Im Auseinanderklaffen von Schein und Realität kann der Mensch, wenn er gelernt hat, diese Kluft aus einer bestimmten Distanz zu betrachten, im humorvollen Umgang mit sich und der Welt zu tiefen Einsichten über seine eigene Existenz kommen.

Insofern wäre das Lachen eine Reaktion auf die Welt, die sich in zahlreichen Episoden nicht so verhält, wie das zu erwarten gewesen wäre. Dieser Einblick in die Kontingenz der Welt und des Lebens hat tiefes religiöses Gewicht und eine wirkliche theologische Qualität. Das Lachen kann die Menschen zu einem kritischen, zugleich aber gelassenen Leben gegenüber äußeren Einwirkungen und sich selbst führen. Im spielerischen Umgang mit den Bedingungen menschlicher Existenz, mit den zahlreichen Unvorhersehbarkeiten und Bedingtheiten irdischen Daseins kann eine Form der Weltsicht verborgen liegen.

„Warum lacht Sara?" (Gen 18,13) Göttliche Verheißungen und menschliche Provokationen

Was das spöttische Lachen der „thrakischen Magd" für den Verlauf der Philosophiegeschichte bedeutet, könnte ohne Probleme im jüdisch-christlichen Bereich mit dem stillen Grinsen Saras, der Frau Abrahams, parallelisiert werden. Im 18. Kapitel des Buches Genesis kann man nachlesen, dass Gott Abraham in der Gestalt von drei Wanderern begegnet, die an seinem Haus vorbeiziehen. Der gute Gastgeber lässt für die Fremden ein Mahl zubereiten, zeigt sich von seiner offenherzigen Seite und auf die Frage der Fremden, wo denn seine Frau Sara wäre, teilt er ihnen mit, sie sei im Zelt. Dann setzt Gott (plötzlich wird im Text nicht mehr von „den" Männern, sondern im Singular gesprochen) zu einer Verheißung an: „In einem Jahr komme ich wieder zu dir. Siehe, dann wird deine Frau Sara einen Sohn haben."(Gen 18,10)[11] Die Reaktion Saras, die nahe dem Zelteingang mitgehört hatte, ist legendär: Ihr Lachen über dieses Versprechen des Wanderers – schließlich waren sie und Abraham schon im fortgeschrittenen Alter – klingt durch die Theologiegeschichte und Auslegungstraditionen fort bis in die Gegenwart. Selbst im Text seiner Verheißungszusage wird Gott durch Saras Kichern merklich aus dem Konzept gebracht.

Die Nachfrage Gottes „Warum lacht Sara?" (18,13) sowie seine Erwiderung auf das Leugnen Saras in seinem „Doch, du hast gelacht" (18,15) haben Raum für Interpretationen gelassen. Auch wenn der Text beschreibt, dass Sara keinen offenen und lautstarken Lachanfall bekommen hat, sondern „still in sich hinein" lachte, hat diese Begebenheit in der Bibelwissenschaft zu sehr unterschiedlichen Reaktionen geführt.[12] In Verbindung mit der Darstellung in Genesis 17,17 – an dieser Stelle lacht Abraham selbst über das Versprechen Gottes ihm gegenüber – haben diese beiden Bibelstellen eine sehr bewegte Auslegungsgeschichte genommen.[13] Verständlich, wenn man bedenkt, dass es sich bei den beiden grinsenden Personen nicht einfach um irgendwelche Einzelpersonen handelt, die man moralisch abqualifizieren könnte. Ebenso sind die Situationen, in denen ihnen das berühmte Lachen entfahren ist, keine Nebengeschichten der Bibel. Schließlich sind Abraham und Sara die Stammeltern Israels, die bis heute im Judentum sowie im Christentum und im Islam als Gründungsfiguren der göttlichen Erwählung gesehen und verehrt werden. Das Versprechen Gottes an diese Personen, so der Glaube der großen monotheistischen Religionen, wirkt bis heute fort. Und just in einem solch wichtigen Moment können sich die erwählten Personen nicht halten und müssen Gott mit einem – wenn auch offenbar leisen – Lachen begegnen? Wie soll also ein Lachen solcher Personen immenser religiöser Wichtigkeit gegenüber dem Allmächtigen gewertet werden? Ist es Ausdruck des Zweifels, möglicherweise sogar eines Unglaubens? Wird Sara, wie das etwa Franz Julius Delitzsch[14] betont, durch Gottes „Doch, du hast gelacht" (18,15) tatsächlich „lügengestraft"? Ist ihr – weibliches – Lachen wirklich vom männlichen Lachen des Abraham in Gen 17,17 unterschieden?[15] Handelt es sich hier um ein Auslachen, um ein Lächerlichmachen? Wagen Sara und Abraham möglicherweise sogar, Gott in seinen Fähigkeiten zu hinterfragen?

Die neuere Auslegungsgeschichte hat sich diesen Episoden von zahlreichen möglichen Perspektiven angenähert und spricht von einem „blasphemischen" Lachen, einem bitterbösen Lachen bis hin zu einem Lachen aus Ausdruck von Zweifel. All diese unterschiedlichen Einschätzungen der Textpassage zeigen wiederum, wie unglaublich komplex und vieldeutig diese menschliche Ausdrucksform ist. Das Lachen Saras und Abrahams, die gerade in jenen Situationen, in denen ihnen Gott seine Pläne offenbart, in Lachen ausbrechen, beschwören so manches Urteil über sie herauf. Aber bleiben wir bei der Geschichte von Saras Lachen: Was ist eigentlich passiert? Nun, zunächst sollten wir nüchtern feststellen, dass Sara – soweit man das aus der Textebene erschließen kann – wohl nicht wusste, wer derjenige ist, der diese Zukunftsbeschreibung tätigt[16] (bei Abrahams Lachen ist das übrigens nicht der Fall). Das Lachen Saras ist in jedem Fall eine direkte Reaktion auf das, was der Fremde ihrem Mann gegenüber äußert – der Inhalt ist für sie schlichtweg unglaublich, ja so unmöglich, dass ihr Lachen wohl die Diskrepanz ihrer Weltsicht mit der Verheißung ausdrückt.

> „Die Wahrscheinlichkeit der verheißenen Möglichkeit ist so gering, dass sie lachhaft wirkt. Der Grund ihres Lachens ist also die Kontrasterfahrung von Wirklichkeit und Möglichkeit, so daß der Charakter des Lachens nicht der der Verlegenheit oder Verzweiflung, sondern der des Zweifels ist."[17]

Tatsächlich macht dieses Verständnis der Situation einiges deutlich: Das Lachen Saras speist sich weder aus der Geringschätzung des Gegenübers noch aus der Infragestellung eines göttlichen Planes – denn diesen kann sie als solchen nicht unbedingt identifizieren. Nicht jedes Versprechen ist gleich als eine Zusage Gottes erkennbar, ebenso wie nicht jeder fremde Wanderer eine Repräsentation des Allerhöchsten ist. Sara steht damit auch vor einem Erkenntnisproblem, das zwar aus der Textebene als solcher nicht einfach erkannt werden kann, aber bei näherer Betrachtung der dargestellten Situation durchaus deutlich wird: Sie wird mit etwas konfrontiert, mit dem sie sich nicht einmal in ihren kühnsten Träumen auseinandersetzen wollte. Die Aussicht auf eine so späte Schwangerschaft löst in ihr einen – gemäß irdischen Umständen – berechtigten Zweifel aus. In ihrem Lachen tritt etwas zutage, das aus ihrem Inneren kommt, eine Emotion, die offenbar nicht unterdrückt werden kann, eben weil Sara in ihrem Weltbild durch das Gesagte so enorm herausgefordert wird: Das, was der Fremde hier prognostiziert, liegt so weit jenseits der von ihr erachteten Möglichkeiten, dass sie sich damit nicht in ernsthafter Weise auseinandersetzen kann. Für sie gibt es die Chance auf eine so späte Schwangerschaft nicht, weshalb sie die Aussagen des Fremden mit ihrem Lachen auch in den Bereich des Surreal-Lächerlichen verweisen möchte.

In gewisser Weise erinnert die Haltung Saras an die Rückfrage Marias im Lukasevangelium, in dem sie bei der Verheißung der Geburt Jesu an den Engel zu erkennen gibt, dass sie sich eine Schwangerschaft nicht vorstellen kann: „Wie soll das geschehen[?]" (Lk 1,34) Die Diskrepanz zwischen dem, was in den biblischen Texten als Folge von Gottes Wirken beschrieben wird, und den rein menschlichen Möglichkeiten ist groß – ja, nahezu unüberbrückbar. Hier treffen Realitätsformen aufeinander, die einander nicht entsprechen. Darauf weist auch der Engel in der Verkündigungsszene hin: „Denn für Gott ist nichts unmöglich" (Lk 1,37).

Was bedeutet das aber nun für Saras Lachen? Ihr Lachen ist zunächst eine menschliche Reaktion. Sara ist in ein Lebens- und Weltbild eingebettet, ihre Reaktion macht deutlich, dass sie mit etwas konfrontiert ist, das sie sich nicht hätte vorstellen können.[18] Als derartiger Ausdruck ist das Lachen zunächst noch nicht verwerflich, vielmehr wird es im Text selbst zum Ausdruck dafür, dass sich mit Gott völlig neue Lebenshorizonte erschließen. Das stille Grinsen Saras ist offenbar ein spontaner Ausdruck ihrer völligen Überforderung in der Situation. In ihrem Lachen wird damit ein Schlüssel für das Verständnis einer religiös konnotierten Weltsicht sichtbar, die eine Entgrenzung der weltlichen Beschränkungen beinhaltet. Nicht, dass irdische Maßstäbe einfach außer Kraft gesetzt werden, wohl aber wird mit der Bezugnahme auf eine transzendente Größe eine Möglichkeitsform eingeführt, die als solche rein innerweltlich nicht zugänglich ist. Das macht das Lachen Saras auch zu einem Ausdruck der göttlichen Offenbarung – ihr Lachen wird zu einem Zeichen dafür, dass ihre Weltsicht in der scheinbaren Unmöglichkeit zu einer Erfüllung gelangt, die ihr vorher nicht einsehbar war. Der Moment ihres spontanen Gemütsausbruches wird zu dem Zeitpunkt, in dem sie mit der Perspektive des Unmöglichen konfrontiert wird, die zugleich entgrenzt wird. Was im christlich-jüdischen Sinn als Offenbarung beschrieben wird, kann durchaus auch in Form einer zunächst völlig schockierenden Erfahrung geschehen, die das Leben aus den vormals so schön geordneten Bahnen wirft. In der Verheißung Gottes verändert sich das Welterleben der Menschen – zunächst jener, die es primär betrifft; dann aber zeichnet sich in der punktuellen, situativen Zuwendung Gottes eine inklusive Formatierung von Offenbarung ab: In Saras Lachen gründet eine Weltsicht, an der auch andere Menschen teilhaben können, weil auch sie in Folge des Geschehen den Raum irdischer Begrenzungen überschreiten können. Bei der Geburt Isaaks in Gen 21 wird auf diesen inklusiven Aspekt von Saras Lachen verwiesen: „Gott ließ mich lachen; jeder, der davon hört, wird mir zulachen." (Gen 21,6) In der Geburt Isaaks erfüllt sich eine Verheißung, die Realität wird vom Raum der göttlichen Möglichkeit eingeholt – und dies nicht nur für Sara, Abraham und Isaak; vielmehr entsteht aus dieser Entgrenzung eine neu formierte Gottesbeziehung für alle Menschen. Dadurch verändert sich nicht nur das Lachen Saras, sondern auch die Reaktion der Menschen auf ihr Lachen. Es verbietet sich gewissermaßen, Saras scheinbar ungläubiges Lachen von dieser Erfüllung zu isolieren. Beide Momente von Saras Gelächter gehören zusammen – es ist nicht so, dass das erfüllende Lachen gut und das spontan-fassungslose Lachen böse und schlecht wären. Es handelt sich um zwei Seiten einer persönlichen Gotteserfahrung, die von Betroffenheit und Erfüllung, von Zusage und Gewährung umfasst ist. Zwischen ihnen gibt es keine strikte Trennung, sondern eine innere Verwobenheit, die in der Erfüllung des Zuspruches gipfelt.

Darin kommt ein wichtiger Aspekt zum Tragen: Gott spielt in dieser Situation nicht den Beleidigten. Er zieht sein Versprechen aufgrund des zweifelnden Lachens Saras nicht einfach zurück, sondern hält daran fest. Durch diese Erfüllung bewirkt Gott, dass sich das Lachen des Zweifels, das zunächst wohl schlicht der Ausdruck dafür war, dass das von Gott in Aussicht gestellte für Sara „zu viel" war, in das Lachen der Erfüllung verwandelt. Dass Gott nicht von einem menschlichen Zögern oder Zweifel in seinem Weg beirrt wird, macht einen enorm wichtigen Aspekt deutlich. „Eine Kehre ist also in dieser Geschichte um Abraham und Sara erkennbar: vom skeptischen Verlachen Gottes zum befreienden Lachen aller mit Gott."[19] Der Wandel, den das menschliche Lachen in dieser Geschichte erfährt und der durch die kapitelübergreifende Vernetzung zur wirklichen Erfüllung führt, beschreibt episodenhaft auch die allgemeinere Erfahrung des Menschen in seinem Glaubensleben. Sara wird zum weiblichen Ausdruck dessen, was religiöser Glaube für Menschen bedeuten kann, nämlich die Dekonstruktion ihrer irdischen Ordnungsstrukturen. In den geänderten Vorzeichen des Lachens werden die Verschiebungen dessen sichtbar, was in der Perspektive des Glaubens als möglich vorgestellt wird: Selbst wenn dies über die Grenzen des Irdischen hinausgeht, ja sogar eine enorme Provokation innerhalb weltlicher Bedingungen ist, bleibt der Glaube der Raum, in dem Platz für diese Unmöglichkeiten ist. Dieser eigentlich unerhörten Zumutung des Glaubens kann im Lachen begegnet werden, ohne dass dieses – wie die Episode im Buch Genesis nahelegt – zugleich eine göttliche Majestätsbeleidigung sein muss. Möglicherweise ist es gerade die aufrichtige und ehrliche Gemütsäußerung, die aus dem Lachen Saras spricht. Wenn es in der Geschichte eine tatsächlich fragwürdige Haltung von Sara gibt, dann ist das eher das Leugnen ihres Lachens bzw. ihr eigener Zweifel.

Dieser Weg des Menschen mit Gott (und umgekehrt) macht in seiner spannungsgeladenen Brisanz deutlich, dass hier emotionale, menschliche Ausdrucksformen im Spiel sind. Diese müssen nicht immer ein Lachen sein, es kann sich ebenso um Verzweiflung, Trauer, Not oder Schock handeln – immer wird der gesamte Mensch in dieses abenteuerliche Geschehen hineingenommen. Dies markiert, was Gregor Maria Hoff in seinen „Religionsgespenstern" konstatiert: „Der Transzendenzeintrag beunruhigt, verunsichert, schockiert, wo [... Menschen] mit unvorhergesehenen und für unwahrscheinlich gehaltenen Ereignissen konfrontiert [werden.]"[20] Dort, wo der Mensch mit einer wie auch immer gearteten Inkongruenz in seinem Welterleben konfrontiert wird, reagiert er (nicht nur, aber auch) auf emotionaler Basis. Sara ist dafür ein gutes Beispiel, ebenso kann man die Erfahrungen des Leides und die entsprechenden Reaktionen Hiobs nennen. Auch Hiob reagiert emotional auf die für ihn nicht nachzuvollziehenden Ereignisse seines Lebens. Er schmettert Gott in zahlreichen Dialogen seine Gefühle förmlich entgegen – und Gott akzeptiert diese Gefühlsausbrüche.

An existentiellen Bruchstellen des Lebens lassen Erfahrungen der Wirklichkeit die eigene Weltsicht oft fragil werden. Sie ist nicht vor Umkehrungen oder Wandel geschützt, ebenso wenig davor, dass sie durch die Konfrontation mit einem nicht erwartbaren Gegenüber herausgefordert wird. Dieses Gegenüber muss keine Person sein, auch ein völlig unvorhersehbares Ereignis oder Geschehen kann zu einem emotionalen Ausdruck führen, wie er uns im Lachen Saras begegnet ist. Das Lachen kann sich als menschlicher Ausdruck in diesen Zentralmomenten irdischer Existenz ereignen. Hier wäre es falsch, gleich eine moralische Perspektive von „richtig"/angemessen oder „falsch"/beleidigend einzunehmen. Natürlich ist das Lachen kein neutraler Ausdruck, er möchte immer als Ausdruck „für etwas" verstanden werden. Der sich so ergebende Interpretationsraum steht in vielen Fällen aber vor der Einordnung in gut oder schlecht, denn Lachen ist zunächst eine Emotion und als solche – gerade weil sie in vielen Fällen nicht willentlich kontrolliert oder reguliert werden kann – mitunter ein ehrlicher Ausdruck eines situativen Schocks. Dass sich eine solche Emotion unter Umständen auch ändern oder wandeln kann, zeigt sich in der biblischen Erzählung von Sara und Abraham.

Die Logik des Wandels umfasst damit auch die Lebensbedingungen des Menschen: Saras Lachen steht in den beiden Episoden unter völlig veränderten Vorzeichen. Die Überführung des zweifelnden Lachens in das erfüllte Lachen gleicht der theologischen Codierung, auf die auch Hoff verweist[21]: Die Teilhabe an der schöpferischen Lebensmacht Gottes ist eine Textur, die immer wieder gefunden werden kann: Gott wird durch das zweifelnde Lachen Saras nicht von seinem Thron gestürzt oder in seiner Menschenfreundlichkeit gekränkt, sondern er hält umso mehr an der Verheißung fest und lässt an seinem – eigentlich überlegenen – Lachen teilhaben.

Lachen mit Vorbehalt. Schöpferische Überlegenheit und Partizipation am göttlich Lachhaften

Der Blick in biblische Texte kann vieles zeigen, langweilig und ohne das Auftauchen von Fragen wird die Lektüre der für Christ*innen heiligen Schrift wohl nie werden. Manchmal sind es Nuancen, die plötzlich in einem neuen Licht erscheinen, ein anderes Mal sind es Dinge, die man möglicherweise so noch nie wahrgenommen hat. Wer hat zum Beispiel schon einmal vom Lachen Gottes gehört? Wenn man sich unterschiedliche Textstellen des Ersten Testaments[22] ansieht, so stößt man auf unterschiedliche Spuren dieser – zugegeben sehr antropomorph anmutenden – Darstellung Gottes. Keinesfalls sind es nur Menschen, die in biblischen Texten zu so etwas wie Humor, Komik, ja an manchen Stellen auch Spott fähig sind. „[S]owohl Gott, der Schöpfer, als auch seine Geschöpfe, die Menschen, ja selbst Tiere lachen."[23] Die emotionale Regung der Erheiterung kann als ein existentielles Band gesehen werden, das die Schöpfungsgemeinschaft umschließt und sie gleichzeitig auch als eine dynamische Beziehung ausweist. In ihr spielen sich Nähe und Distanz, Anziehung und Abstoßung zwischen den Geschöpfen, aber auch zwischen Geschöpfen und deren Ursprung ab. Damit ist die geschaffene Welt kein starrer Stufenplan oder eine fixierte Rahmenordnung, vielmehr ist sie von Wandel, Brüchen und damit auch spontanen Reaktionen geprägt.

So sehr das Lachen in schöpfungstheologischer Metaphorik von Menschen und Tieren ausgesagt wird, theologisch steht immer fest, dass es Gott ist, der zuletzt lacht. Insofern „kann es keine Lebenswirklichkeit geben, die nicht von Gott her gedacht und nicht als durch ihn bedingt angesehen wird."[24] In der gottzentrierten Sichtweise biblischer Lebenserfahrung kann Gott als so etwas wie der unentrinnbare und omnipräsente Fluchtpunkt angesehen werden, von dem her alle Lebensdimensionen erschlossen werden können. Er ist es, der das Dasein der Schöpfung ins Leben gerufen hat, der sie erhält, von dem her sie – theologisch gesehen – ihre Bestimmung erhält. Diese „Theozentrik" der biblischen Texte spiegelt sich in zahlreichen Erzählungen wider, sie wurde auch in der angesprochenen Episode rund um Sara und Abraham deutlich: Von Gott her vermag sich alles umzukehren, zu relativieren, letztlich auch zu wandeln. Diese Einsicht kann für moderne Ohren bedrohlich klingen, entspricht aber dem fundamentalen Lebensgefühl der israelischen Lebenswelt: Es kann keinen Winkel im menschlichen Leben bzw. keinen Funken seiner emotionalen Regungen geben, der nicht auf Gottes letztes Wort bezogen bleibt. Nicht, dass dadurch eine freie Entscheidung des Menschen vollends unmöglich gemacht würde; Gottes Existenz als Anfangs- und Endpunkt menschlichen Lebens bleibt der finale Spannungsbogen, in dem menschliche Handlungen, Entscheidungen, ja alle Gefühle, Hoffnungen, Ziele, Ängste usw. eingebunden bleiben.

Wenn wir diese Perspektive zu Ende denken und Gott als ersten, letzten und immer begleitenden Bezugspunkt menschlicher Existenz im Auge behalten, kann man von einem „Diktum des Vorbehaltes" sprechen. In der Hinsicht einer möglicherweise alles relativierenden Schöpfermacht Gottes, die jedes noch so eindeutig erscheinende Lebensgefühl radikalisieren oder gar in sein Gegenteil verkehren kann, bleiben menschliche Perspektiven immer begrenzt. Sie stehen unter der Möglichkeit eines fundamentalen Wandels, der sich aus der Unbestimmbarkeit Gottes, seiner Erhabenheit und Unangreifbarkeit ergibt. Selbst wenn die Lebensumstände – wie etwa Fragen von Sieg und Niederlage, von Schuld und Vergebung, von Leben und Tod – in einem reinen innerweltlichen Zusammenhang noch so eindeutig erscheinen mögen, es gibt eine von Gott her gedachte Möglichkeit der Wendung. Gott ist es, der das Lachen der Menschen in Weinen, der aber auch die Trauer und das Leid in positive Zustände verkehren kann. Gott ist und bleibt der Unantastbare, was für den menschlichen – und nur allzu verständlichen – Wunsch nach Stabilität und Klarheit zwar nicht immer förderlich ist, aber die Schöpfung von ihrem Ursprung und dauernden Bezugspunkt her immer auch als bedingt erweist.

Für diese Überlegenheit Gottes hat sich in der biblischen Tradition besonders die Herrscher-Metapher herausgebildet, die Gott als König und Souverän der Schöpfung ausweist. Eine Vielzahl biblischer Texte, Verse und daraus abgeleiteter Bilder funktioniert auf Basis dieser Metapher: „Sichtbarster Ausdruck [der] unantastbaren Herrschermacht Gottes ist sein Lachen, ein Lachen der Überlegenheit und Souveränität, ein wissendes und spottendes Lachen durch einen Gott, der die Verhältnisse auf Erden durchschaut[.]"[25] Wenn Gott etwa in Psalm 2 als lachender und spottender Fürst auftritt, dann verzahnt dieser Vers mehrere zutiefst religiös konnotierte Erfahrungen im alten Israel. „Die Könige der Erde stehen auf, die Großen tun sich zusammen gegen den HERRN und seinen Gesalbten […] Er, der im Himmel thront, lacht, der Herr verspottet sie." (Ps 2,3.4) Der Tenor dieses Textes zeugt von einer vielschichtigen Erfahrung des alten Israels: Ihre spirituellen Krisen, ihre existentiellen Nöte wurden von politischen und kriegerischen Auseinandersetzungen begleitet. Die Bedrängnis der Gläubigen wird so zu einer genuin theologischen Herausforderung, das Lachen Gottes auf seinem Thron zum sprachlichen Ausdruck einer theologischen Bearbeitung. Zum einen spielt hier die Tatsache eine Rolle, dass es Menschen, ja ganze Völker und deren herrschende Klassen, gibt, die nicht an diesen Gott glauben und seine Existenz leugnen. Zudem verarbeitet die Textstelle auch, dass gläubige Gruppierungen unter Gewalt und Ungerechtigkeit leiden, Gott aber offenbar nicht immer direkt eingreift. Nichtsdestotrotz werden die aufreibenden und bedrückenden Erfahrungen in das Herrscherbild Gottes eingespeist, darin zugleich mit einer uneinholbaren „Logik des Vorbehalts" verbunden: Denn dadurch, dass Gott der unanfechtbare und überlegene König der Schöpfung ist und bleibt, relativiert sich von ihm her jegliche menschliche Erfahrung – sowohl die der Gläubigen, als auch die der Ungläubigen. Alles Irdische kann vor dem Hintergrund eines hierarchischen Schöpfungsprinzips im Modus einer Vorläufigkeit ausgewiesen werden.

Wo Gottes Allmacht und seine für die Menschen im Letzten nicht einsehbare Souveränität auf den Plan treten, stehen sie für eine irdisch uneinholbare Extrapolarisierung der Perspektive –in der biblischen Tradition wird mit einer Metaphorik gespielt, die die Ambivalenz menschlicher Existenz und die Erfahrung radikaler Kontingenz umgehen möchte, indem sie diese als vorläufig markiert. Durch die Metapher der göttlichen Königswürde, die in der freiheitsliebenden Perspektive des 21. Jahrhunderts durchaus als fremd und einschränkend wahrgenommen werden kann, kann eine biblische Form existentieller Ambivalenzverarbeitung gesehen werden. Dort, wo die Macht des Menschen endet bzw. wo irdische Zusammenhänge als schwer oder unerträglich gesehen wurden, konnte mit dem Verweis auf Gott bzw. seine schöpferische Macht ein theologisches Gegengewicht platziert werden. Einerseits ist dieses überlegene Lachen Gottes eine Schranke für menschliche Ungerechtigkeiten, andererseits wirkt es aber auch einschließend: In Gottes Lachen können sich jene Menschen geborgen fühlen, die in ihrem Leben ungerechtfertigt zu leiden haben. Auch das biblische Lachen Gottes erweist sich als höchst ambivalenter Ausdruck: Während sein überlegener Spott als Hohn für jene gilt, die sich gegen ihn und sein Volk erheben, wird es für die Gläubigen zu einem Funken Hoffnung, der ihnen nicht einfach entrissen werden kann. Selbst in der tatsächlichen Erfahrung von Gewalt und Not erweist sich das göttliche Lachen als das majestätsvolle letzte Wort, das die Gegner in die Schranken weisen kann.

Verlachtes Leiden oder verlachende Täter?

Wer sich am Ende jedoch tatsächlich in diesem göttlichen Lachen betten kann, bleibt in der biblischen Tradition selbst dem Diktum des Vorbehalts unterworfen. Ja, Gottes Lachen kann in zahlreichen religiösen Texten auch als eine abgründige Erfahrung erscheinen[26]. Die tatsächliche Erfahrung von Not und Unterdrückung wirkt an manchen Stellen des Ersten Testaments wie ein Brandmal auf der Haut zahlreicher Gerechter – ihr Schreien, die Wehklagen der Gerechten, von denen viele biblische Geschichten berichten, werden durch den Verweis auf ein letztes Lachen Gottes nicht einfach aufgewogen. Die erfahrene Not schlägt Wunden, die Narben sitzen oftmals tief. Dass Hiobs Geschick am Ende gewandelt, sein nicht nachvollziehbares Leiden durch eine Überhäufung mit Geschenken wiedergutgemacht wird, macht sein Leiden nicht ungeschehen. Was bedeutet das für das Lachen Gottes sowie für das Lachen der Menschen?

In biblischen Texten spiegeln sich fundamentale Erfahrungen des Menschseins wider – sie sind Zeugnis jahrhundertelanger Erfahrung von Höhen und Tiefen irdischen Lebens. Damit werden sie selbst zum Sprachrohr einer höchst wechselvollen Geschichte der Menschen und den damit verbundenen Emotionen: Sowohl das Lachen der Menschen als auch das Lachen Gottes wirken höchst ambivalent, ebenso das Schweigen Gottes angesichts der tatsächlichen Erfahrungen der Menschen. Es verbietet sich fast, Gottes Rolle nur von seiner Überlegenheit her zu denken, die Schreie der Menschen holen auch sein Lachen ein. Wenn das spöttische Lachen oder der gewaltförmige Hohn auch nur scheinbar im weltlichen Geschehen die Oberhand behalten, so werden sie doch zu Anklagen Gottes. In den Strudel dieser höchst brisanten Lebenserfahrungen ist somit nicht nur die Vieldeutigkeit des menschlichen Lachens, sondern auch die Rolle Gottes als Herr der Geschichte eingebunden. Aus der radikalen Theozentrik des Ersten Testaments folgt in letzter Konsequenz der vielfach unerklärlichen Leidenserfahrungen der Menschen auch die Zerbrechlichkeit so mancher Gottesvorstellungen: Die Täter berufen sich lachend auf ihre scheinbare Überlegenheit, die Opfer schreien nach Gerechtigkeit, stimmen Klagelieder und Bittgebete an – und Gottes Schweigen wird zu einer geschichtlichen Ohnmachtserfahrung seines ganzen Volkes. Die Codierung der biblischen Texte zeugt selbst von Brüchen in der Gotteserfahrung: Was hier begegnet, ist keine Theologie aus einem Guss, vielmehr handelt es sich um Fragmente einer enorm wandlungsvollen Geschichte und um einen Raum höchst unterschiedlicher Lebenserfahrungen. Die Menschen der Bibel, die Gläubigen des Volkes Israel, verstehen sich sowohl als Akteure eines von Gott ermöglichten Lachens, in zahlreichen Situationen aber auch als Verlachte der Geschichte. Sie empfinden sich als von Segen getragen, sind sich aber auch bewusst, dass selbst die Friedens- und Siegeszeiten immer unter dem theologischen Diktum des Vorbehaltes stehen. „Das eschatologische Lachen kann also nur gebrochen sein, es resultiert aus der Spannung von existenzialer Entfremdung und Sehnsucht nach dem versprochenen Heil."[27] Insofern bleibt aber das Lachen der Gläubigen sowie das Lachen der Ungerechten in einem Spannungsbogen der Vorzeitigkeit: Wenn das „vollendete Lachen [...] dem Eschaton vorbehalten"[28] bleibt, dann gilt, dass das geschichtliche Lachen der Menschen immer in den wechselvollen Kurs sich ändernder Vorzeichen eingespannt bleibt. Dem emotionalen Spontanausdruck des Lachens seine innere Widersprüchlichkeit zu nehmen, würde die geschichtliche Existenz des Menschen verneinen. Wer die Widersprüche oder Ambivalenzen des Lebens auszublenden versucht, würde einen Bereich betreten wollen, der letzlich Gott vorbehalten ist. Diese Brüchigkeit menschlichen Lebens insgesamt wird damit auch zur Hintergrundfolie der Emotionen der Menschen. Eben weil sie angesichts der Alterität Gottes als vorbehaltlich zu gelten haben, spiegeln sich in ihnen auch brüchige und vorläufige Gottesbilder. Diese können nicht widerspruchsfrei nebeneinandergestellt werden, sondern sie geben ihrerseits einen gebrochenen Ausdruck menschlicher Gottesbeziehung wider. Ähnliches gilt für die Rolle Gottes: Sein Lachen, ja seine Manifestation in den leidvollen Erfahrungen der Menschen, sind und bleiben letzthin unbegreiflich. Ist die Emotion des Lachens schon im Bereich des Menschlichen schwer zu definieren und zu umreißen, so potenziert sich dieser Raum der Unbestimmbarkeit im Bereich Gottes noch einmal. Die Metaphorik des Lachens verarbeitet in der biblischen Tradition des göttlichen Lachers eine Brisanz, die von einer dualistischen Logik nicht aufzubrechen ist: So praktisch und anziehend eine scheinbar klare Trennung zwischen dem guten Lachen Gottes und den gläubigen Menschen erscheint, die gestochen scharf von den Erfahrungen von Trauer, Not, Angst und Leiden der Ungläubigen auf der anderen Seite unterschieden wäre – so unmöglich ist sie in der komplexen Erfahrung der Geschichte aufrecht zu erhalten.

Für unsere Problematik des Lachens ist dieser Befund ernüchternd und auffordernd zugleich: Man erkennt in den biblischen Texten des Ersten Testaments durchaus, dass die Kraft und Schlagkraft des Lachens erkannt wurden. Man versucht mit der Metaphorik dieser Emotion zahlreiche Situationen zu verarbeiten, hangelt sich an den vielfachen Formen von Humor, Spott, dem Lachen der Verheißung, dem Lachen der „Frevler" bis hin zur Unbegreiflichkeit Gottes vor, um letztlich zu erkennen, dass die Ambivalenz menschlichen Lebens in Gott nicht aufgehoben wird, sondern eine Überspitzung findet. Denn es gibt Darstellungen, in denen Gott das unverständige Lachen der Menschen in ein erfülltes Lachen verwandelt, zugleich gibt es aber auch zahlreiche Textbelege dafür, dass Gott das spöttische Lachen der Menschen, die nicht an ihn glauben oder die Herrschaft über sein auserwähltes Volk mit ungerechten und gewaltvollen Mitteln durchsetzen wollen, in Form einer Vernichtungslogik in deren eigene Zerstörung umwandelt. Während Gott offenbar vom Lachen Saras nicht angegriffen oder in seinem Plan gestört werden konnte, stürzt Gott die lachenden Frevler an anderen Stellen in die Tiefe und verhöhnt sie mit „ewigem Spott" (vgl. Weish 4,17–19).

Auch in den biblischen Texten begegnet uns das Lachen als eine höchst problematische Größe, die an zentralen Ereignissen der Geschichte und der Biografien biblischer Personen einen enorm offenbarenden Charakter an den Tag legt: Im Lachen zeigen sich Momente tiefer Menschlichkeit, ebenso wie beleidigende oder verachtende Abgründe. Sogar Gott ist von dieser Zweischneidigkeit des menschlichen Lachens nicht ausgenommen, vielmehr wird Gott in der Ambivalenz des Lachens selbst als der Unbestimmbare sichtbar. Bereits die Quellen der jüdischen Tradition bringen zum Vorschein, dass das Lachen – sowohl in der Erfahrung der Menschen als Lachende oder Verlachte, als auch in der Metaphorik, mit der über Gott gesprochen wird – einen Problemraum eröffnet. Die theologischen Konsequenzen aus diesem Befund können gar nicht hoch genug eingeschätzt werden, denn es werden sowohl theologisch als auch anthropologisch nicht im Letzten bestimmbare Graubereiche sichtbar, die zwischen Offenbarkeit und Entzogenheit, zwischen Nähe und Distanz, ja letztlich sogar zwischen Segen und Fluch angesiedelt sind. Dies birgt enormes offenbarungstheologisches Konfliktpotential, weil die Bruchlinien menschlicher Erlebnisse mit einem wiederum fragmentierten Gottesbild in Verbindung gebracht werden, das einer eindeutigen Bestimmung widersteht.

„Wehe, die ihr jetzt lacht" (Lk 6,25b) – oder: Wird das Lachen schon noch vergehen?

So offen und in unterschiedlicher Hinsicht in den Büchern des Ersten Testaments vom menschlichen und göttlichen Lachen gesprochen wird, so marginal sind Belegstellen im Zweiten Testament: Zwar findet man unterschiedliche Akzentuierungen menschlicher Erfahrungshorizonte, die darauf schließen lassen – wenn etwa bei der Begegnung von Maria und Elisabeth in Lk 1,44 vom freudvollen Hüpfen des noch ungeborenen Johannes des Täufers die Rede ist –, dennoch tritt das Lachen als explizite Gefühlsäußerung in den Hintergrund. Dass aber der apodiktische Schluss von Johannes Chrysostomos, wonach Jesus nie gelacht habe[29], weil davon nichts in den Evangelien überliefert sei, zu weit gegriffen ist, darüber besteht heute ein recht umfassender Konsens. Dennoch: Auch das Vorurteil eines ernsten, vielleicht allzu ernsten Christus begleitet zahlreiche Jesusbilder bis heute und ist schließlich auch der medial oftmals rezipierte Standpunkt des Mönches Jorge von Burgos in Umberto Ecos „Der Name der Rose". Der Wortlaut in der sechsten Predigt von Chrysostomos zum Matthäusevangelium liest sich radikal, nicht nur in Bezug auf Christus. Hier begegnet uns auch die bereits angesprochene Verzahnung von Lachen und ethischem Urteil wieder:

„Weinen sah man ihn oft, lachen niemals, nicht einmal stille lächeln; wenigstens hat kein Evangelist etwas davon berichtet. Deshalb sagt auch der hl. Paulus selbst von sich […,] daß er geweint habe, drei Tage und drei Nächte; daß er aber gelacht hätte, das hat er niemals gesagt, weder er von sich noch andere von ihm; aber auch kein Heiliger hat dies weder von sich noch von einem anderen Heiligen erzählt."[30]

Ziemlich eindeutig, was Chrysostomos hier schließt – und eben in einer so universalen Form, dass aus der Nicht-Erwähnung des Lachens gleich eine moralische Forderung gestellt wird. Hier begegnet das menschliche Lachen gleichsam als Negativ eines heiligen und gottesfürchtigen Lebens: Wer gläubig ist, sich der Sache Gottes verschrieben hat und die Ernsthaftigkeit der Fragen von Erwählung, Erlösung, Leben und Tod verstanden hat, darf gar nichts zu lachen haben. Beinahe passend liest sich dazu nämlich – und dessen war sich wohl auch Chrysostomos bewusst – eine Stelle aus dem Lukas-Evangelium, bei dem Jesus in der Feldrede (dem lukanischen Gegenstück zur Bergpredigt bei Matthäus) folgenden Ausspruch tätigt: „Selig, die ihr jetzt weint, denn ihr werdet lachen. […] Wehe, die ihr jetzt lacht; denn ihr werdet klagen und weinen." (Lk 6,21b.6,25b.)

In diesen kurzen Halbsätzen aus dem Lukas-Evangelium begegnet uns etwas, das wir bereits im Kontext des Ersten Testaments als „Diktum des Vorbehalts" kennengelernt haben. Ohne nun erneut darauf einzugehen, was das für das Gottes- und Menschenbild bzw. auch für die theologische Einordnung menschlicher Emotionen bedeutet, ist es dennoch bemerkenswert, dass Jesus genau diese Gefühlsregung der Menschen anspricht. Das Lachen zeigt sich auch hier als das sprachliche Vehikel von verheißenem Wandel und irdischer Vorzeitigkeit, es wird auch im Kontext des neutestamentlichen Geschehens rund um den Messias zu einem Ausdruck von Hoffnung und existentiellem Offenbarungsglauben: In der Wechselbeziehung von Lachen und Weinen, der Umkehr von scheinbar überlegenem Lachen in wehmütige Trauer drückt sich eine Form messianischer Erwartungshaltung aus, die mit dem irdischen Geschehen auf eine theologische Art und Weise umgehen möchte. Damit kommt etwas zum Tragen, das in religiösen Perspektiven gerne übersehen wird: Das menschliche Gefühlsleben, ja die leibliche Dimension menschlichen Daseins wird zu einem tatsächlichen Erlebniselement im Rahmen von Verheißung und Erlösung – die Erfahrungen an Leib und Seele bergen offenbarenden Charakter. Die emotionale Konstitution des Menschen ist damit mehr als bloße Körperlichkeit und zu vernachlässigende Dimensionen: In den Gefühlen der Menschen spiegeln sich die Erfahrungen der Heilsgeschichte; die emotionalen Höhen und Tiefen des Menschseins werden zu Momenten der Offenbarung Gottes.[31] Das Lachen der Menschen, nicht zuletzt, weil es in der Spannung zwischen harmloser Erheiterung, beleidigender – mitunter entwürdigender – Aggression und kritischer (Selbst-)Erkenntnis angesiedelt ist, wird zu einem Konzentrationspunkt für die erfahrbare Heilswirklichkeit Gottes: Wie das Lachen des Menschen zeichnet sich dieses Erlebnis der fragilen Gottesbeziehung durch Dynamik, Wechselhaftigkeit und Vorzeitigkeit aus.

Das biblische Lachen nimmt die wechselvolle Geschichtlichkeit des Menschen ernst und reflektiert die eigentlich unbeschreibliche Beziehung zu Gott, in dem es sie in der Vieldimensionalität lachhafter Situationen zur Sprache bringt. Nimmt man diese Vieldeutigkeit des biblischen Lachens ernst, dann wird deutlich, dass sich im Lachen gerade nicht einfach zeigt, auf welcher Seite man sich befindet – scheinbar unbezweifelbare Zuschreibungen von Segen oder Fluch, Hoffnung oder Angst, Sieg oder Niederlage werden unter dem Vorzeichen des göttlichen Vorbehaltes als endlich sichtbar. Ein irdisches Siegerlächeln kann sich auf diese Weise ebenso als Ausdruck falscher Sicherheit herausstellen, wie etwa das geschichtliche Weinen und Wehklagen in himmlisches Tanzen und Freudengeschrei verwandelt werden kann. Somit kommen in der Person und Predigt Jesu gleich mehrere Formen theologischer Lachmomente zusammen: Sowohl die messianische Hoffnung der Menschen als auch die Forderung nach einer umfassenden Gerechtigkeit und Erlösung vom unterdrückenden Gelächter, von

Gewalt und Spott anderer Menschen. „Von der Person des Nazareners ging offenbar eine Kraft aus, die fähig machte, die Herzen der Menschen zu verwandeln und die Angst von ihnen zu nehmen[.]"[32] Somit gipfelt das Verkündigungsgeschehen Jesu nicht in einer Vertröstung auf das Jenseits, sondern, wie durch seine Reich-Gottes-Botschaft in den Evangelien herausgestellt wird[33], darin, dass die Ewigkeit als bereits in der Welt erfahrbar verkündet wird.

Schockieren und Verzerren. Die implizite Rolle des Lachens bei Jesus

Das Erleben der göttlichen Zuwendung, die Botschaft der Liebe Gottes sowie der damit verbundenen Hoffnung in betrüblichen Situationen prägen nicht nur das Auftreten Jesu, seinem Handeln und Wirken wohnt auch ein Moment der unerwarteten Wendungen inne: Wo Jesus in den Evangelien auftritt, wird ihm nicht automatisch Verständnis und Wohlwollen entgegen gebracht. Es zeigt sich an einigen Stellen, dass er seine Mitmenschen mit durchaus pointierten Wendungen und herausfordernden Bildern vor den Kopf stößt. Wenn Jesus in den Texten des Zweiten Testaments zu Reden oder Gleichnissen ansetzt, können sich seine Zuhörer*innen durchaus schon darauf einstellen, dass sie mit unerwarteten Handlungssträngen konfrontiert werden: Dass sich Jesus in einigen Abschnitten den rhetorischen Stilmitteln pointierter Umschwünge und zugespitzter Rede bedient, hat bereits Friedrich Paulsen am Beginn des 20. Jahrhunderts erkannt.[34] In eine ähnliche Richtung weist auch die Untersuchung von Klaus Berger, der den Humor Jesu als „Instrument prophetischer Kritik"[35] ansieht. Sowohl Paulsen als auch Berger betonen, dass es geradezu als ein pädagogisches Stilelement im Auftreten Jesu gesehen werden kann, wenn er den Menschen in seiner Umgebung ein erstauntes, mitunter vielleicht sogar schockiertes Lachen entlockt und dabei zunächst auf Unverständnis stößt.

„Der Humor Jesu übertreibt, damit man die Wahrheit erkennt, […] er verzerrt, damit man richtig sehen lernt […], er macht das Kleine groß, damit man es in der echten Größe sehen kann, die es in Wahrheit vor Gott hat […], er lässt sich Fresser und Säufer nennen, damit die Menschen das mit der Wirklichkeit vergleichen."[36]

Es ist durchaus befremdend, wenn man die Geschichten Jesu – gerade, weil man auch seinen qualvollen Tod und sein Leiden vor Augen hat – in Verbindung mit Humor zu lesen beginnt. Tatsächlich werden aber einige seiner Geschichten, Gleichnisse und Handlungen bei seinen Zuhörer*innen zunächst Unverständnis und Kopfschütteln ausgelöst haben. Genau genommen ist die Konfrontation mit dem Unfassbaren zunächst einmal ein innerer Schock, mit dem man aus der Fassung einer wohlgeordneten Weltsicht gerissen wird. Dies trifft auf negative Ereignisse wie auch auf zahlreiche humorvolle Erzählungen und pointierte Witze zu: Das, mit dem man nicht gerechnet hat, dringt in die Ordnung einer scheinbar feststehenden Weltperspektive ein, rüttelt zugleich aber an deren Grundfesten, weil dafür kein Platz vorgesehen ist.[37] Genau mit solchen Konfrontationen arbeiten zahlreiche Dialoge und Erzählungen aus dem biblischen Umfeld Jesu: Auch hier lässt sich die Diskrepanz von Erwartung und tatsächlicher Realität, von Tun und Ergehen, Ursache und Wirkung erkennen, auf die bereits Platon hingewiesen hat. Das Auseinanderklaffen von dem, was sich Jesu Zuhörer*innen von einer religiös konnotierten Predigt im damaligen Umfeld erwartet haben, und dem, was dieser Jesus ihnen mitteilt, scheint an vielen Stellen durch. Bei der Betrachtung der Evangelien hat man es somit mit einer Form von implizitem Humor zu tun, auf den sich durch Wendungen in den Texten, Unverständnis bei den Zuhörern sowie der abwehrenden Haltung vieler Adressat*innen schließen lässt. „Das Kriterium für Humor [Jesu] ist daher nicht theologischer Art, sondern eher formallogisch: die Absurdität oder (für den Hörer) die mangelnde Kohärenz"[38] ist es, was Staunen und Widerstand bei zahlreichen Zeitgenoss*innen Jesu hervorruft. Wenn Jesus das Unerwartbare betont, wenn er mit Wendungen und Bildern spielt, die bei ihm paradigmatisch für das „Reich Gottes" stehen, aber von den Menschen in seiner Umgebung womöglich als banale Bilder der Tiefen menschlichen Lebens identifiziert worden sind, rührt er an Metaphern und Bildern der Heiligkeit: Der Vergleich des himmlischen Reiches oder sogar Gottes selbst mit den Lebensbedingungen von Bauern, Knechten und Mägden ist eigentlich eine rhetorische Provokation. Dass diese Bilder offenbar nicht nur positive Reaktionen heraufbeschworen haben, dürfte aus den biblischen Erzählungen bekannt sein: Sowohl Jesus als auch zahlreiche seiner Anhänger haben mit Schmerzen, Leiden und Tod für solche Affronts bezahlt – das Lachen, das diese Ausdrücke und Bilder hervorgerufen haben, dürfte also keinesfalls nur ein verständnisvolles Lachen gewesen sein.

Für unseren Zusammenhang ist auch hier interessant, dass Jesu Reden und Gleichnisse mit ihrem impliziten Humor just an jener Stelle menschlichen Lebens ansetzten, die an Ambivalenz nur schwer zu überbieten sein dürfte: Der Humor Jesu setzt sich Anfeindungen aus, er will von den Menschen interpretiert werden, ja er fordert den Menschen in seinem Umfeld einiges ab. Diese haben sich zu den Bildern zu verhalten, sie sollen darauf reagieren, sie haben die Reden und Zeichenhandlungen Jesu zu interpretieren, wobei sich gerade hier erneut jener Raum des menschlich-humorigen Missverständnisses auftut, dem wir bereits begegnet sind: Wie Jesu Bilder und metaphorisch funktionierende Predigten angenommen werden, liegt nicht mehr in seiner Macht. Auch Jesus setzt sich in der literarischen Form seines Auftretens dem Zugriff anderer Menschen aus, weil er für die verwendeten Bilder nicht sofort eine Interpretation mitliefert. Er fordert von den Menschen, dass sie in einen Erkenntnis- und Interpretationsprozess eintreten, was aber wiederum zu Vieldeutigkeit, Missverständnissen und Verzerrungen führen kann. Der Humor Jesu ist nicht einer, der polternd, eine Lachsalve nach der anderen auslösend, auftritt, die Menschen aber in der völligen Absurdität des Lebens zurücklässt. Jesus fordert eine Verhältnisbestimmung durch die Menschen: Sie sollen die Bilder einordnen, sie sollen mit der Diskrepanz von Erwartung und Wirkung umgehen. Wenn man nun von Humor, Komischem oder Absurdem bei Jesus spricht, dann findet sich das besonders in der Art und Weise, wie er gegenüber seinen Mitmenschen auftritt, wie er ihre Erwartungen zwischen Erfüllung und Enttäuschung, zwischen Nähe und Distanz herausfordert. Hier „scheint der Ablauf der Ereignisse zwischen Anfang und Ende gebrochen, unverhältnismäßig und jedenfalls ungewohnt. [...] Es handelt sich um eine gravierende Veränderung der Perspektive und nicht um irgendwelche wirren, unverständlichen Worte."[39] Die Rolle der Zuhörer*innen ist damit bei Jesus immer gefordert: Sie werden durch die Brüche, spontanen Wendungen und schockierenden Pointen so herausgefordert, dass es in ihrem Inneren einen echten Perspektivwechsel braucht. Ein solcher wird ihnen von Jesus nicht einfach wie durch einen schulmeisterlich vortragenden Theologen aufgetischt – sie selbst haben diesen Prozess zu durchschreiten. Das macht die Situation für Jesus selbst einerseits problematisch, weil er die Deutungshoheit über seine Gleichnisse aus der Hand gibt, er greift damit aber auch das Innere der Menschen an, indem er zunächst erwartete Züge einer Reich-Gottes-Predigt bzw. viele der damals verbreiteten theologischen Bestimmungen nicht erfüllt. Die Reden Jesu stoßen einen Prozess des Umdenkens an, der zwar durchaus schmerzhaft sein kein, gerade weil man aus der Gemütlichkeit einer austarierten Weltsicht gerissen wird, aber zugleich offenbarend wirkt, da sich die Menschen nicht nur mit Jesus, seinen Geschichten, sondern auch mit sich selbst auseinandersetzen (müssen). Dieser aktive Part des Zuhörerkreises wird von einer dauerhaften Ambivalenz begleitet: Dem unverständigen Auflachen kann eine persönliche Richtungsänderung in vielerlei Hinsicht folgen. Diese kann sehr wohl selbst in eine Form des (Gegen-)Spottes umschlagen, wenn etwa die Rede von Jesus als unannehmbar angesehen wird. Ja, eine solche Provokation kann durchaus auch zu körperlicher Gewalt führen, wenn die Konfrontationen Jesu als Angriff auf fundamentale Säulen der vorhandenen Weltsicht angesehen werden und die Menschen mit aller Kraft versuchen, diesen Eingriff abzuwehren. Das

Wechselspiel von Anstoß und Widerstand, Provokation, Unverständnis und immenser innerer Herausforderung seiner Mitmenschen wird im Auftreten Jesu nicht nur durchgängig erkennbar, sondern es steigert sich im Laufe der Evangelien so sehr, dass die final-ablehnende Haltung der Menschen in einem Lächerlichmachen gipfelt. Mit den Worten Max Lühls:

> „Als ‚inkarnierte Torheit Gottes' provoziert Jesus den Widerstand seiner Umwelt: Selbst seine eigenen Anhänger erklären ihn zeitweilig für verrückt. (Mk 3,20ff) und so endet seine irdische Existenz beinahe folgerichtig mit der Spottkrönung durch die römischen Soldaten."[40]

Darin wird aber deutlich, dass auch Jesus als Prediger des Reiches Gottes nicht einfach jenseits der irdischen Zusammenhänge steht, sondern seine Person, seine Kommunikation in die Verstehensprozesse menschlichen Zusammenlebens eingebunden ist: Er fordert das Unverständnis der Menschen mitunter gezielt heraus, er impliziert „Zumutungen an den gesunden Menschverstand"[41], indem er diesen auf unerhörte Weise entgrenzt. Das ganze Auftreten Jesu und die Art und Weise, wie er seine Botschaft mitteilt, ist vom letztlich unbestimmbaren Raum des Lachens bzw. der Gefahr des Verlachtwerdens nicht einfach zu lösen: Die Reaktionen im zwischenmenschlichen Geschehen sind vielfältig, auch Jesus selbst wird mit der Wucht unterschiedlicher Reaktionen konfrontiert. Er spürt am eigenen Leib, wie die Menschen auf seine Provokationen antworten, er betritt damit den freien Raum der menschlichen Emotionalitäten: „Humor entsteht nur im Rahmen einer besonderen Art von Kommunikation, [... in der] die Mitspieler aufeinander reagieren."[42] Hier sind die Auswirkungen nicht einfach vorhersehbar, das Lachen als Ausdruck spontaner menschlicher Emotion wirkt wie ein wechselvolles Geschehen, das selbst zwischen Verständnis, Intoleranz und Provokation angesiedelt ist. Denn selbst, wenn die Zuhörer*innen Jesu auf seine Dialoge mit Lachen reagieren, bedeutet ein solches Lachen per se noch nicht, dass sie seine Anliegen ablehnen. Auch das Lächeln der anderen Menschen ist so vieldeutig, wie etwa eine harsche Bemerkung oder ein pointierter Vergleich nur knapp an Beleidigung oder Blasphemie vorbeizuschrammen scheint. „Gerade deshalb darf Humor oft als eine riskante Rede gelten."[43] Diesen stilistischen Gefahren setzt sich, folgt man der Darstellung Klaus Bergers, Jesus aber in weiten Teilen bewusst aus – und zwar um der Erkenntnis seiner Zuhörer*innen willen. Das Ziel des Humors Jesu ist nicht, dass er sich selbst inszeniert oder in den bildreichen Worten ein einfaches Wissen transportiert. Ihm liegt vielmehr daran, mit der humorvollen Rede einen Denkanstoß zu geben, der zu einer ganzheitlichen Dynamik führt. Dieser Anstoß ist jedoch selbst problematisch, weil darin das Heft aus der Hand gegeben wird: Der Sprecher zieht sich aus der Deutung der Bilder zurück, rückt damit die Rolle der Adressat*innen in den Mittelpunkt. Das unterscheidet das Auftreten Jesu von Lehrern, die lediglich Wissen vermitteln wollen. Die „Hörer*innen des Wortes" sind keine einfach passiv auftretenden Rezipient*innen, die das Gesprochene passiv aufnehmen und darin eine Handlungs- und Glaubensanleitung finden. Vielmehr werden sie selbst aufgefordert, die Verhältnisbestimmung zwischen ihrer Wirklichkeit, der eigenen Rolle und der Geltung des Gesagten herzustellen: „Der Witz ist hier nicht […] losgelöst vom Kontext feststellbar, sondern wichtig ist, was ein Wort Jesu mit den Zuhörern macht, wie es sie verändert: Es stößt sie vor den Kopf, […] zwingt sie zum Umdenken."[44] So wirkt der durchaus provokant und aufdringlich wirkende Humor Jesu, in dem er die Menschen einer verzerrten oder in ihren Prioritäten verkehrten Welt gegenüberstellt, vereinnahmend und einschließend: Die Menschen werden in der Erzählstruktur von Jesu Gleichnissen und Reden in das Geschehen so hineingenommen, dass sie nicht mehr als bloßes Publikum dieser Handlungen erscheinen. Er schafft es, eine Verknüpfung zwischen den Zuhörer*innen und der verblüffenden Wirkung der Geschichten herzustellen: Diese Verzahnung vollzieht sich auf einer existentiellen Ebene: Die Menschen sind sich im Klaren darüber, dass, wenn Jesus etwa von den Arbeitern im Weinberg spricht (Mt 20,1–16), es ihm hier nicht um einen Vortrag über die wirtschaftlichen Auswirkungen von Personalangelegenheiten in der Produktion alkoholhaltiger Traubengetränke geht. Das, was Jesus mit diesen Geschichten ausdrücken möchte, hat etwas mit den Menschen selbst zu tun, sie sind in das Geschehen, ja selbst in die unglaublichen Pointen so hineingenommen, dass die Wechselhaftigkeit und Bedingtheit ihrer eigenen Existenz ins Bewusstsein gelangt. Der Humor Jesus beschwört in der Provokation so etwas wie einen Schockzustand herauf, in dem die Menschen die Fragilität ihrer eigenen Situation erkennen, dabei aber auf einen alternativen Deutungsraum aufmerksam gemacht werden. Jesus treibt scheinbar offensichtliche politische, gesellschaftliche und religiöse Deutungen auf die Spitze und stellt sie auf diese Weise infrage. Humor bedeutet hier, dass „die Sache Jesus zwar ernst ist, er aber theologische Logik persifliert und dadurch eine Scheinlogik heraufbeschwört[.]"[45] In der inneren Sprachlosigkeit seiner Adressat*innen wird so eine Mehrdeutigkeit transportiert, die sie selbst in ihrer Lebenswelt erkennen, aber nicht immer als Mehrwert annehmen können. Jesus stößt mit seinen pointenreichen Gleichnissen die Menschen vor den Kopf, er rüttelt an den Grundfesten ihrer Lebenswirklichkeiten, indem er das Selbstverständliche als zerbrechlichen Deutungshorizont entlarvt. Nein, Jesus erzählt in seinen Gleichnissen keine Witze, er tritt nicht als humorvoller Erzähler auf. Dennoch bergen seine Erzählungen solche spitzen und unerwarteten Wendungen, wie das in ähnlicher Weise auch bei zahlreichen Darstellungsformen der Komik der Fall ist. Dabei ist das Entscheidende, dass Jesus in seinen Gleichnissen alternative Deutungsmuster entwirft, die seinen Mitmenschen zwar zunächst widersinnig, im näheren Umgang aber als Umwertung und Höherwertung des scheinbar Ausgeschlossenen erscheinen. Jesus macht den Menschen damit deutlich, dass sie in Ambivalenzen eingebunden sind und sich ihr Leben auch in Widersprüchlichkeiten abspielt; dabei aber das Augenmerk auf Perspektiven zu legen, die die Menschen und ihre Bedürfnisse in den Blick nehmen, ist eine Kunst, die erst in der innigen Auseinandersetzung gelernt wird. Jesus mutet den Menschen zu, dass sie sich, ihre anerzogenen Normen und die sozialen Standards von einer völlig anderen Seite sehen lernen und damit als bedingt erkennen.

Zwischen Befremden und Erlösung. Die Sehnsucht nach dem Lachen Jesu

Im US-amerikanischen Kinofilm „Dogma"[46] aus dem Jahr 1999 kündigt der fiktive Kardinal Ignatius Glick in New Jersey zur 100-Jahrfeier seiner Kirche eine neue Werbe- und Charmekampagne der Katholischen Kirche an. Neben einem Generalablass beim Betreten des Gotteshauses präsentiert der Kirchenmann auch ein neues Jesusbild: Der „Buddy-Jesus", wie die Figur genannt wird, ist eine zwinkernd grinsende Herz-Jesu-Statue – ohne Wundmale der Kreuzigung, dafür aber mit einer unübersehbaren „Daumen hoch!"-Handhaltung. Sie soll gegen ihr „verstaubtes" Image der Kirche wieder Zulauf bescheren und die „überkommenen" und gewaltförmigen Bilder der Kreuzigung ablösen. Was Regisseur Kevin Smith in seinem bereits zum Kultfilm avancierten Comedy-Streifen trocken und pointenreich präsentiert, hat einen theologischen Tiefgang: Die Neuentdeckung Jesu zu verschiedenen Zeitpunkten der Geschichte geht niemals vorbei, die grinsende „Buddy"-Statue, so unbiblisch und für viele Kreise unpassend sie auch sein mag, weist auf eine bleibende Herausforderung hin, die der Jesus-Rezeption durch die Zeiten hindurch gegeben ist. Der überbordende Humor und verzerrende Spott des Filmes können nicht vertuschen, dass hier tatsächlich religiöse Problemstellungen zur Sprache kommen. Das Entdecken und Neuentdecken der Figur Jesu ist eine bleibende und höchst ambivalente Angelegenheit.

Jesusbilder ändern sich, die Perspektiven auf ihn und sein Handeln sowie seine Beziehung zu den Menschen ebenso, sie sind kontextuell gebunden und kulturell überformt.[47] Diese Formen der Interpretation haben durch die Zeiten hinweg Möglichkeiten geboten, sich zu dieser Person und ihrer Botschaft in Beziehung zu setzen. Damit wird auch ein theologischer Bogen zum Auftreten Jesu in den Evangelien selbst geschlagen, weil letztlich nicht vollends feststeht, wie die Umgebung auf Auftreten, Predigt und Zeichenhandlungen Jesu reagiert hat: Wenn Jesus die Menschen bereits in seinen Reden, wie das Klaus Berger nahelegt, durch eine provozierende Art von Humor und Lächerlichkeit herausfordert, lässt sich dieses Geschehen im Sinne eines höchst emotionalen Wechselspiels auf die unterschiedlichen Zeiten umlegen: „Ihr aber, für wen haltet ihr mich?" (Mt 16,15) Diese Frage Jesu hallt durch die Zeiten nach. Sie ist eine Herausforderung nicht nur für seine Zeitgenoss*innen, sondern für unzählige Menschen durch die Zeiten hindurch. Sie fordert zu einer Stellungnahme auf; Jesus verlangt den Menschen ab, dass sie sich zu ihm in ein Verhältnis setzen. Eine solche Positionierung ist höchst brisant, denn sie fordert die Menschen in der Ambivalenz ihrer Perspektiven heraus: Wie man sich diesem Jesus nähert, ist nicht einfach festgeschrieben, es gibt möglicherweise unzählige Wege zu ihm, dennoch kann man ebenso gut einen Irrweg beschreiten.

In solchen Entscheidungsmomenten des Menschseins wird die Brisanz und Zerbrechlichkeit des Lebens sichtbar, sie trifft zentrale Sehnsüchte und Hoffnungen unendlich vieler Menschen. In der Art und Weise, wie man Jesus begegnet, kann erfahren werden, was Jesus mit dem „Reich Gottes" gemeint hat. Dazu muss man sich aber auch den unvorhersehbaren oder unverständlichen Wendungen seiner Predigt, den Unwegsamkeiten seiner Perspektive und den Erschütterungen seiner Gleichnisse aussetzen. Im Erkennen dieser Ambivalenz vollzieht sich ein Anteilhaben an der Perspektive der Erlösung. „Indem Jesus das Absurde als nicht seltenen Wesenszug des menschlichen Handelns herausstellt, lässt er es in seiner ungeschminkten Lächerlichkeit erscheinen[.]"[48] Dass diese Lächerlichkeit und Ambivalenz des Lebens angenommen werden kann, setzt auch eine Einsicht darüber voraus, dass sich Gott möglicherweise gerade an diesen Stellen des Menschlichen offenbart, ja, dass Gott gerade das Zerbrechen von Ordnungen oder schein-

Zwischen Befremden und Erlösung. Die Sehnsucht nach dem Lachen Jesu

bar feststehenden Größenverhältnissen zum Schlüssel für das Heil der Menschen ansieht.[49] Dieser letztlich nicht schließbare Spalt in der Leerstelle menschlicher Existenz wird zum Ansatzpunkt für ein erlöstes Lachen, das sich über die Bedingungen der Welt erheben kann. Die Diskrepanzen und Inkongruenzen des Alltags, die schon bei Platon zu einem Gelächter über das scheinbar Banale geführt haben, erhalten damit eine genuin theologische Note, weil sie auf den Bereich des Göttlichen entgrenzt werden. Der Fragilität des menschlichen Lebens wird ein durch Gott gewirktes Lachen entgegengestellt, das umfassende Erlösung verspricht bzw. nicht an die Maßstäbe der Welt gebunden ist. Diese Hoffnungen sind real, sie sind existentieller Ausdruck einer menschlichen Sehnsucht, sie transportieren Emotionen, die sich zur Vieldeutigkeit und Wechselhaftigkeit des irdischen Lebens in einer Spannung befinden. Sie haben auch in der christlichen Geschichte zu Jesusbildern geführt, die heute zwar befremdlich wirken, aber dennoch Ausdruck genau dieser Hoffnungshaltung sind: Tatsächlich wird – wie der vielzitierte Chrysostomos ja bekanntlich betont – in den (kanonischen) Evangelien nichts von einem lachenden Jesus erzählt, wohl aber stellen zahlreiche außerbiblische Schriften genau dieses heraus. Das ist auch deshalb bemerkenswert, weil in zahlreichen dieser Texte besonders jene „blinden Flecken" im Leben Jesu ausgeleuchtet werden, die in den Schriften, die es in den Kanon der christlichen Bibel geschafft haben, ausgespart bleiben. So weist Karl-Josef Kuschel auf eine Episode in der „Apokalypse des Petrus"[50] hin, in der sich eine beinahe surreale Begebenheit abspielt: Petrus wird im Jerusalemer Tempel eine Woche vor dem tatsächlichen Kreuzestod Jesu in die Geheimnisse rund um das Leiden, den Tod und das irdische Sterben seines Meisters eingeführt. Er erhält in einer visionshaften Schau Einblick in eine Kreuzigungsszene, in der er die theologische Wendung des Todes Jesu verstehen und so später besser verarbeiten können soll. Schaudernd, ja eigentlich erschrocken erblickt Petrus den Gekreuzigten, am Kreuz hängend, während eine andere Figur lachend und heiter neben dem Holz des Kreuzes steht. Auf die Frage des Petrus, wer diese Figur sei, antwortet ihm Jesus: „Der, den Du neben dem Holz (stehend) heiter sein und lachen siehst, das ist der lebendige Jesus, Der aber, in dessen Hände und Füße sie Nägel schlagen, das ist sein fleischliches (Abbild)[.]"[51]

Eigentlich eine befremdliche Szene: Der am Holz hängende Jesus wird vom Auferstandenen Jesus als ein bloßes Abbild dargestellt, als scheinbar leidender Körper, der dem erlösten Christus jedoch nichts mehr als einen spöttischen Lacher wert scheint. Es handelt sich hier offensichtlich nur um eine scheinbare Kreuzigung, stimmt doch der lachende Christus gleichsam ein Spottlied auf die Henker an: „Ich habe dir gesagt, dass sie blind (sind). Laß sie gewähren! Du aber sieh doch, wie wenig sie wissen, was sie reden!"[52] Der Körper des Gekreuzigten wird zu einem Scheinleib degradiert. Der lachende Christus offenbart sich selbst als das Urbild dessen, der geschändet und durchbohrt am Kreuz hängt. Die gnostische Theologie, die sich hier wiederspiegelt, wehrt den körperlichen Tod Jesu damit ab, indem sie auf den geistigen Christus verweist.[53] Das Lachen wird hier demjenigen Jesus zugeschrieben, der sich über der körperlichen Ebene erhebt, ihm können die Nägel und Geißelungen nichts anhaben, da sie nur den Scheinkörper treffen.

Was uns hier besonders interessiert, ist, wofür dieses Lachen Jesu steht: Hier handelt es sich nicht mehr um eine irdische Form von Humor oder den Verweis auf innerweltliche Absurditäten, in die die Menschen eingebunden sind. Das gnostische Gottesbild, das hier transportiert wird, arbeitet nicht nur mit einer Geringschätzung der körperlichen Existenz und geschichtlichen Gebundenheit Jesu, sondern weist auf einen transzendenten Raum erlösten Lachens hin: Das Lachen wird aus der Konkretheit der geschichtlichen Erfahrung enthoben und in einen transzendenten Bereich übersteigert. Dieses Jesusbild fordert wohl mindestens ebenso heraus, wie es der „Buddy-Jesus" in Kevin Smiths Kassenschlager tat. Die Geschichtlichkeit des menschlichen Lachens, seine Ambivalenz und Vieldeutigkeit wirkt mit dem Verweis auf den erlösten Christus bzw. seiner Geringschätzung der Körperlichkeit wie zu einem Abglanz degradiert. Das Menschsein im Sinne einer körperlich-emotionalen Erfahrung wird nicht besonders wertgeschätzt.

„Wir haben es dabei mit einer paradoxen Frontenvertauschung zu tun: [...] Sein Lachen macht den gnostischen Erlöser nicht menschlicher. [...] Das Lachen des gnostischen Erlösers ist denn auch strenggenommen kein Lachen eines Menschen, sondern das Lachen eines Erhöhten, eines Himmlischen, ein Lachen der göttlichen Überlegenheit und des Spotts."[54]

Dass sich angesichts des gnostischen Jesus Befremden einstellt, hat auch damit zu tun, dass diese Konzeption das volle Menschsein Jesu leugnet: Das Lachen kommt eigentlich nur demjenigen zu, der von den irdischen Leiden gelöst und damit streng genommen aus der Geschichtlichkeit herausgefallen ist. Eine solche Umkehrung der Leidensgeschichte der kanonischen Evangelien sowie die gleichzeitige Negierung des vollen Menschseins Christi hat wohl letzten Endes auch dazu geführt, dass diese Darstellung es nicht einmal in ikonografische christliche Tradition geschafft hat. Andere apokryphe Texte wurden – wenn schon nicht in den Kanon der Heiligen Schrift aufgenommen– zumindest in der vielseitigen Bildersprache des christlichen Glaubens in vielfacher Weise rezipiert.

Die gnostische Darstellung des überhöhten Lach-Christus, der seinem körperlich leidenden Pendant grinsend über die Schulter schaut, wirkt noch heute so befremdend, dass sie wohl eher die Schlussszene aus dem (von der Kirche viel kritisierten) Monty-Python Film „Das Leben des Brian" (1979) in Erinnerung ruft: Der Hauptcharakter des Filmes wird im antiken Jerusalem ans Kreuz geschlagen. Während dieser mit seinem Schicksal hadert, mit der Abkehr seiner Weggefährt*innen und der Mutter ringt, stimmt ein ebenfalls gekreuzigter Jude neben ihm ein Spottlied auf das Leben an: „Always look on the bright side of life!"[55] Das lachhafte Lied vom Kreuz mitsamt seinem Ohrwurm-Potential hatte Entrüstungsstürme in zahlreichen christlichen Glaubensgemeinschaften ausgelöst. Die Geringschätzung des irdischen Daseins, inszeniert an einem der schlimmsten Folterinstrumente der Menschheit, war vielen Beobachter*innen schlichtweg zu viel. Der Text des Liedes tat sein Übriges:

„Das Leben ist ein Stück Scheiße,
wenn du es dir anschaust.
Das Leben ist ein Lachen und der Tod ein Witz, das ist wahr.
Du wirst sehen, es ist alles nur Show.
Lass sie lachen wenn du gehst!
Denk nur dran, dass der letzte Lacher dir gehört"[56]

Ein wenig kann man die Kritiker*innen verstehen. Ähnlich dürfte es einigen antiken Gläubigen auch mit dem erwähnten, eigentlich surreal anmutenden Kapitel in der Petrus-Apokalypse gegangen sein. Es widerspricht in einigen Punkten der christlichen Lehre von der Menschwerdung, in der sich Gott den Menschen vollends annähert und ihnen auf der Ebene leibseelischer Ganzheit begegnet. Gleichzeitig geht hier aber auch jene Verbindung von irdischer Ambivalenz und der emotional-provozierenden Predigt Jesu verloren, die Klaus Berger so hervorgehoben hat. Der Erlöser der Gnostiker hat sich nicht um die Lächerlichkeiten des menschlichen Lebens zu kümmern, seine Einbindung in die Geschichte als Menschwerdung war nichts Anderes als bloßer Schein. Das Jesus-Bild in den synoptischen Evangelien hingegen spricht eine andere Sprache. Der biblische Christus des Zweiten Testaments nähert sich auf der sprachlich emotionalen Ebene seinen Mitmenschen an. Die Richtungsverschiebung ist beträchtlich und spiegelt auch in der gnostischen Vorstellung eine wirkliche Hoffnung der Menschen. Dass sich von ihr eine Geringschätzung des Leibes und der Geschichte ableiten lässt, kann als problematisch angesehen werden, dennoch war es auch in diesem Zusammenhang das Lachen, das eine göttliche Dimension aufscheinen lässt. Die Sehnsucht nach einer finalen Befreiung von den Unwegsamkeiten des Lebens, von den Bedrängnissen des Körpers und den zeitlichen Problemen inspirierte die Menschen schon damals zu einer Geschichte des Christus, der „zuletzt lacht" und an diesem Lachen Anteil geben kann. Der Topos des Lachens mutiert auch hier, wenngleich unter teils völlig neuen Voraussetzungen, zu einem

Ort der Offenbarung Gottes; weniger in geschichtlichen Ambivalenzen, aber dennoch als ein Gefühl der Erfüllung. Auch hier treffen die Momente von Endlichkeit und Entgrenzung zusammen, sie generieren im Wechselspiel des lachenden Christus eine Hoffnungsperspektive, die den Menschen in ihrer Begrenztheit Anker und Halt geben kann.

Lachen im theologischen Wechselspiel. Die emotionale Fragilität des Menschseins

Wer sich im Umgang mit dem menschlichen Lachen in der christlichen Heiligen Schrift eine eindeutige Richtlinie erwartet hat, wird enttäuscht sein. Selbst wenn wir uns nur an der Oberfläche der einzelnen Texte bzw. auch der theologischen Grundlinien bewegt haben, haben wir keinen klaren Umgang mit dem Lachen entdeckt. Lachen, Lächerlichkeit und das Absurde spielen durchaus eine Rolle, eine theologische Grenzziehung oder Linienführung lässt sich aus den einzelnen Episoden nicht ableiten. Lachen bleibt auch im Bereich der biblischen Texte ein höchst zwiespältiges und problematisches Phänomen. Missverständnisse, Mehrdeutigkeiten und Unverständnis scheinen hier programmiert. Genau genommen, erinnern wir uns an die Szenen aus dem Ersten Testament, gilt dasselbe auch für das Lachen Gottes: Die Uneindeutigkeit emotionalen Gelächters begegnet genau genommen in der Bibel nicht nur in Bezug auf den Menschen, sondern auch bei Gott selbst. Einerseits wirkt sein Lachen in zahlreichen Episoden als dunkel, bedrohend – als das eines übermächtigen Herrschers und Ausdruck seiner unantastbaren Majestät, das keine Infragestellung duldet. An anderen Stellen tritt Gott als ein langmütiger, ja verständnisvoller Schöpfergott auf, der den Menschen auch ihre Lachanfälle ihm gegenüber großherzig vergibt und ihnen an seinem Leben in Fülle im Sinne einer unaufhebbaren Verheißung Anteil gewährt. Gott vereint in sich diese Widersprüchlichkeit des Lachens, in gewisser Weise treibt er es in sich auf die

Spitze, da sich Menschen bei Gott niemals vollständig sicher sein können, wie der Raum der Unbestimmbarkeit tatsächlich geschlossen wird bzw. ob das überhaupt möglich ist. Dies bringt uns an eine erkenntnistheologische Leerstelle, die das christliche Verständnis von Offenbarung ständig begleitet: Selbst wenn die christliche Tradition davon ausgeht, dass die Selbstmitteilung Gottes in der Heiligen Schrift sowie in der Menschwerdung Gottes in Jesus Christus unüberbietbar vollzogen ist, so bleibt eine unauslöschliche Unschärfe bestehen.

Die vielschichtigen Verweise auf das Lachen in der Bibel in ihrer Dynamik und Unbestimmbarkeit sind erstaunlich und beruhigend zugleich: Sie nehmen diese Emotion als das wahr, was sie in vielen Fällen des täglichen Lebens ist, nämlich ein höchst ambivalenter Ausdruck menschlicher Existenz, der sowohl für die lachende Person, die Menschen in der Umgebung als auch in der ganzen Gesellschaft mit Konsequenzen verbunden sein kann. Ein Lachen kann sich dabei durchaus so verhalten, wie es in der berühmten „Chaos-Theorie"[57] beschrieben wird: Aus der möglicherweise unbedacht getätigten emotionalen Expression eines Lächelns kann sich im Interpretationsprozess anderer Menschen rasch eine Folgewirkung einstellen, die so vorher nicht erwartet werden konnte. So kann aus dem freundlichen Lächeln einer Kassiererin an der Kasse durch ihr Gegenüber eine romantische Anbahnung, aus dem Lachen über ein Missgeschick eine persönliche Beleidigung oder aus dem Grinsen aus Siegeslust ein Ausdruck hochnäsiger Sympathielosigkeit werden, ohne dass die lachenden Personen dies intendiert hätten.

Bereits im biblischen Text zeigt sich, dass am Prozess des Lachens oder des menschlichen Humors immer mehrere Menschen beteiligt sind – und dass diejenige Person, die das Lachen ausgelöst hat, keinesfalls immer auch darüber entscheidet, welche Wellen diese Begebenheit in weiterer Folge schlägt. Dass die teils jahrtausendealten Texte schon eine solche Vielzahl an Lachformationen kennen, zeugt einerseits vom höchst dynamischen und vielseitigen Entstehungsprozess, aber auch davon, dass die Autorenschaft der Texte durchaus nahe an den menschlichen Erfahrungen gearbeitet hat. Ihre Texte sind den Geschehnissen der Geschichte sowie des menschlichen Lebens nicht enthoben, sondern in diese eingebettet – das Lachen spielt hier eine Rolle, in vielen Fällen sogar eine entscheidende, nicht zuletzt darin, wie sich Identifikations- und Erkenntnisprozesse an den Bruchstellen und zentralen Ereignissen menschlichen Lebens konfigurieren. Als Ausdrucksform ist Lachen hier sowohl im aktiven wie auch im passiven Part wichtig, da es sich um wechselseitige Kommunikationsformationen handelt, die insbesondere im Hinblick auf die Selbst- und Fremderkenntnis von Menschen eine fundamentale Funktion erfüllen. Diese Form eines „souveränen Ausdruck[s] einer *Selbstdistanzierung*"[58] hat einerseits viel mit der Entwicklung eines realistischen Selbst- und Weltbildes zu tun, andererseits kann sich ein Mensch im höchst ambivalenten Ausdruck des Lachens als eine von Kontingenz und Zufälligkeit mitgeprägte Existenzform erfassen.

4. Angreifbare Religion.
Oder: Haben sich die Zeiten geändert?

„Zornige Fürsten verachtet Gott und lacht ihrer.
Auch beherzte, gläubige Prediger lachen über sie.
Denn, wo der Glaube ist, da ist auch Lachen.
Freilich lacht der Satan auch [...]
Dennoch muss der Christen Lachen und Spotten
über des Teufels Spott gehen und den Sieg behalten."
(Martin Luther)[1]

Die Schlacht ist eröffnet: In der Welt der Religion(en) scheint ein wahrer Lachkrieg entbrannt zu sein. Nimmt man die Worte aus Luthers Tischrede Nr. 457 ernst, befinden sich die gläubigen Menschen in einem ständigen Widerstreit zwischen erlöstem Lachen und dem Verlachtwerden durch den Teufel. Natürlich würde unter dieses teuflische Lachen in der binär codierten Trennlinie von Gläubigen und Nicht-Gläubigen auch das spöttische Verlachen von Anders-Gläubigen oder ungläubigen Menschen fallen. Dieser diabolische Spott kann als paradigmatische Verkörperung aller Angriffe des religiösen Glaubens von außen betrachtet werden – der Ausspruch Luthers repräsentiert selbst demnach die Innenperspektive aus christlicher Sicht. Wie ein Wechselspiel von Spotten und Verspottetwerden scheint die Welt des Glaubens in einen wahren Widerstreit der himmlischen und höllischen Kräfte eingebunden zu sein. Eine Welle von Lachen und Verlachtwerden folgt der anderen, die Rollen werden vertauscht, Emotionen kochen hoch und übersteigern sich gegenseitig. Was bleibt, ist ein wahrer Tumult an Lachorgien, an Angriffen, Verteidigungen, Gegenangriffen, möglicherweise auch gewaltförmigen Auseinandersetzungen. Das Bild, das sich hier vor dem inneren Auge abzeichnet, wirkt düster. Es geht ans Eingemachte: Die Christ*innen finden sich wieder als Teilnehmende in einer finalen Auseinandersetzung um die Frage, wer das berühmte letzte Lachen auf seiner Seite hat.

Das Schlachtfeld? Nichts anderes als die geschichtliche Welt. Die rekrutierten Soldat*innen? Die gläubigen Menschen sowie ihre nicht- oder andersgläubigen Zeitgenoss*innen. Die Dauer? Ein Leben lang.

Tatsächlich dürfte religiöser Glaube immer Anfeindungen oder Spott ausgesetzt gewesen sein. Darauf weisen nicht nur die spöttischen Verse und Szenarien aus einigen Psalmen (etwa Psalm 1)[2] des Alten Testaments hin; zahlreiche Geschichten spielen förmlich mit der spöttisch-herabwürdigenden Infragestellung von gläubigen Personen bzw. den Inhalten ihres Glaubens. Die Akteure des Spottes können dabei andere Völker, Kulturen oder Religionen, oder – wie etwa in der Exodus-Erzählung im „murrenden Volk Israel" dargestellt[3] – auch Teile derselben Glaubensgemeinschaft sein. Grenzziehungen des Verlachens und Verlachtwerdens sind schwierig vorzunehmen, auch in Bezug auf die Infragestellung religiöser Inhalte und Überzeugungen. Ein ähnlicher Aspekt wird sichtbar, wenn etwa Joseph Ratzinger betonte, dass der Glaube

> „nicht erst heute und unter den spezifischen Bedingungen unserer modernen Situation problematisch, ja nahezu etwas unmöglich Scheinendes ist […] Immer schon hat der Glaube etwas von einem abenteuerlichen Bruch und Sprung an sich, weil er zu jeder Zeit das Wagnis darstellt[.]"[4]

Das Wagnis religiösen Glaubens ist kritischen Zugriffen ausgesetzt, die Artikulationen dieser menschlichen Hoffnung finden in einem Raum der zwischenmenschlichen Kommunikation statt und sind insofern immer auch mit Interpretation, Zustimmung oder Ablehnung konfrontiert. Diese spannungsvollen Wechselbeziehungen müssen nicht immer gleich Beleidigungen sein oder destruktive Formen annehmen, können dies aber. Verlachen – darauf hat besonders Henri Bergson verwiesen[5] – kann im zwischenmenschlichen Bereich einen Machtgestus darstellen. Es kann zu einem Instrument der Geringschätzung, fehlenden Mitleids oder mangelnder Sympathie werden. Menschliche Überzeugungen bewegen sich als Ausdrucksformen einer Haltung in einem dauerhaften Spannungsfeld. Dabei muss auch betont werden, dass Religion(en) oder der Glaube der Menschen nicht ausschließlich auf der Opferseite zu suchen sind. Personen jeglicher Glaubensrichtung können selbst zu denjenigen werden, die andere Meinungen und Überzeugungen geringschätzen, verlachen oder sogar auslöschen wollen. Opfer und Täter können sich umkehren, sie haben das in der Geschichte auch an vielen Stellen getan, an denen die einstmals unterdrückten oder verlachten Überzeugungsgemeinschaften selbst zu gewaltförmigen oder geringschätzigen Mitteln gegriffen haben.

Eine der ältesten provokanten Darstellungsformen, die uns heute aus dem christlichen Bereich bekannt sind, ist eine Wandkritzelei auf dem Palatin in Rom.[6] Als im Jahre 1856 Archäologen auf dem Hügel in der „ewigen Stadt" bei Ausgrabungen beim ehemaligen Kaiserpalast der antiken Metropole den Trümmerschutt einer Soldatenunterkunft aufräumten, stießen sie auf den wohl ältesten „Cartoon", der sich mit dem christlichen Glauben beschäftigt. Die Datierung der eingeritzten Spottszene ist schwierig, sie bewegt sich zwischen einer frühen Datierung um 125 n. Chr. und einer Einordnung in die späte vorkonstantinische Zeit des 3. Jahrhunderts. Der Inhalt des Graffitos jedoch scheint unstrittig: In der mit bloßen Augen schwer erkennbaren Szenerie zeigt sich eine Kreuzesdarstellung, bei der der Gekreuzigte einen Eselskopf besitzt. Vor dem Kruzifix steht eine Person, die grüßend (oder möglicherweise verehrend bzw. betend) den Arm hebt. Darunter steht in unregelmäßigen und gebrochenen Buchstaben: *Alexamenos cebete theon* – Alexamenos betet (seinen) Gott an! „Kein Wunder, in der Antike galt das Kreuz nicht als Heilszeichen, sondern als Schandmal. So wird der Gekreuzigte zum Narren – ein echter Esel, der sich ans Kreuz schlagen ließ."[7] Das Kreuz, als antikes Zeichen des Anstoßes und der Gottlosigkeit[8], wird in der Einritzung zu einem Angriff auf den christlichen Glauben. Der Inhalt der urchristlichen Überlieferung, nämlich der Kreuzestod Jesu, dient als Werkzeug des Spottes für seine Anhänger*innen. Alexamenos, die nicht näher beschriebene Person, wird in der Darstellung des gekreuzigten Esels mit der scheinbaren Widersprüchlichkeit seines

Bekenntnisses konfrontiert: Aus der Anbetung eines Gekreuzigten folgt in der Logik der antiken Zeit offenbar, dass die Schande des Kreuzestodes auch auf diejenigen übergeht, die sich diesem Glauben anschließen. Alexamenos wird im Eselskopf Christi nichts Anderes vermittelt, als dass er sich in seinem Bekenntnis selbst zum Esel macht. Der Glaube, der sich in den Augen zahlreicher Zeitgenoss*innen durch die Verehrung des gekreuzigten Mannes aus Nazareth als lächerlich erweist, wird zum Werkzeug, anhand dessen man die Anhänger*innen mit der scheinbaren Widersprüchlichkeit ihres Bekenntnisses konfrontiert.

Genau genommen fließen im Alexamenos-Graffito zwei Momente bildhafter Spottkritik am Glauben zusammen: Einerseits ist das die Kritik am Inhalt eines Glaubens, andererseits der Spott

Das „Alexamenos-Graffito"[9]

über all jene, die diesem Glauben anhängen. Diese verflochtenen Themenfelder können in der Praxis wohl nicht einfach voneinander gelöst werden, dennoch ist es in vielen Situationen von Vorteil, sie zu unterscheiden. Auch das geritzte Bild auf dem Palatin verbindet die beiden Momente, die sehr an die „Torheit des Kreuzes" beim Apostel Paulus in dessen Brief an die Gemeinde von Korinth erinnert (1Kor 1,18f). Der Anstoß am Glaubensinhalt wird für ein Urteil über die Menschen benutzt, die diesem Bekenntnis folgen. Das ist ein Zeichen dafür, dass dieser Kern christlichen Bekenntnisses schon lange vor politischen Kreuzesdebatten zum Zankapfel bzw. zum Stein religionspolitischen Anstoßes geworden ist. So wird aber auch sichtbar, dass religiöse Überzeugungen in einer angreifbaren Art und Weise vermittelt sind: Als menschliche Bekenntnisse rufen sie Widerspruch ebenso wie Zustimmung hervor, sie sind in einen Widerstreit der Meinungen eingewoben, in dem die Gläubigen weder immun noch einfach als unschuldige Opfer auftreten. Dafür ist die Gemengelage der Geschichte zu komplex. Träger*innen von religiösen Bekenntnissen treten sowohl als Täter als auch als Opfer in Meinungsstreitigkeiten auf, sie stehen an der brisanten Kreuzung von ohnmächtigem Unterdrückt- und Verlachtwerden auf der einen, von macht- und gewaltförmiger Vereinnahmung Andersdenkender auf der anderen Seite. Für die Glaubenden heißt das aber, wie Gregor Maria Hoff betont:

> „An dieser Stelle tritt ein Gewaltproblem auf. Es zeigt sich in der doppelten Notwendigkeit, die immanente biologische Verletzbarkeit verarbeiten und sich auf externe Angriffe einstellen zu müssen. Es verstärkt sich, wenn [...] ideologische Garantien zerfallen [...] der eigene Ort in der Welt unsicher wird."[10]

Der Glaube spielt sich in der irdischen Endlichkeit ab, er ist den Angriffen der Geschichte ausgeliefert; in der Dynamik der kulturellen, politischen und gesellschaftlichen Umschichtungen kann sich keine Glaubensgemeinschaft einer Unantastbarkeit sicher sein. Möglich, dass diese Beobachtung lapidar erscheint, dennoch wird sie von zahlreichen Glaubenssystemen bzw. deren Akteur*innen gerne ausgeblendet: Religiöser Glaube ist – und das trifft für den christlichen Glauben ebenso (möglicherweise aber im verschärften Maße) zu – ein zutiefst endliches Geschehen. Als transzendenzbezogenes Geschehen menschlicher Überzeugungs- und Identitätsarbeit weisen religiöse Bekenntnisse zwar über die Grenzen irdischer Beheimatung hinaus, sie selbst sind aber höchst endlich: Menschlicher Glaube kann verloren werden, er kann an den Erfahrungen der Geschichte sowie der individuellen Biographie der Träger*innen zugrunde gehen, Glaube kann zerbrechen oder an den Angriffen anderer Menschen zerschellen.[11]

Das macht den Ort des Glaubens problematisch, aber auch enorm abenteuerlich. Noch einmal Hoff: „Die Verheißungen einer jenseitigen Welt verlangen angesichts nachlassender Evidenzen erhebliche kognitive Anpassungsleistungen ab."[12] Diese Herausforderung begegnet gläubigen Menschen nicht nur auf einer Ebene der theologischen Reflexion, sondern auf der existentiellen Ebene alltäglichen Lebens: Wie man mit Widerständen, Infragestellungen oder (scheinbar) offensichtlichen Widersprüchen mit jeweils gültigen Plausibilitäten umgeht, ist eine zutiefst individuelle Fragestellung, die jedem und jeder einzelnen Gläubigen aufgetragen ist.

Angreifbarer Gott, verletzlicher Glaube. Das Narrativ der Verwundbarkeit

Die Gefahr des Verlachtwerdens als eine dem religiösen Glauben inhärente Größe hat theologisches Potential – insbesondere im christlichen Glauben, da hier die Verzahnung von Leidensfähigkeit und Verwundbarkeit im Gottesglauben selbst angesiedelt ist: Das theologische Motiv der Inkarnation bezeichnet gerade jenen Augenblick, in dem sich Gott als wahrer Mensch der Gefahr der Verletzlichkeit ausgesetzt hat. Am Ort der weihnachtlichen Krippe, in der das Jesuskind liegt, wird damit paradigmatisch die Endlichkeit und Verletzbarkeit des menschlichen Gottesverhältnisses auf die Spitze getrieben, weil sich Gott dieser Angreifbarkeit in der Gestalt eines Menschenkindes selbst ausliefert.[13] Die Verwundbarkeit Gottes im Jesuskind weist schonungslos auf die Antastbarkeit jeglichen menschlichen Lebens, gleichzeitig macht sie die Möglichkeit der Verletzlichkeit zu einem Ort der göttlichen Offenbarung.

Zwei gegenläufige Tendenzen bieten sich hier nun an: Die Verletzlichkeit könnte sowohl eine erhöhte Schutzbedürftigkeit nach sich ziehen, die eine Abwehrhaltung einfordern würde. Das, was verletzlich ist, sollte vor An- und Zugriffen geschützt, um nicht ausgelöscht zu werden. Dies wäre eine verständliche Position, vor allem wohl auch Sicht der Eltern des Jesuskindes. Dennoch verhält es sich anders, da sich in der biblischen Geschichte (und wohl nicht nur in dieser) der heranwachsende Junge bzw. der Mann den Raum nimmt, den er braucht. Die Entfaltung des Geheimnisses hängt daran, dass sich die verwundbare Person in einen Wirkungsraum stellt, der ihr zwar keine Unantastbarkeit, wohl aber eine Dynamik der Wirksamkeit bieten kann. Wirkung kann dann entfaltet werden, wenn es einen Raum für Interaktion, zwischenmenschliche Kommunikation und einen Modus der Entwicklung gibt. Abschirmung und überhöhter Schutz sind dafür nicht selten Hemmnisse; in gewisser Weise trifft das auch auf die biblische Geschichte der verwundbaren Existenz Gottes im Jesuskind zu: Der sich mitteilende Jesus tritt aus dem behüteten Raum heraus, er stellt sich in den Austausch mit Menschen, wohl bewusst, dass dies nur allzu schnell ein Kreuzfeuer für ihn werden kann: Er kommuniziert auf provokante, herausfordernde Weise, setzt sich dabei aber auch der Gefahr aus, Spott, Missverständnis und Gewalt auf sich zu ziehen. Sein Weg der Provokation ist ein Weg des Risikos.[14] Auf diese Weise wird im Auftreten Jesu und an der mitunter schutzlosen Auslieferung an den Zorn seiner Mitbürger*innen die prekäre Existenz seiner Berufung und die Art seiner Verkündigung deutlich: Nicht jenseits der Zweifel und ohne Angriffsfläche geht er seine Mission an, sondern als jemand, der sich selbst als Widerspruch zu inszenieren weiß.

In unserem Zusammenhang macht dieser Aspekt deutlich, dass wir es beim Verlachtwerden des Glaubens niemals nur mit einem einseitigen Geschehen zu tun haben, sondern in der Brisanz der Angreifbarkeit auch ein offenbarendes Moment liegt. Es weist den Glauben selbst als ein höchst ambivalentes Geschehen aus, in dem Positionierung, Infragestellung und Endlichkeit als Facetten eines eigentlich unaufhebbar problematischen Geschehens sichtbar werden: Als Artikulationen von Hoffnung, Glaube und Sehnsüchten sind und bleiben religiöse Überzeugungen in geschichtliches Geschehen eingebunden. Sie sind nicht davon zu lösen, dass sie immer auch Infragestellungen, Kritik und Widerstände heraufbeschwören, die den Gläubigen zudem abverlangen, sich zu diesen Brechungen des Glaubens zu positionieren. Der Glaube an den angreifbaren Gott steht im christlichen Sinn in der Gefahr, entweder selbst „ans Kreuz genagelt" zu werden, oder sich auf die Seite der Täter zu stellen und über divergierende Meinungen zu urteilen bzw. selbst zum Verletzenden zu mutieren.

Gerade die Botschaft von einem menschgewordenen Gott, der in der Form des Kreuzes als des schändlichsten Folter- und Hinrichtungsinstrumentes zu Tode kommt[15], hat auch zu Spottgeschichten geführt: Es ist eine Geschichte von Konfrontation, Widerständen und Ablehnung – theologisch gesprochen sind dies Episoden, die auch im Leben Jesu selbst verortet werden können. Der Johannesprolog (Joh 1) etwa spielt paradigmatisch mit dem Dual von Aktivität und Passivität der Offenbarung Gottes, der Ablehnung durch die Menschen, der Möglichkeit der Menschen, in der Botschaft Gottes eine anstößige Lächerlichkeit wahrzunehmen: In Jesus wird ein Kommunikationsgeschehen Gottes mit den Menschen sichtbar, das Zweideutigkeiten, Missverständnissen und einer Angreifbarkeit nicht aus dem Weg geht, sondern in der Konfrontation mit scheinbaren Selbstverständlichkeiten einen Widerspruch heraufbeschwört. Hier ist eine Beobachtung von Thomas Laubach interessant: „Etwas als lachhaft wahrzunehmen beruht phänomenologisch auf Formen der Wahrnehmung, der Kommunikation und des Verhaltens, die der als Realität angenommenen Wirklichkeit kritisch gegenübertritt."[16] Das christliche Narrativ der inkarnatorischen Selbstmitteilung Gottes an die

Menschen vereint in sich den Modus der göttlichen Angreifbarkeit Jesu und der Möglichkeit der Menschen, ihm kritisch gegenüberzutreten. Das Verlachtwerden der jesuanischen Predigt, die Missverständnisse und Vorurteile ihm gegenüber, die teilweise von ihm provoziert wurden und manchmal als Konsequenz der Ablehnung auf ihn zurückgefallen sind, entpuppen sich hier als ein theologischer Kern des christlichen Offenbarungsglaubens: Da sich dieser Glaube in der Geschichtlichkeit eines verwundbaren Menschen artikuliert und in dessen Tod am Kreuz einen traurigen Höhepunkt erreicht, wird der Glaube selbst mit seiner Inversion, der Umkehrung ins Lächerliche, konfrontiert. Erst in der gläubigen Perspektive des Unmöglichen[17], nämlich der Erfahrung der Auferstehung, kann diese Erfahrung der puren Endlichkeit und Verletzlichkeit als Heilszeichen erkannt werden. Die Möglichkeit des Zweifelns, der Kritik und des Verlachtwerdens kann aber niemals vollständig ausgeschlossen werden. Sie bleibt dem Glauben als innergeschichtlichem Phänomen inhärent, gerade weil dieser Widerstände heraufbeschwört und selbst angreifbar ist:

> „Der Glaube ist offen für das Lächerliche, weil er in vielen Aspekten modernen Vorstellungen widerstrebt, Widersprüche aufweist, weil Glaubende in ihren Glaubensanstrengungen scheitern – und er ist offen für das Blasphemische, weil er selbst Züge des Komischen, des Lachhaften und des Blasphemischen trägt."[18]

In Jesus Christus werden scheinbar fest geordnete Momente zusammengeführt und umgekehrt: Der Ort des Todes, das Grab, wird zu einem Raum des Glaubens – aber bezeichnenderweise erst, nachdem die Leere dieses Platzes bei den ersten Frauen und Männern Widerspruch und Irritationen ausgelöst hat. (Mk 16,8) Ebenso wird das Kreuz, schon in antiker Zeit „Stein des Anstoßes", in der christlichen Perspektive zum „Baum des Lebens"[19]. Eine solche Umkehrung und Distanzierung von gewohnt erscheinenden Wirklichkeitsperspektiven liegt dem christlichen Glauben zugrunde, ebenso schon in der Vorstellung der Menschwerdung Gottes, die zahlreichen antiken Zeitgenoss*innen wohl als logischer Widerspruch erscheinen musste.[20] Wenn Gott, wie das Paulus andeutet, „durch die Torheit der Verkündigung" rettet, so ist es tatsächlich naheliegend, wie Thomas Laubach andeutet, dass das Lächerliche als Widersprüchliches und Inkongruentes in der christlichen Verkündigung seinen Platz hat: Am Ort des Unfassbaren und Unerwartbaren, also am Ort des Ereignisses, entsteht etwas Neues, gleichzeitig aber geschieht dies unter den Bedingungen des Unvorhersehbaren: Die Annahme oder Ablehnung des Glaubens geschieht nicht nach einer logisch berechenbaren Notwendigkeit. Christlich codiert wird man hier erneut an die Ereignisse von Geburt, Tod und Auferstehung Jesu verwiesen, an die geschichtlich höchst fragilen und spannungsgeladenen Motive im Leben und Wirken Jesu Christi.

Der Gott, der sich in der Gefahr des Lächerlichwerdens der eigenen Angreifbarkeit aussetzt, bringt damit auch etwas Grundsätzliches für den Glauben zum Vorschein: Wer sich in der Überzeugung des Glaubens der eigenen Verletzlichkeit stellt, erfährt darin die Ambivalenz der zuvor im Glauben angenommenen Botschaft. An den Bruchstellen des Lebens wird damit nicht nur der Glaube an Gott, sondern die existentielle Relation zu diesem transzendenten Bezugspunkt wirklich durchlebt. Ein gegen Widersprüche und Zerbrechlichkeiten immunisierter Glaube wirkt angesichts der Jesus-Geschichte – des fundamentalen Narrativs, auf das sich das christliche Bekenntnis bezieht – unglaubwürdig. Ein überhöhtes und jeglicher Ambivalenzen entledigtes Credo verliert seine Stimmgewalt, weil es den Boden der Geschichtlichkeit verlässt. Damit entledigt es sich aber nicht nur des Ortes, an dem es diesen Jesus als menschgewordenen und gekreuzigten Christus angenommen hat, sondern es legt auch die Kernmerkmale des inkarnatorischen Geschehens, nämlich Verwundbarkeit, Zerbrechlichkeit und Endlichkeit ab.

Anstöße des Glaubens und theologische Ausweichmanöver

Mit den Beobachtungen zum problematisch-ambivalenten Grund des Glaubens und seinem spannungsreichen Verhältnis zum Lachen bzw. Verlachtwerden, haben wir uns der Thematik von Umberto Ecos „Der Name der Rose" von einer anderen Seite genähert: War es in der Geschichte rund um den englischen Mönch William von Baskerville vor allem die Furcht vor dem Lachen, die den greisen und erblindeten Mönch Jorge von Burgos zu einem Mörder werden ließ[21], so zeigt sich nun, dass diese Angst nicht unbedingt einen Gegensatz zur christlichen Existenz darstellen muss. Die Angst vor dem Lachen ist bei Jorge nichts anderes als die Furcht vor dem Scheitern in der christlichen Berufung. Er kann und will nicht dulden, dass es Formen des Glaubens jenseits von Gottesfurcht, Eindeutigkeit und Unterwürfigkeit gibt. Dieses angstvolle Verharren in der Ernsthaftigkeit allen Lebens gilt für Jorge denn auch als die Ergebenheit vor der Majestät Gottes: Im Lachen komme – so die Vorstellung des alten Mönches – die Ablehnung der Botschaft Jesu zum Vorschein und darin liege wiederum die Gefahr, dass Gott von den Menschen lächerlich gemacht wird. Diese simple Einsicht genüge bereits für das Urteil, dass das Lachen aus einem christlichen Leben verbannt werden müsse, um nicht der Gefahr Vorschub zu leisten, selbst in den Strudel der Gottesferne gerissen zu werden.[22]

Wie ist nun aber das Gegenüber in Umberto Ecos Roman zu verstehen? William von Baskerville, der franziskanische Kleriker, der das komplette Gegenteil Jorges verkörpert. Karl Josef Kuschel bietet eine Deutungsmöglichkeit für die Position Williams an: Das Gegenstück zum greisen Mörder zeigt sich im Buch als vorsichtiger, aber sehr kritischer Denker, der nicht einmal die Erkenntnismöglichkeiten des Menschen als schlechthin gegeben anerkennen möchte. Vielmehr stehe für William fest, „dass jede [irdische] Wahrheitsgewissheit etwas Krankhaftes habe und nur das Lachen ‚über' die angebliche Wahrheit den Menschen das einzig Gemäße sei[.]"[23]

Somit geht William das Problem des Lachens von einer anderen Seite, nämlich der menschlichen, an: Jorge hat in seiner Perspektive besonders die Erhabenheit und Würde Gottes als Objekt christlichen Glaubens im Blick. Seine Ablehnung jeglichen Gelächters folgte aus eben jener unantastbaren Würde und Heiligkeit Gottes. Sie soll den Menschen verbieten, in ihrer begrenzten und höchst ambivalenten Lebenssituation über irgendetwas zu lachen. Bei William hingegen verhält es sich genau umgekehrt: Das Lachen ist Ausdruck der Bedingtheit der menschlichen Situation an sich, da der Mensch die Absolutheit der überzeitlichen Zusammenhänge nicht einsehen kann und somit immer auf der Seite seiner eigenen Begrenztheit gefangen bleibt. Das „Objekt des Glaubens", von dem Jorge so selbstverständlich und unhinterfragt ausgehen möchte, ist für William nicht einfachhin gegeben: Der Mensch kann die Herrlichkeit Gottes zwar annehmen, an sie glauben und darauf hoffen – begreifen aber wird er sie niemals können.

Das Lachen wäre demnach ein Zeichen der menschlichen Begrenztheit und zugleich eine Aufforderung, diesen brisanten und ambivalenten Ort des Menschseins auszuhalten. Während Jorge die erkenntnistheologische Leerstelle des Glaubens mit dem Vermeiden aller Ambivalenz der Lächerlichkeit umgehen bzw. leugnen möchte, kann man behaupten, dass William genau diese Unsicherheit als Existential des Glaubens und der Theologie annehmen möchte, da es keine letztgültige Gewissheit im Sinne einer kompletten Zweifellosigkeit gäbe: „In den letzten Fragen gibt es keine Antwort, jedenfalls keine Antwort, welche die Fragen nach Wahrheit, Gott, Ordnung, Erkenntnisfähigkeit zum Verschwinden brächte."[24] Wie dieser finalen Unauflöslichkeit erkenntnistheologischer Beschäftigungen aber tatsächlich zu begegnen ist, muss offen bleiben und von den Menschen jeweils neu ausgehandelt werden. In Ecos Roman werden, wie Kuschel herausarbeitet, zwei unterschiedliche Möglichkeiten angeboten, wie der Mensch schließlich mit seiner problematischen Situation umgehen kann: Das Lachen des William oder das mystische Schweigen seines Schülers Adson.[25] Die Position von Williams Schüler Adson, dem Haupterzähler der Geschichte, dem Lachen gegenüber bleibt weitestgehend im Dunkeln, was vielsagend ist: Das Lachen ist und bleibt theologisch ein umkämpfter Ort, an dem es keine Patentrezepte gibt, an dem sich Schweigen jedoch mindestens ebenso verbietet wie eine grundsätzliche und unterschiedslose Unterdrückung dieser menschlichen Fähigkeit.

An diesem Punkt entscheiden sich Grundpositionen christlicher Gottes- und Menschenbilder, die in einem spannungsgeladenen Wechselspiel stehen: Ein Gott, der Widersprüche zulässt oder diese sogar in sich vereint, wird Auswirkungen haben darauf, ob bzw. wie man einen definitiven und uniformen Glaubensanspruch bzw. Regeln für das praktische Leben ableitet. Wenn das Lachen bzw. die Möglichkeit des Verlachtwerdens als Bedingungen für einen freien Willen, für Distanzierung und kritische Hinterfragbarkeit angesehen werden, verändern sich ebenso die theologischen und anthropologischen Ansprüche. Mit anderen Worten: Das Lachen macht mit dem Glauben ernst, an ihm können Menschen Erfüllung, Scheitern, zugleich auch ein Gottesbild finden, das ihre eigenen Erwartungen zutiefst herausfordert. Nicht zufällig betont Kuschel bei der Betrachtung der bereits bekannten Genesis-Stelle, in der Saras Lachen Gottes Verheißungen und Menschenliebe herausfordert, dass es sich hier um eine genuin *theologische Pointe* handelt.[26] „Das Lachen des Menschen auch über Gott ist von Gott zugelassen [...] Die Schrift selber schließt aus dem Bereich des Heiligen das Komische, das Lachhafte und den Zweifel nicht aus."[27]

Das Lachen der Menschen umfasst einen spannungsreichen Bereich zwischen harmloser Erheiterung und ernster zwischenmenschlicher Kommunikation, die böswillige Beleidigungen, kritische Distanzierung sowie gesunden Zweifel mit eben jener Ausdrucksform verbindet, die anthropologisch bis heute schwer zu fassen ist. Aus theologischer Perspektive eröffnet sich hier ein Bereich, der dogmatisch nicht einfach auszutarieren ist: Im Lachen kommen menschliche Ohnmacht, die Gefahr zu scheitern, aber auch die Ambivalenz geschichtlicher Erfahrung zum Vorschein, die nicht durch klar formulierte Sätze beseitigt werden können. Ambiguitäten brechen auf und erfahren in der lächerlichen Verkehrung nicht selten eine tiefe Radikalisierung, weil sie das unerwartet Komische in Gott selbst bzw. in Fragen rund um Leben und Tod verlagern. So wird auch vor den zutiefst ernsthaften Themengebieten des Lebens nicht Halt gemacht. In Form einer humorvollen Inversion wird vielmehr etwas zur Sprache gebracht, was in der emotionalen Lachhaftigkeit Dimensionen transportieren kann, die möglicherweise auf andere Art und Weise nicht thematisiert werden konnten. Sie fordern eine Reaktion heraus, weil sie auf Grundsätzliches abzielen. Sie wirken aus einem scheinbaren Außenraum auf die Bekenntnisformen religiösen Glaubens ein, fordern aber eine vertiefte Auseinandersetzung mit dem Glauben. Diesen Anstößen nicht auszuweichen ist die eine Seite einer verantworteten christlichen Glaubensexistenz – nicht einfach mit der Keule einer zutiefst beleidigten Gegengewalt aufzutreten, ist die andere. Die Irritationen spöttischer Kritik bergen Dimensionen eines vertieften Glaubensverständnisses, der Schock des Unerwarteten begünstigt möglicherweise eine Aufarbeitung längst vergessener Fragehorizonte, die unter dem Mantel scheinbarer Selbstverständlichkeit bisher verdeckt blieben.

Mediale Zugriffe auf religiöse Themen. Die Entzauberung der Selbstverständlichkeiten

„Er ist der Messias!", ruft die Menschenmenge wiederholt, als sie dem verdutzten und verzweifelten Galiläer Brian quer durch Stadt und Wüste nachjagt. Wie eine fanatische Meute schlängelt sich die Verfolgungsjagd durch die engen Gassen, über die offenen Plätze und jenseits der Stadttore. Der Flüchtende versucht vergeblich seine Verfolger*innen davon zu überzeugen, dass er weder ein religiöser Retter noch ein spiritueller Anführer ist. Doch vergeblich: Seine Beteuerungen prallen an den hoffnungstrunkenen Begeisterungsstürmen der Menschenmasse ab. Nicht einmal ein Sprung in ein Erdloch kann ihm helfen, letztlich holt ihn die Menge ein. Brian versucht nun, den Spieß umzudrehen, indem er die Menschen zur Rede stellt: „Ich bin nicht der Messias! Würdet ihr mir bitte zuhören! Ich bin nicht der Messias! Versteht ihr das? Ganz, ganz ehrlich!", schreit er die Menschen an. Ruhe kehrt in die Szene ein. Plötzlich eine leise Stimme: „Nur der wahrhaftige Messias leugnet seine Göttlichkeit!" Der Verfolgte erwidert verzweifelt: „Ihr müsst mir doch eine Chance lassen, da rauszukommen! Also gut: Ich bin der Messias!" Die Begeisterungsstürme erstarken erneut, der Fanatismus hat durch das Bekenntnis des scheinbaren Retters neues Futter bekommen.

Die bekannte Szene aus dem bereits erwähnten Film „Das Leben des Brian" (1979) der britischen Komiker-Gruppe „Monty Python" hat es in sich: Was dem Publikum Tränen des Lachens in die Augen treibt, umspielt ein knallhartes theologisches Problem. Fragen nach einem verantwortungsvollen Glauben, nach Gründen für das Zugehörigkeitsgefühl zu spirituellen oder religiösen Strömungen, Fragen nach der Rolle schwer zu bändigender Gruppendynamiken in religiösen Identitätsprozessen und nach den Ursachen religiösen Fanatismus werden in dieser Episode sichtbar. Die Empörung, die der Film in seinem Erscheinungsjahr seitens religiöser Autoritäten ausgelöst hat, konnte nicht verdecken, dass sich die Macher durchaus ernster Themen angenommen haben: Verpackt in den Tiefen des britischen Humors werden an zahlreichen Stellen im „Leben des Brian" tatsächliche Problemüberhänge theologischer Auseinandersetzungen oder auch scheinbar unhinterfragte Prämissen religiösen Lebens thematisiert. Was hier zur Sprache kommt, reicht weiter als eine bloße Lachnummer, die angerissenen Themen zielen nicht nur auf seichte Komik. Die Entrüstungswellen sollten auch nicht davon ablenken, in welches theologische Wespennest mediale Produktionen wie die der „Monty Pythons" stechen.

In der exemplarisch angesprochenen Szene sind es Fragen um die Nachfolge von spirituellen Anführer*innen, vom schmalen

Grat zwischen Inspiration und erwachendem Fanatismus, sowie die Artikulierbarkeit von nachvollziehbaren Gründen für einen religiösen Glauben. Genau genommen führt uns die Szene aus „Das Leben des Brian" in einen fundamentaltheologischen „Strafraum", weil sie nahe an das Zentrum des Glaubens rührt: Jedes noch so geringe Foul wird hier geahndet, wer sich selbst ins Abseits stellt, braucht sich nicht wundern, wenn die Manöver als regelwidrig geahndet werden. Die Komikergruppe wurde öffentlich sehr heftig kritisiert, ihr wurde vorgeworfen, sie würde den christlichen Glauben lächerlich machen.[28] Die nur oberflächlich auf scheinbar harmlose Lachsalven abzielende Verfilmung zeigte ein theologisches Problem, indem sie etwas ausdrückte, was argumentativ nicht einfach eingeholt werden kann. Der Seitenhieb auf Messiaserwartungen in den Religionen und eine unbelehrbare Scheuklappenmentalität religiöser Fanatismen ist unübersehbar. Er fordert eine Positionierung, ruft nach klaren Argumentationen, die sich nicht durch eine ablehnende Entrüstungshaltung jeglicher Diskussion entziehen. Genau dieser Punkt macht den Film für den religiösen und theologischen Innenraum sowohl gefährlich als auch herausfordernd: Denn hier bewegt man sich nicht auf einem Gebiet, in dem theologische Selbstverständlichkeiten unhinterfragt gelten. Die Vorzeichen der Auseinandersetzung sind verschoben, weil die Anfragen von einer scheinbar lächerlich-satirischen Inszenierung und aus dem säkularen Raum der modernen Medienlandschaft kommen. Hier sind Argumentationslinien gefragt, die nicht nur Gründe für einen verantwortbaren Glauben aufzeigen, sondern auch im Austausch mit einer Gesellschaft sprachfähig bleiben, die nicht einfach auf religiös codierte Sprachformen rekurrieren kann.

Was also macht einen Glauben glaubwürdig?[29] Welche Gründe können Glaubende für ihren Glauben nennen, die auch in einer säkularen Welt plausibel und nachvollziehbar sind? Diese Fragen werden nicht mehr nur im Innenraum der Theologie gestellt, vielmehr ist es hier genau andersherum: religiöser Glaube wird in modernen Gesellschaften zunehmend kritisiert und mit Deutungsalternativen konfrontiert. In den medialen Darstellungen werden

Probleme artikuliert, die Selbstverständlichkeiten aufbrechen, die ihre Plausibilität mehr und mehr verloren haben.

Durch solche medialen Anfragen werden die Ambivalenzen menschlicher Glaubensräume in verstärktem Maß sichtbar: So wie der Eselskopf auf dem Alexamenos-Graffito in der Lage war (und es wieder ist!), die Kreuzigung Jesu als Anstoß und Skandal herauszustellen, so wie Debatten um das Aufhängen von Kreuzen eine möglicherweise vielerorts vorhandene Unachtsamkeit gegenüber Kruzifixen aufzubrechen vermögen, so sind die humorigen Darstellungen der Religion ebenso in der Lage, Diskurse anzustoßen. Wer sich den Film „Das Leben des Brian" ansieht, wird schnell merken, dass es nicht Jesus war, auf den die Überzeichnungen abzielten. Jesus selbst kommt im gesamten Film nur in zwei kurzen Szenen vor (Geburt und Bergpredigt), und er wird dort sehr evangeliumsnah dargestellt. Der Fokus zahlreicher Filmmotive und Szenen problematisiert vielmehr den Umgang mit Jesus und bringt auf zahlreichen Nebenschauplätzen der Handlung religionsbezogene Themen zur Sprache, die viel komplexer sind, als sie eine oberflächliche Jesus-Persiflage stellen könnte.

Das macht diesen Film theologisch anregend: Er bietet Denkanstöße, die die emotionale Tiefenstruktur des menschlichen Lachens ansprechen und nicht aus dem Innenraum religiösen Glaubenswissens kommen. Das macht sie herausfordernd, weil ein Glaube, der sich diesen Kritikpunkten nicht stellen kann, sehr wohl droht, im Strudel der Lächerlichkeit zu versinken. Die Ausdrucksformen fordern eine offene Auseinandersetzung mit den aufgeworfenen Themen auch jenseits klassischer theologischer Sprach- und Argumentationsformen. Die Pro-Vokation dieser religionsspezifischen Pointen liegt darin, dass sie die Glaubens- und Religionsgemeinschaften zu einer Positionierung jenseits ihrer Strafraumgrenzen herausfordert.

Grenzenlose Provokation. Zwischen Spott, Kritik und Beleidigungen

Medial inszeniertes Lächerlichmachen hat etwas Verletzendes an sich. Es vereint in sich eine gezielte Umdeutung von Inhalten, Personen oder Darstellungsformen, die mit einer besonderen Relevanz versehen sind. Diese Inversion des religiös Signifikanten spielt sich jedoch auf unterschiedlichen Ebenen ab, keinesfalls jegliche Verzerrung ist gleich eine Beleidigung, nicht jede Modifikation gültiger Zeichenformate kommt in den Augen der Betroffenen einem Sakrileg gleich. Die Grenzen jedoch sind schier unmöglich zu ziehen. Nicht jede Karikatur kann als „blasphemisch" einordnet, nicht jede mediale Überzeichnung Jesu oder der biblischen Geschichten als ein Sakrileg angesehen werden. Zudem ist auch noch nichts darüber gesagt, ob und inwiefern in einem Rechtsstaat ein solcher Vorwurf rechtlich verfolgt und ein Verbot durchgesetzt werden kann und soll.[30] In jedem Fall handelt es sich bei solchen Inszenierungen um kommunikative Akte, die nicht automatisch eine ethische oder gar strafrechtliche Verurteilung nach sich ziehen müssen, auch weil die Grenze zwischen Beleidigung, Angriff und pointierter Kritik ebenso wenig klar zu ziehen ist, wie die „rote Linie", die solche öffentlichen Infragestellungen oder Verzerrungen übertreten könnten.[31] Dieser offene Diskursraum rund um das öffentliche Verlachen bzw. die humorige Inszenierung von religiösen Personen und Inhalten ist mitunter nur schwer auszuhalten. Nicht zuletzt auch, weil es hier um zutiefst persönliche Momente von Hoffnung, Vertrauen und emotionaler Verbundenheit geht. Das macht die Sache nicht nur komplexer, sondern verschärft ihren offenbarungstheologischen Beigeschmack nochmal: Wenn Offenbarung das Transzendente im Raum der Geschichte mitteilt, wenn sie, wie Wolfhart Pannenberg betont hat, gar nicht jenseits der geschichtlichen Vermittlung gedacht werden kann[32], und sie sich dadurch angreifbar macht: Was bedeutet das für das darin ausgesagte Gottesbild? Wie lassen sich Allmacht, Gerechtigkeit, unüberbietbare Selbstmitteilung Gottes in den Grenzen irdischer Bedingungen denken, wenn Gott gar nicht jenseits der Gefahr des Verlachtwerdens zugänglich scheint? Die zweifache Last religiösen Verlachtwerdens – das Lachen über die Gläubigen einerseits, das Lachen über die religiöse Botschaft andererseits – transportiert theologische Ambivalenzen, die nicht einfach getilgt werden können. Die „bleibende Doppelsignatur"[33] des Lachens, die wir schon in den biblischen Erzählungen vom lachenden Gott des Ersten Testaments zwischen Verheißung, Erfüllung, aber auch unantastbarer Überlegenheit und gleichzeitigem Verlachtwerden durch ungläubige Menschen gefunden haben, spielt hier in das Leben gläubiger Menschen selbst hinein. Ihr Glaube, der stehts lächerlich gemacht werden kann, findet sich darin stets zur Kommunikation aufgefordert.

Jenseits der Eindeutigkeit. Der angreifbare Raum des Glaubens

Es ist verführerisch, an dieser Stelle lediglich davon zu sprechen, dass durch Komik bzw. Satire mittels Provokation religiöse Menschen aus der Reserve oder gar hinter dem sprichwörtlichen Ofen hervorgelockt werden sollen. Das ist an sich auch nicht problematisch, es trifft auf viele Fälle moderner Religionssatire zu. Die gesetzten Nadelstiche verursachen Schmerzen, die Inszenierung des Unerwarteten birgt Schockpotential. Die Provokation kann in zahlreichen Fällen als Aufruf zur Reaktion verstanden werden, als eine Aufforderung zur Stellungnahme in einer Zeit, in der Theologie und Kirche immer mehr Zeit damit verbringen, ihren öffentlichen Stimmverlust zu beklagen. Liegt dieser an einer Phase des Beleidigtseins, die jegliche Diskussionsbasis zunichtemacht? Gründet der öffentliche Sprachverlust in der Sehnsucht nach einer sicheren Sprachkultur innertheologischer Begriffsformate, die bereits Clemens Sedmak als „inzestuöse Diskurskultur, die ihre Themen aus dem eigenen Sumpf holt und dorthin wieder zurückwirft"[34], bezeichnet hat. Als Ruf nach (Gegen-)Reaktion allein ist die religiöse Funktion der Satire aber noch nicht ausreichend bestimmt. Der Finger muss noch etwas tiefer in die Wunden der Religionen gelegt werden. Durch die beschriebenen Formen satirischer Verzerrung bzw. inhaltlicher Inversion des Religiösen werden Glaube und religiöse Gemeinschaften zu einem grundsätzlicheren Nachdenken aufgefordert, wird in der provokantesten Form des Lächerlichmachens des Religiösen ein Anstoß gegeben, dem der Glaube nicht einfach ausweichen kann. Mit der Rührung an Heiligem macht diese Form von Satire genau das, was viele fürchten: Sie bringt auf völlig unerhörte Weise zur Sprache, worüber man eigentlich nicht sprechen sollte. Sie weist auf blinde Flecken des religiösen Sprachraumes hin, weil sie ausdrückt, dass es durchaus offene Fragen gibt, die nicht definitiv beantwortet und zur Seite geschoben werden können. Genau dadurch kann ein Reflexionsprozess in Gang gesetzt werden, der als Kommunikationsform nicht zuletzt den Auftrag Jesu in Mk 16,15 ernst nimmt: „Geht hinaus in alle Welt und verkündet das Evangelium der ganzen Schöpfung!" Was sich für viele möglicherweise als Aufforderung zu einer Mission im Sinne einer kommunikativen Einbahnstraße anhört, erwies sich schon in neutestamentlichen Zeiten als durchaus problematische Angelegenheit: Die Verkündigung des Glaubens stieß immer auf Widerstand, sie war immer schon emotional besetzt; die christlichen Verkündiger*innen waren bereits früh der Gefahr der Ablehnung und der Verfolgung ausgesetzt. Die Jünger*innen Jesu mussten wohl bei verschiedenen Gelegenheiten die Erfahrung machen, dass Verkündigung immer das Moment von Angreifbarkeit in sich trägt: Bereits im Pfingstereignis (Apg 2) wird dies bildlich dargestellt: Die zuvor noch verängstigte Gruppe hatte sich aus dem verschlossenen Obergemach als schützendem Ort (Apg 1,13) herausbegeben. Durch die Erfahrung des Geistes wurde ihr neuer Mut geschenkt, sie sah sich in der Lage, an und in die Öffentlichkeit zu treten, um mit ihrer Botschaft den Menschen von Angesicht zu Angesicht zu begegnen. Doch wird in den berühmten Pfingstdarstellungen in zahlreichen Kirchenfresken vergessen, wovon der biblische Text ebenfalls spricht, nämlich, dass die neu Ermutigten nicht nur erfolgreich waren. „Andere aber spotteten: Sie sind vom süßen Wein betrunken!" (Apg 2,13)

Der Spott, der hier beschrieben wird, ist programmatisch: Die Ablehnung und das Unverständnis bleiben als Gefahren der christlichen Existenz eingewoben. Auch hier wird das Verlachtwerden zu einem Signum christlicher Existenz, die Antastbarkeit der Glaubensverkündigung wird deutlich sichtbar. Das Bekenntnis zu Jesus bleibt damit prekärer. Als öffentliches bleibt es nicht in der wohligen Ruhe des Obergemachs, die Botschaft muss sich im Wind der Veränderungen, in einer vielstimmigen Öffentlichkeit kommunikativ bewähren. Dies impliziert nicht nur, dass Räume betreten werden, in denen es keine christliche Sprachhoheit gibt, sondern auch, dass man Akteur*innen gegenübertritt, die nicht nur passiv Empfangende sind. Das macht die Reflexion über den Glauben und seine Artikulation zu einem höchst riskanten Unternehmen. Man kommt an einen Punkt, an dem man die scheinbare Sicherheit der eigenen Sprachspiele verlässt und sich auf die Regeln von anderen Lebens- und Denkräumen einlassen muss. Der Stachel im Fleisch einer Religion, die sich sprachlich mitteilen möchte, ist, dass sie dazu genötigt wird, in eine Konversation zu treten. Dies impliziert mitunter aber auch, dass sie die Regeln der eigenen Diskurse ablegen und sich auf die Anfragen, Methoden und Begriffe der Adressaten einlassen muss, was wiederum nicht nur gefährlich für sie selbst ist, sondern auch Raum für Missverständnisse und Zweideutigkeiten schafft und offene Fragen bewusst werden lässt. Die Unplanbarkeit eines solchen Geschehens rührt an die Grundfesten der Glaubensartikulation, weil sie schonungslos auf Brüche, (scheinbare) Widersprüche oder Leerstellen hinweist, die nicht einfach geschlossen werden können. Auch die Sprachfähigkeit des Glaubens bzw. die Existenz religiösen Erlebens ist an Bedingungen geknüpft, die nicht vollends erschlossen werden können. Es bleibt ein toter Winkel im Erleben des Unendlichen, ein Raum, der nicht zur Sprache gebracht werden kann, weil jedes Wort zu viel wäre.[35] Der Modus der Provokation dient daher immer auch dazu, die Zeitlichkeit des Glaubens und seiner Artikulationen neu gewahr zu werden, aber auch, seine eigene Verletzlichkeit aufzuzeigen.

Der Mensch vor Gott. Würde in der scheiternden Lächerlichkeit

Szenenwechsel ins Jahr 1215: Seit mehr als zwei Jahren läuft das 4. Konzil im Lateran, die Beschlussfassung der zu promulgierenden Texte steht bereits fest, die Abstimmung über die einzelnen Entscheidungen ist wohl nur mehr Formsache.[36] Doch hat es der berühmte „Canon 2" in sich; in einem Abschnitt über die Trinitätslehre wird betont: „Denn zwischen dem Schöpfer und dem Geschöpf kann man keine so große Ähnlichkeit feststellen, daß zwischen ihnen keine noch größere Unähnlichkeit festzustellen wäre." (DH 806) Was hier als Analogielehre formuliert wird, zeigt eine Grundrelation zwischen Mensch und Gott: Die Verhältnisbestimmung ist immer eine ungleiche, sie drückt ein Ungleichgewicht aus, das nicht einfach aufgehoben werden kann.

Für die Gläubigen im Allgemeinen und für die professionalisierte Schar an Theolog*innen unter ihnen im Besonderen bedeutet das nichts anderes, als dass ihre Anstrengungen, sich um eine eindeutige sprachliche Vermittlung und Kommunikation des Glaubens zu bemühen, immer zum Scheitern verurteilt sind. Zwar spricht der Text nicht von einem völligen Fehlgehen jeglichen Glaubensausdrucks (denn es wird explizit von „Ähnlichkeiten", also quasi Ahnungen von Gott gesprochen, die der Mensch einsehen kann). Dennoch schwebt die Kluft der Unähnlichkeit über allen Versuchen, die menschliche Glaubensperspektive zu schärfen. Mit diesem Scheitern begegnen wir aber einem Existential, das in manchen religiösen Kreisen bis heute gerne vergessen wird. Zwar richtet sich der Glaube als eine menschliche Perspektive auf ein transzendenzbezogenes Geschehen, „fassen" im Sinne einer endgültigen, eindeutigen und völlig zutreffenden sprachlichen Ausdrucksform wird die glaubhafte Haltung es niemals können. Jener Raum, in dem christliche Hoffnung artikuliert, als „Stückwerk"[37] in sprachlicher Form ausgedrückt wird, ist immer endlich. Die begrifflichen Möglichkeiten des Menschen sind endlich, auch die Gedanken, die damit formuliert werden, können an die Tatsächlichkeit dessen, was wir als „Gott" oder „Transzendenz" bezeichnen, nicht anschließen, ohne in ihrer begrifflichen Schärfe an der Realität Gottes zu scheitern. Was in diesem Konzilsabschnitt ausgesagt wird, ist nichts anderes als ein theologisches Eingeständnis, dass es eine vollständige Klarheit in Bezug auf Gott niemals geben wird. Das Dogma beschreibt die prekäre Existenz aller Gläubigen. Die Sprachformen des Glaubens sind damit Teil eines je scheiternden Prozesses, der jedoch nicht davon ablassen soll, nach neuen Sprachformen zu suchen, um den Glauben auszudrücken. Das „[Dogma] muss sich befragen lassen, ob es seiner Funktion, das Evangelium überhaupt erst zustimmungs- oder ablehnungsfähig und damit glaubwürdig zu machen, gerecht wird und sich – falls es das nicht tut – entwickelt."[38] Was eine solche Entwicklung beinhaltet, ist die brisante Dynamik von Zutreffen und Verfehlen, sie setzt Kritikfähigkeit und ein Bewusstsein der Endlichkeit voraus.

In religiöser Hinsicht bedeutet das auch, dass die scheinbaren Angriffe auf den Glauben etwa durch die Satire für seine Sprachfähigkeit, wenn nicht notwendig, so doch zumindest förderlich sind. Der glaubende Mensch wird immer wieder damit konfrontiert werden, dass sein Glaube nicht alles umfassen kann. Die Geheimnishaftigkeit des Glaubens[39] soll aber gerade keine Rückzugsnische und kein „conversation stopper" in theologischer Hinsicht sein, wohl aber ein Aufruf dazu, mit kritischen und anfragenden Anstößen aus dem „Außenraum" des Glaubens möglichst produktiv und ernsthaft umgehen zu können. „Echte ‚intelligentia fidei' vollzieht sich nur in der ‚Einheit im Mysterium'"[40], was wiederum bedeutet, in den Raum eines nicht vollends auszulotenden Ereignisses einzutreten. Das Lächerlichmachen, das viele Gläubige im Verlachtwerden durch andere erfahren, ist eng verwandt mit dem biblischen Topos des verlachten Christus, der sich selbst der Kritik und der Konfrontation aussetzt, damit aber einen Diskurs über den Inhalt seiner Botschaft ermöglicht. Gleichzeitig sichert ein solches Verlachen als Resultat des Unverständnisses auch einen Reflexionsprozess im Innenraum des Glaubens. Dass sich ein Glaube niemals auf das sichere Podest einer entweltlichten Kritiklosigkeit zurückziehen kann, darauf verweist schon die prekäre Existenz des Jesus von Nazareth; gleichzeitig werden die Gläubigen aber auch in ihrem alltäglichen Existieren auf die Widersprüche und offenen Stellen in ihrem eigenen Bekenntnis hingewiesen. Sowohl das Lachen als auch das Verlachtwerden sind in die Existenz des christlichen Glaubens eingewoben:

> „Das Lachen des Christen ist ein Lachen im Geist des Gekreuzigten Nazareners [...] im Bewußtsein, daß der lachende Christ im selben Moment zu den Verlachten gehören kann wie sein Meister aus Nazaret."[41]

Die christliche Hoffnung auf Erlösung und Vollendung vermittelt sich im Raum der Geschichtlichkeit, durch endliche Menschen, in kontextuellen Grenzen und in gebrochenen Sprachformen, die mit ihrer Unschärfe und Unzulänglichkeit immer hinter dem zurück bleiben, was sie aussagen wollen. Dem Lachen als Ausdruck von himmlischer Freude steht das irdische Risiko des Verlacht- und Verspottetwerdens gegenübergestellt; es ist ein Zeichen der eigenen Begrenztheit ebenso wie der Unmöglichkeit, in der kommunikativen Verkündigung des Glaubens eine positive Verständigung im Gegenüber zu erzwingen. Das betrifft nicht nur die gesprochene und geschriebene Form der zwischenmenschlichen Verständigung, sondern jede Form der Kommunikation. Die Gefahr von Missverständnissen und des Scheiterns ist so präsent, dass sich in den tastenden Versuchen der Versprachlichung des Glaubens immer auch Sackgassen oder Leerstellen der Sprachlosigkeit finden. „In seiner [im Glauben vermittelten] Freude lebt ein Christ nicht gegen die Konflikte, sondern in ihnen, nicht mit dem Rücken zu den Problemen, sondern im Widerstand gegen sie."[42]

Dass diese eigentlich gefährliche Glaubensexistenz zu einer inneren Dynamik angesichts ihrer eigenen Endlichkeit aufgerufen ist, wird gerne übersehen. Jesus jedoch weist in der Bergpredigt darauf hin, wenn er davon spricht, dass Menschen um seinetwillen beschimpft, verfolgt und verleumdet werden (vgl. Mt 5,11). Die Beleidigungen, offene oder implizit lächerlich machende Kritik, denen Christ*innen ausgesetzt sind, machen ihre Rolle in der Geschichte selbst zu einer höchst ambivalenten. Sie werden mit einem Lachen konfrontiert, das den Inhalt der verkündeten Freude mitunter konterkariert. Zugleich aber entspringen zahlreiche Kritikpunkte einer echten und ernsthaften Auseinandersetzung mit Fragen, die nicht einfach ruhig zu stellen sind. Diese erkenntnistheologische Problematik begleitet den schwierigen und komplexen Auftrag der gläubigen Existenz: Aufgerufen zu sein, in die Welt hinauszutreten, mit der Botschaft des Evangeliums aufzutreten, darin aber möglicherweise verkannt und verlacht zu werden, ja aufgrund sprachlicher Unzulänglichkeit und menschlicher Begrenztheit vielleicht sogar an der Sache vorbei zu reden. Auf diese Weise geraten nicht nur Profitheolog*innen in eine schwierige Position, letztlich bewegen sich alle Gläubigen auf einem dünnen Eis.

Lächerlichkeit vor der Eminenz Gottes. Oder: Es liegt nicht (nur) am Menschen

Ist dann aber alle gläubige Rede von und über Gott sinnlos? Wenn Scheitern und Unzulänglichkeit die Existenz der religiösen Menschen bestimmen, ist das nicht Wasser auf die Mühlen derer, die sie verlachen? Mühen sie sich nicht in einer Sache ab, in der es keine befriedigende Antwort gibt?

Kein Geringerer als der große Theologe und Philosoph des Mittelalters, Thomas von Aquin (1225–1274) hat sich in seinem umfassenden Werk mit Fragen beschäftigt, die eng damit verbunden sind.[43] Das Vorhaben, über den Glauben und sogar über Gott zu sprechen, steht mit dem Verweis auf die ständige Gefahr des Scheiterns natürlich knapp an der Grenze der Nichtigkeit: Wenn alles, was wir über Gott sagen, sowieso nicht ganz zutreffend ist und unsere Aussagen immer hinter der Wirklichkeit Gottes zurückbleiben, warum sollten wir uns dann diese Arbeit machen? Sollten wir ausschließlich in einer negativen Art von Gott sprechen, also sagen, wie er nicht ist? Wäre es nicht angemessen über diese Fragen, über die man nicht sprechen kann, zu schweigen, wie das der frühe Ludwig Wittgenstein gefordert hat?[44]

Der Ansatz von Thomas ist etwas komplexer: In seinen „drei Wegen" der Gotteserkenntnis betont der berühmte Dominikaner, dass es den Menschen durchaus möglich ist, Aussagen über Gott zu treffen, selbst wenn diese immer unter Vorbehalt getroffen werden müssen. Sowohl aus der Offenbarung in Jesus Christus, der Heiligen Schrift, als auch aus den Wirkungen, die wir von Gott in der natürlichen Umgebung erkennen können, ließen sich Aussagen über Gott ableiten. Diese „positiven" Aussagen (*via positiva* bzw. *via affirmativa*), die eine zuschreibende Bestimmung in Bezug auf Gott anstellen, sind nicht völlig abwegig – sofern die Quellen, aus denen sie abgeleitet sind (bei Thomas sind dies die Vernunft- und die Glaubenserkenntnis), klar analysiert und ernstgenommen werden. Diese Aussagen gehen nicht vollends an der Sache vorbei, dennoch sind sie als Aussagen der menschlichen Sprache immer in einem begrenzten Begriffsbild und Sprachgebrauch sowie natürlich einem endlichen Geist entsprungen. Insofern verlangt Thomas, dass man diese Aussagen immer unter dem Vorbehalt sieht, dass sie Gott niemals so erklären können, wie er ist. Darum müssen die Sätze immer wieder verneint werden (via negativa). Was aber nun? Die Aussagen treffen zu, obwohl sie eigentlich nicht zutreffen? Deshalb bietet der „Aquinat" noch einen dritten Weg an, der einerseits erklärend wirkt, gleichzeitig auch in gewisser Weise die menschliche Unzulänglichkeit entlastet: Dass die Sätze nicht zutreffen bzw. Gottes Wesen nicht vollständig zu erfassen vermögen, liegt nicht an den Menschen – sie trifft keine Schuld daran, dass sie Gott nicht erklären können; dieses entspringt vielmehr ihrem Wesen als endliche Geschöpfe. Vielmehr ist Gott als das höchste Sein für den menschlichen Glauben nicht einfach einsehbar, seine Majestät und Hoheit treten immer über das hinaus, was die Menschen von ihm erkennen können.[45] Das Scheitern der Menschen liegt nicht zuletzt daran, dass die Formen der Gotteserkenntnis immer in einem geschichtlichen Rahmen bleiben: Dies trifft sowohl auf die „natürliche Gotteserkenntnis" zu, die aus den Zusammenhängen in der Welt auf ihren Schöpfer schließt, als auch auf die Selbstmitteilung Gottes in Jesus Christus. Nicht, dass Jesus vor Gott etwas verheimlicht hätte, aber auch seine Worte, die er den Menschen über Gott mitgeteilt hat, wie etwa die Vater-Anrede, bergen als irdische Begriffe Raum für Missverständnisse: Gott ist nicht Vater im menschlichen Sinn. Er ist kein Vater, der seine Kinder schlägt, die Mutter verlässt oder dem Alkoholismus verfällt. Gott ist Vater in einem übertragenen Sinn, der zwar in gewisser Weise zutrifft (via affirmativa), aber zugleich hinter dem, was Gott wirklich ist, immer zurückbleibt (via negativa). Das Sein Gottes ist einfach zu „groß", als dass es mit menschlichen Begriffen abgebildet werden könnte.[46]

Dieser Ansatz ist nun für unsere Problematik sehr bedeutsam. Schließlich wird darin nicht zuletzt klargemacht, dass menschliche Annäherungen an das Göttliche immer mit der eigenen Begrenztheit konfrontiert sind, ja mit der Einsicht, dass sie sowohl in Bezug auf Gott als auch in Bezug auf die Verständigung mit den Menschen fehlgehen können. Die religiöse Existenz, das Bewusstsein des Glaubens ist immer damit verbunden, dass es Stückwerk bleibt. So bleiben aber auch die Verkündigungsarbeit von Gläubigen, die Bemühungen von Religionsgemeinschaften wie auch die zahllosen Bücher der Theologiegeschichte ein grenzloses Unterfangen in bleibender Begrenztheit. Es wimmelt nur so von Zwei-, Mehr- und Uneindeutigkeiten, die Expressionen in Wort und Schrift bleiben nie mehr als tastende Versuche, eine Ahnung vom Unfassbaren zu vermitteln. Verstehen Sie mich nicht falsch: Ich halte diese Unternehmungen unzähliger Denker*innen für höchst notwendig und inspirierend. Und dennoch zeigen die Sackgassen, Wendungen, Umwege und manchmal völligen Neukoordinationen der Religionsgeschichte, wie fragil und mitunter abenteuerlich die Suche nach einer adäquaten Sprache bleibt. Und über all diesen Unternehmungen bleibt trotzdem der Schatten jener Transzendenz (im christlichen Sinne „Gott"), die all diese Versuche zwar begleitet, aber zugleich als unzureichend markiert. „Der Witz in der Theologie liegt darin, daß der Ernst, um den es geht, den Menschen übersteigt."⁴⁷ Diese Transzendenzbewegung geht nicht vom Menschen aus, der Gott durch seine Begriffsstutzigkeiten vertrieben hätte. Christlicherseits ist es aber auch nicht so, dass Gott sich als der dunkle Herrscher in seinem himmlischen Thron verschanzt, damit er nicht erkannt wird – schließlich glauben Christ*innen an die Offenbarung, in der Gott mit den Menschen auf geschichtliche Weise in eine Kommunikation eingetreten ist. Damit stehen wir in der Spannung, dass den Menschen etwas abverlangt wird, das sie nicht vollends einlösen können. Sie sind in der Vorzeitigkeit dessen eingebunden, was wir geschichtliche Bedingtheiten oder Kontingenz nennen. Was bleibt, ist religiöserseits der Glaube, dass sich das geschichtliche Tasten irgendwann einmal in eine Erkenntnis umwandeln wird, wobei im christlichen Glauben auch deutlich wird, dass dies vollends nur jenseits der Geschichte bzw. jenseits des Irdischen und nur auf Anstoß Gottes geschehen kann: „Dieses Stückwerk wird erst dann zu einem Ganzen, wenn der Glaube in ein Schauen verwandelt wird, von Angesicht zu Angesicht (1Kor 13,12) Dann aber braucht man keine Dogmen mehr[.]"⁴⁸ Was Seewald hier beschreibt, ist nicht Grund dazu, jegliche Form des religiösen Glaubens aufzugeben, ihn wohl aber in seiner Begrenztheit ernstzunehmen. Wir sollten auch an dieser Stelle nicht vergessen: Glaube, Religion und Theologie beschäftigen sich über weite Strecken mit ernsten Fragen, die die Menschen bewegen. Das sind keine Lächerlichkeiten, vielmehr geht es um Leiden, Tod, Verlust, Schuld und Unheil, die reflektiert werden. Es liege fern, dass wir alles religiöse Sprechen in den Raum sinnloser Lächerlichkeit zerren, vielmehr sollten wir es ernstnehmen als eine Reflexion über Fragen und Hoffnungen, Trauer und Ängste von konkreten Menschen⁴⁹, die zwar das Leid und die Freude der Menschen nicht vollends lösen oder ausleuchten, wohl aber thematisieren und zur Sprache bringen können. Insofern ist es eine Aufgabe, den blinden Fleck des Religiösen auszuloten, ihn als das wahrzunehmen, was er ist: Keine Frage der Schuld oder der Sinnlosigkeit, sondern eine Form der bleibenden Ambivalenz, die schon in der biblischen Erfahrung des Ersten Testaments in Erfahrungen von Exil und Heimkehr, Glaube und Glaubensverlust, Sieg und Niederlage reflektiert ist. Diese zutiefst menschlichen Erfahrungen finden sich auch in der Spannung, die das jesuanische Leben und Wirken ausgezeichnet hat und die in den Evangelien transportiert wird. Die Ambivalenz des Sprechens von Gott, die zweifelhafte und zerbrechliche Glaubensexistenz wird damit aber auch zu einem Auftrag des Lernens und der Selbsterkenntnis. „Das Leben und das Wissen sind prinzipiell unabschließbar, letztlich unbestimmbar. […] Sie bewältigen nur das Problem des Unbeobachtbaren. Der blinde Fleck aber ist und bleibt systemimmanent."[50]

Somit wird die gläubige Existenz der Menschen zu einer knallharten Probe: Das Leben in einer Hoffnung, die nicht eingeholt werden kann. Die Ambivalenz dieser Situationsbestimmung ist prekär, weil es den ganzen Menschen in Anspruch nimmt. Für religiöse Menschen heißt das aber auch, dass ihr Dasein von der dauernden Gefahr umstellt ist, in der Ambivalenz aufgerieben zu werden. Noch einmal Franz Gruber:

> „In dieser Differenz liegen Größe und Schicksal jeder Religion: Stellt sie ihre Bestimmungen an die Stelle der unbestimmbaren Transzendenz, wird sie Götzendienst. Verstummt sie völlig vor der Unbestimmbarkeit von Transzendenz, löst sie sich als Kommunikation [auf]."[51]

Dass diese Ambivalenz wiederum keine theoretische Turnübung gelehrter Theologiekreise ist, davon zeugen nicht nur die Lebensgeschichten zahlreicher heiliger Menschen[52], sondern der Theologe des Mittelalters schlechthin. Als Thomas von Aquin gegen Ende seines kurzen Lebens nach einer Eucharistiefeier am Nikolaustag 1723 all sein Arbeiten unvollendet abbrach, distanzierte er sich gegenüber seinem treuen Sekretär Reginald von Piperno von seinem ganzen Schaffen: „Ich kann nicht mehr. Alles, was ich geschrieben habe, kommt mir vor wie Stroh im Vergleich zu dem, was ich gesehen habe und mir offenbart worden ist."[53] Ja, da hat es den großen Denker tatsächlich erwischt. Sein Schweigen ist vielsagend, es transportiert eine fundamentale Einsicht in die fragile Existenz des Glaubens. Dabei markiert es nicht nur in seinem biografischen Vermächtnis eine Bruchstelle, sondern wirkt mahnend für die gesamte Theologie: Das Bewusstsein, dass seine theologischen Arbeiten immer hinter dem zurückblieben, auf das sie bezogen sind, löste in ihm eine Form lethargischer Arbeitsunfähigkeit aus. Nicht, dass er sich und sein Arbeiten zuvor überschätzt hätte. Wir wissen vielmehr aus seinen Schriften sehr genau, dass er selbstkritisch und überaus demütig war. Dennoch blieb sein großes Hauptwerk, die „Summa Theologiae" unvollendet. Dass dieser Mensch im 19. Jahrhundert von einigen kirchlichen Kreisen zum unhinterfragten Helden der Theologiegeschichte erhoben wurde, hat etwas Komisches an sich: Jener Denker, der mit sich und seiner Arbeit am Ende des Lebens so hart ins Gericht gegangen ist, sollte auf einen Sockel gehoben werden, der ihn unantastbar erscheinen lassen sollte. Ironie scheint an dieser Stelle durch: Wer sich (oder andere) unangreifbar machen möchte, offenbart darin nicht selten eine innere Verletzlichkeit. Was Thomas am Ende seines Lebens im Schock seiner Glaubenserfahrung konsequent durchgezogen hatte, nämlich die Versuche des „letzten Wortes" in Bezug auf Gott zu unterlassen, das wurde im Umgang mit seiner Theologie lange Zeit vergessen bzw. verdrängt. Das Scheitern tritt nicht dort ein, wo die eigene Unzulänglichkeit eingestanden wird, sondern dort, wo die Sehnsucht nach dem rettenden Anker, nach einem sprichwörtlichen Schlussstein im Gewölbe der theologischen Lehrgebäude so groß wird, dass man nach einem gewichtigen Felsen sucht – und damit ist nun nicht die Leibesfülle des Thomas gemeint.

Zwischen Segen und Fluch. Religiöse Existenz am Abgrund der Ironie

Der US-amerikanische Theologe Reinhold Niebuhr beschäftigte sich in seinem Buch „The Irony of American History"[54] mit dem Auseinanderklaffen der Vereinigten Staaten als geschichtliche Realität und ihrer in der Verfassung bzw. der patriotischen Identität grundgelegten Vision ihrer selbst. Sein Ansatz in Bezug auf Ironie ist in diesem Zusammenhang berühmt geworden: Ironie bezeichne die Erfahrung von Inkongruenzen im Leben, wobei diese für die Personen, die diese Zwiespältigkeiten erleben, nicht einfach einsehbar sind. Eine ironische Begebenheit ergäbe sich demnach für Niebuhr, wenn Menschen in das genaue Gegenteil dessen stolpern, das sie ursprünglich intendiert hätten, ihnen dies aber in vielen Fällen nicht einmal bewusst ist.[55] Je heldenhafter, unangreifbarer und tugendhafter sich viele Menschen inszenieren wollen, umso lachhafter drohen sie zu wirken. Im Unterschied zu einer reinen Komik, in der die Divergenzen offensichtlich und für alle sichtbar zutage treten, fände man bei ironischen Situationen oder Personen eine Tendenz, diese zu verkennen: Eine Person, die nicht weiß, dass sie mit ihrem Handeln das genaue Gegenteil dessen realisiert, was sie will, sich dabei aber vollends von sich selbst überzeugt zeigt, handelt in diesem Sinne ironisch.

Der Grund, dies hier zu erwähnen, liegt im Buch des protestantischen Theologen Niebuhr selbst, wenn er betont, dass „der christliche Glaube die ironischen Situationen der Menschen [erklären möchte, aber ...] in vielen Situationen selbst wieder ironisch abdriftet."[56] Beispielsweise war für Niebuhr der Versuch, die Ambivalenz des Menschseins mit dem klassischen Verweis auf das Böse zu erklären, wiederum ein ironischer Ausdruck, weil der Konnex zu einer Macht außerhalb des Menschen im Letzten gar nichts erklären könne. Erklärungen des Unerklärlichen würden die Sache nicht leichter machen, sondern in vielen Fällen wiederum nur verkomplizieren. Definitionen von Glaubensinhalten, von Zusammenhängen und scheinbaren Lösungswegen würden vielerorts als begriffsstarke Spitzfindigkeiten vorgestellt werden, dennoch aber keine Entlastung oder Lösung in den ambivalenten Situationen des Menschseins liefern. Niebuhr betont deshalb auch, dass theologische und religiöse Erklärungen mit äußerster Demut und Vorsicht getätigt werden sollten, nicht aber als definitive Erklärungen und Rechtfertigungen. Scheinlösungen für die Komplexitäten des Lebens würden die Drangsal und Sprachlosigkeit, die Verzweiflung und Orientierungslosigkeit eher verstärken. Denn an der ambivalenten Rolle menschlicher Geschichte und der Fragilität irdischer Situation können auch solche „Erklärungen" nichts ändern – vielmehr würden sie sie in einigen Fällen sogar verschlechtern und selbst zu einem Ausdruck blanker Ironie werden. Mit Franz Gruber:

> „[U]nsere Kommunikation [ist] vom Betrug, von der Lüge, vom Irrtum durchsetzt. Ironie deckt das auf narrative Weise auf. […] Das Höchste der Religion ist aber zugleich ihre größte Gefahr: das Sprechen ‚im Namen Gottes'. Denn es ist menschliche Rede."[57]

In dieser Perspektive scheint christliches Leben, Glauben, Denken und Sprechen nicht nur in Ambivalenzen eingewoben zu sein, sondern es steht am Abgrund der eigenen Verkehrung ins Gegenteil. Die größte Gefahr aber liegt darin, dass sich die Gläubigen dieser ständig drohenden Verkehrung ihrer tiefsten Haltung wenig bis gar nicht bewusst sind. Allzu leicht kann sich die Überzeugung von Glauben, Hoffen und Lieben in ihr Gegenteil verkehren. Allzu leicht kann eine Predigt über Hoffnung zur Verbitterung über die Gegenwart führen, ein Akt scheinbarer Liebe sich als Abhängigmachen oder als Machtspielchen entlarven oder der Glaube in ein fanatisches Scheinwissen umschlagen, das aus Angst vor Zweiflern alles außerhalb seiner vernichten möchte. Diese Lage gläubiger und religiöser Existenz ist im Grunde nicht zum Lachen – hier geht es um harte Interessenskämpfe, um Ignoranz und zwischenmenschliche Tiefschläge. Das Leiden von Menschen, ihre Hoffnungslosigkeit, ihr Verderben und ihr Tod sind in solche ironischen Verkehrungen eingeschlossen, die gar nichts zum Lachen an sich haben. Nicht nur in der Geschichte hat sich religiöser Hochmut zu fatalen Auswüchsen in zwischenmenschlicher Hinsicht verwandelt. Scheitern ist nicht nur in der Vergangenheit ein Thema, es wird sich auch in der Zukunft nicht einfach ausschalten lassen. Man sollte offen bekennen, dass das Christentum wie jede andere Religion auch ein Hochrisikounternehmen ist, das immer Gefahr läuft, an den eigenen Versuchen zugrunde zu gehen. Wenn sich das Sprechen von Jesu Botschaft in leere Worthülsen verwandelt, wenn die praktischen Weisungen seines Wirkens und sein lebendiges Beispiel zu bloßen Textverweisen in Büchern oder einfachen Absichtserklärungen verkommen, dann ist es notwendig, tatsächlich von einem ironischen Verfehlen der Botschaft Christi zu sprechen.

Diese Selbstrelativierung religiösen Sprechens und gläubiger Existenz sind keine Form von Relativismus, sondern Ausdruck einer Bereitschaft, aus der Erfahrung des Ironischen zu lernen und mit der nötigen Vorsicht mit dem Ernst der menschlichen Fragen umzugehen. Die ironische Aufdeckung dient somit auch der tieferen Beschäftigung mit diesen Ambivalenzen und den Gefahren einer höchst brisanten Haltung im Menschsein.[58] Ironie ist somit nicht nur die zwielichtige Lage, in der die Fragilität des Menschen eingewoben ist, die Gefahr der Umkehrung des eigentlich Intendierten, sondern sie wird auf diese Weise auch zu einem Programm des Lernens an sich selbst. So gesehen vereint die Ironie in Bezug auf das Religiöse nicht nur den drohenden Abgrund des Scheiterns, die theologische Unzulänglichkeit sowie die Mahnung menschlicher Begrenztheit, sondern sie impliziert auch einen – wenngleich vorsichtigen – Ausblick auf das erlöste Lachen, der verheißenen Teilhabe an der Freude Gottes. Somit begegnet uns auch in diesem Abschnitt das Lachen in theologischer Hinsicht als höchst komplexes Geschehen, das jenseits aller Sicherheiten liegt, immer mit einer gehörigen Portion Risiko, Unsicherheit und Brisanz aufgefunden wird, stehts im Wissen darum, dass das berühmte „letzte Lachen" menschlicherseits nicht einzulösen und vorherzusehen ist, sondern als unberechenbares Ereignis immer jenseits letztgültiger Bestimmbarkeit angesiedelt bleibt.

Diese erkenntnistheologischen Einsichten binden den blinden Fleck jeglicher Rede von und über Gott auf die fundamentale Erfahrung menschlicher Existenz zurück, die als Bedingtheit und Begrenztheit vermittelt ist. Es bleibt ein nicht zu schließender Leerraum, der auf das göttliche Mysterium als Geheimnis[59] Bezug nimmt, diese Schaltstelle gläubigen Lebens und göttlicher Entzogenheit aber produktiv bearbeiten kann, indem sie es eben als Leerstelle markiert und nicht zu schließen versucht. Wer den Ort der nicht zu schließenden Leerstelle als den des Eigenen annehmen kann, verfügt über die Kompetenz, mit dieser Leerstelle umgehen zu können, weil sie nicht beseitigt und gefürchtet werden muss. Auch darin liegt Tragik und Ironie der Theologie: „Das Bewußtsein des Komischen muß nicht unbewußt sein. Das Bewußtsein des Komischen ist Meta-Bewußtsein."[60] Insofern ist die Kenntnis der Grenzen, das Aushalten der Ambivalenzen und der eigenen Hinfälligkeit ein Lernen, das der ironischen Existenz weder ausweichen, noch sie vermeiden muss, sondern annehmen kann. Lachen kann in dieser Hinsicht etwas Befreiendes haben, ohne dass man die Tragik der eigenen Situation leugnen müsste.

Der Witz der Geschichtlichkeit. Humor als Medikation der Verzweiflung?

Es ist jüdische Vorschrift, dass beim traditionellen Pessach-Mahl ein hart gekochtes Ei verspeist wird. „Beitzah" – so eine ungefähre Lautübersetzung des Hebräischen– gehört als wichtige symbolische Verarbeitung von Trauer und Gram über die Zerstörung des Tempels einfach dazu. Die gesamte Tafel ist mit derartigen rituellen Speisen gedeckt. Zu ihnen gehören Bitterkräuter, ungesäuerte Brote ebenso wie roter Wein, Salzwasser, grüne Kräuter und anderes mehr. Die Vorschriften dieser jüdischen Feiertradition tragen die Kennzeichnung geschichtlich-theologischer Reflexion in sich. Rückbindung, Vergegenwärtigung und Verarbeitung der erfahrenen Geschichtsmomente rund um den Auszug aus Ägypten werden im gemeinsamen Essen auf symbolische Art nochmals erfahren, sowie in Verbindung mit den biblischen Texten mit der eigenen Identität verbunden. Das Ei ist jedoch nicht nur Teil des liturgischen Geschehens im Festmahl, sondern auch Gegenstand eines sehr bekannten jüdischen Aphorismus. Auf die Frage, warum denn die Juden am Sederabend hart gekochte Eier essen würden, soll ein Rabbi sinngemäß geantwortet haben: „So wie ein Ei immer härter wird je länger man es kocht, so ist es auch mit dem jüdischen Volk: Je mehr Prüfungen es unterworfen wird, umso stärker wird es."[61]

Der jüdische Humor ist legendär. Zahlreiche jüdische und außerjüdische Publikationen beschäftigten sich mit seinem Aufbau, seiner Wirkung[62], am liebsten werden die Witze und Episoden aber einfach nur erzählt.[63] Seine besondere Schärfe, Tiefgründigkeit, Doppelbödigkeit tragen viel zur einzigartigen Wirkungsgeschichte dieser humorvollen Erzählart bei. Die höchst brisante und schicksalhafte Geschichte des jüdischen Volkes als eine Erfahrung zahlreicher Formen von Unterdrückung, Verfolgung und Vernichtungsversuchen, macht den anderen Teil der genuinen Wechselwirkung dieser Komik aus: Der jüdische Witz ist nie nur ein bloßes Verlachen von Situationen, sondern immer auch eine Auseinandersetzung und Verarbeitung der erfahrenen Wirklichkeit. In den lustigen Erzählungen, Aphorismen oder Pointen setzen sich Jüdinnen und Juden mit der eigenen Situation und der eigenen Geschichte auseinander, nicht zuletzt auch mit Episoden, in denen es eigentlich gar nichts zu lachen gibt. „Jüdischer Humor ist oft ‚lachen, um nicht zu weinen'."[64] Unser Augenmerk liegt hier vor Allem in der Funktion, die diese Form der Geschichtenerzählung für die betroffenen Menschen hat. Denn mit der Einbettung in den Zusammenhang des Komischen finden die tragischen Begebenheiten der jüdischen Geschichtserfahrung kein Ende, das Leid bleibt Leid, die Unterdrückung wird deshalb nicht weniger, weil man Witze über sie erzählt – die Gefahr dürfte vielmehr real sein, dass die Situation dadurch schlechter wird.

Dennoch ist es zu einer wahren Tradition im Judentum geworden, sich der leidvollen Erfahrungen – nicht nur, aber auch – auf witzige Weise zu nähern: Die Geschichte des jüdischen Volkes ist voll von negativen Erfahrungen, von Verschleppung, Raub, Mord und Verfolgung. Bei der Verarbeitung dieser Episoden wurde der Humor zu einem wichtigen Schlüsselinstrument: Nicht die Negierung oder die Flucht davor, sondern der Blick in die ambivalenten und tragischen Erfahrungen, die Konfrontation mit dem eigentlich Unfassbaren, lieferte hier eine Basis für den jüdischen Witz. Dadurch wird das Geschichtenerzählen zu einer Form von religiös basierter Identitätsarbeit, eine selbst höchst ambivalente Form, um mit den Zweideutigkeiten, Unwegsamkeiten und Leidenserfahrungen des Lebens umzugehen.[65] Im Bekenntnis der Ambivalenz der eigenen Geschichte verflechten sich das Bewusstsein um die Angreifbarkeit religiöser Bekenntnisse mit dem Festhalten an einer transzendenten Relationsgröße, die nicht ohne Weiteres in die geschichtlichen Relativitäten eingebunden ist, zu einer komplex situierten Existenzbewältigung. In ihm vereinen sich Widerstand und Ohnmachtsgedanken, die beiden Pole von Aktivität und Passivität finden in der humorvollen Selbstreflexion einen gemeinsamen Grund in der geschichtlichen Kontingenz. Das erfahrene Leid wird zum Anstoß, sich nicht mit dem Tiefpunkt des Erlebens in einen emotionalen Abgrund ziehen zu lassen. Im Negativen erwächst auf diese Weise ein Pflänzchen des Zutrauens, eine Identität, die die Widrigkeiten des Lebens annehmen kann, ohne sie gutheißen oder einfach überwinden zu können.

> „Wenn große Katastrophen auch nur schwerlich zu einer humorvollen Sicht der Dinge anregen, konnte der Humor doch eine Form von Widerstand gegen die kleinen Verfehlungen des Alltags oder gegen das Elend des Ghettos bilden."[66]

Was uns hier im Kontext des berühmten jüdischen Witzes begegnet ist, wird mitunter auch als die „Kompensationstheorie" des Humors bezeichnet.[67] Witz als Form der Selbst- und Weltbewältigung begegnet uns tatsächlich in sehr vielen unterschiedlichen Kulturen, erfüllt dabei einen genuin existentiellen Zweck: In der humorvollen Positionierung gegenüber der widrigen Welt und Wirklichkeit wird eine Form der inneren Distanznahme geschaffen – mit dem lachhaften Zugang wird eine Perspektive geschaffen, die nicht ohne Weiteres beim ersten Betrachten einer eigentlich tragischen Situation aufleuchtet. Die menschliche Ohnmacht in zahlreichen Situationen wird thematisiert, ohne explizit zur

Sprache zu kommen, dabei aber auch ein kreativer Ausweg aus möglicherweise aussichtslosen Situationen geschaffen. „Anders gesagt: Der Witz schafft Koexistenz mit einer Welt, unter deren Widersprüchen man leidet, ohne sie wirklich ändern zu können."[68] Der Zugang zur Wirklichkeit durch Lachen hat insofern eine existentiell-beruhigende Wirkung, gleichzeitig aber auch einen kreativ-schöpferischen Aspekt, weil er einen Blickwechsel und darin einen Perspektivenwandel jenseits der scheinbaren Unentrinnbarkeit ermöglicht: Eigentlich eröffnet der Humor in den Situationen von Not, Unterdrückung und Leid einen perspektivischen „Exit" aus der schieren Bedrängnis. Komik wirkt in diesen Situationen als eine Verarbeitung der Umstände sowie als eine Modifizierung der eigenen Perspektive gegenüber den Grenzen des Faktischen. Nicht, dass durch diese kompensatorischen Witze das Leid geringer werden oder die Trauer einfach verschwinden würde, doch wird eine alternative Sichtweise ermöglicht – und zwar an einem Ort, an dem man sie nicht erwarten würde.

Deshalb kann man Rudolf Lüthe wohl auch im Hinblick auf die theologischen Implikationen dieses Lachens zustimmen, dass „das Lachen und mit ihm das Komische und der Witz [...] Ausdrucksformen einer ‚Urtugend' des Menschen, seines Willens nämlich, [seien,] seine Unzulänglichkeit einerseits in aller Bescheidenheit/Demut zu akzeptieren, ihr aber andererseits zugleich auch nach Kräften entgegenzutreten."[69] Von der religiösen Dimension dieser Humorformationen her kann man wohl davon sprechen, dass hier die menschliche Situation mit der Alterität, der völligen Andersheit der Transzendenz, in Verbindung gebracht und somit entgrenzt wird: Den Einschränkungen, Ambivalenzen, tragischen und leidvollen Momenten des Lebens wird begegnet, indem man ihrem endlichen Rahmen eine Bezugsordnung des Religiösen hinzuschaltet. Diese Perspektive erinnert oberflächlich durchaus an die von Karl Marx bezeichnete Kritik der Religion als „Opium des Volkes"[70], dennoch ist sie mehr als eine bloße „Vertröstung" – sie ist harte Identitätsarbeit, in der die eigene Lage in der Geschichte reflektiert und auf einer metanarrativen Ebene verarbeitet wird.[71] Der Humor, der hier eine Rolle spielt, entfaltet durchaus ein Erkenntnismoment, das die Selbstrechtfertigung menschlicher Identität und Integrität auch angesichts der mitunter widrigen Umstände der Geschichte aufrecht erhält. Die tragisch-komischen Motive sind hier nicht selten eine Form von Widerstand gegen das (scheinbar) Übermächtige, die Bearbeitung des abgrundtief Leidvollen erfolgt mit der Relativierung nicht nur des Leidens, sondern der eigenen geschichtlichen Position selbst. Der Kern dieser komisch-ironischen Verarbeitung der eigenen Situation ist nicht, dass bloß über das Gegenüber bzw. die Unterdrückenden gespottet wird, sondern dass man in diesen Spott selbst eingeschlossen ist: Das Lachhafte ist nicht nur ein Makel, der aus einer religiös definierten Überlegenheit des Eigenen heraus bei anderen gesucht wird, sondern die Komik beschreibt zu einem Gutteil auch die eigene Lage in der Geschichte. Dies bedeutet aber, dass es in der religiösen Sicht der Wirklichkeit nicht nur die oben beschriebene erkenntnistheologische Einsicht in die menschlich begrenzte Lächerlichkeit gibt, sondern auch eine existentiell begründete Ambiguitätstoleranz, in der der Mensch mit den Widersprüchen in seinem täglichen Leben umgehen kann. Das Selbsterleben des Menschen wird so auch auf theologische und religiös-existentielle Weise ein Ort der kritischen Selbstbetrachtung: Die „Funktion des Witzes und der Komik [bestehen] darin, dem Scheitern des Menschen und seiner Unzulänglichkeit einen angemessenen Platz im Rahmen seines (skeptisch geprägten) Selbsterlebens zu geben."[72] Deshalb ist es für diese Form des religiös codierten Lachens von größter Bedeutung, wer diese Witze – bleiben wir beim Beispiel der jüdischen Pointen – erzählt: Es ist gerade die Innenperspektive, die Zugehörigkeit zur jüdischen Gemeinschaft, die diesen humorvollen Erzählungen und Geschichten ihre identitätsstiftende Funktion gibt. Das bedeutet aber auch, dass es durchaus hoch problematisch sein kann, wenn plötzlich Nicht-Jüdinnen/Nicht-Juden Witze über die jüdischerseits erfahrenen Verfolgungen oder Unterdrückungen (nach) machen. Es muss nicht einmal eine antisemitische Intention vorhanden sein, um einer klassischen „Themenverfehlung" zu unterliegen. Die jüdischen Witze gehören zur Geschichte und Aufarbeitung einer ganz bestimmten Erfahrung, weshalb sie beides sind: Zeichen für eine kreativ schöpferische Aufarbeitung und Mahnung für die Opfer der erlittenen Unrechtssituationen – Auftrag und Bestärkung auf jüdischer Seite, Anstoß und Schockelement für die nicht-jüdische Welt. Wer sich als „Unbeteiligte*r" einem solchen Witz nähert und ihn nacherzählt, kann sehr schnell in das Fahrwasser einer falsch verstandenen Inanspruchnahme jüdischer Tradition oder noch schlimmerer Missverständnisse kommen.

Humor bleibt auch in seiner förderlichen Funktion eine höchst missverständliche und gefährliche Erscheinung: Es ist nicht irrelevant, wie man sich humorigen Episoden nähert, wer die handelnden Personen sind oder wer sich in Form von Witzen über ein Szenario bzw. einen Sachverhalt lustig macht. Wo Innen- und Außenperspektive aufeinandertreffen, gibt es nicht nur enorme Reibungsflächen, sondern es stellt sich auch die Frage nach Berechtigung und Anspruch der humorvoll dargebrachten Kritik: Darf jeder humorvoll über das menschliche Scheitern sprechen? Wird es zu einer Beleidigung christlicher Tradition, wenn nicht-christliche Gruppen auf die blinden Flecken christlicher Theologie hinweisen, pointiert scheinbare Selbstwidersprüche zur Sprache bringen oder auch nur einfach aus der Zeit gefallene Argumentationsmuster durch den Kakao ziehen? Sie sehen schon: Wir nähern uns zunehmend dem episodenhaften Ausgangspunkt unserer Überlegungen an, der sich mit den beleidigenden Zeichnungen des Pariser Satiremagazins „Charlie Hebdo" beschäftigt hat. Die Infragestellung der menschlichen Position wird noch einmal brisanter, wenn die Komik nicht mehr die betroffenen Menschen(gruppen) selbst anstellen, sondern wenn die Anstöße und Lächerlichkeiten von außen getätigt wird. Dieses „Lachen über" hat eine mindestens ebenso problematische Geschichte wie das Christentum im Umgang mit dem Komischen im Allgemeinen – es ist jedoch nicht nur auf einen bestimmten Kultur-, Spiritualitäts- oder Religionskreis begrenzt.

5. Fels in der Brandung?
Oder: Hört bei Gott der Spaß wirklich auf?

> „‚Metatron ist sozusagen das Sprachrohr Gottes. Wo immer geschrieben steht, dass irgendwelche Trottel behaupten, Gott hätte zu ihnen gesprochen, haben sie mit mir gesprochen. Oder sie haben Selbstgespräche geführt.'
> ,Wieso spricht er nicht selber?'
> ,Menschlichen Wesen fehlt [...] das Fassungsvermögen der Ehrfurcht einflößenden Stimme Gottes standzuhalten. Solltest du sie vernehmen, dann würde [es ...] dein Herz in der Brust zerreißen. Wir haben 5 Adams verbraucht, bevor wir das raushatten.'"
> (Zitat aus dem Film „Dogma")[1]

Mediale Provokationen: Gott als Frau, ein 13. Apostel und ein homosexueller Jesus

Von enormen Protestwellen bis hin zu Morddrohungen, Boykottaufrufen und Blasphemie-Vorwürfen reichten die Reaktionen, als Kevin Smiths Film „Dogma" 1999 in die US-Kinos kam.[2] Der – katholisch aufgewachsene – Regisseur nimmt in seinem Film zahlreiche Anleihen aus der Welt des christlichen Glaubens, er entwirft eine Geschichte zwischen religiöser Fiktion, Mythologie und humoristischer Apokalypse: Zwei Dämonen wollen mithilfe eines katholischen Generalablasses, der beim Betreten einer Kirche gewährt wird, ihrer Verbannung aus dem himmlischen Reich entkommen. Damit aber rühren sie an der Unfehlbarkeit Gottes, da sie dessen Urteil aushebeln würden, was wiederum den Untergang der gesamten Schöpfung auslösen würde. So komplex die Geschichte vielleicht klingt, so einfach ist ihre innere Textur: Es geht um die Frage, ob sich Gott irren kann bzw. ob durch Fehler der irdischen Gemeinschaft der Kirche Konsequenzen heraufbeschworen werden können, denen Gott selbst ausgeliefert ist.

Neben diesem Plot geizt der Film nicht mit religiös gefärbten Vorurteilen gegenüber dem Christentum – wenn etwa der letzte weibliche Nachkomme Jesu eine zentrale Rolle spielt –, fügt aber auch gezielte Seitenhiebe auf die Welt christlichen Glaubens ein, die durchaus theologisches Konfliktpotential in sich tragen: So etwa, dass Gott eigentlich eine Frau ist, wohl aber als alter Mann erscheint, wenn er – in diesem Falle also sie – auf der Erde auftritt. Daneben wartet der Film mit einem dunkelhäutigen 13. Apostel auf, der pointiert darauf hinweist, dass Jesus nicht weiß, sondern farbig war; außerdem begegnet man unerwartet tiefsinnigen Gesprächen der beiden gefallenen Engel. All diese Aspekte bringen trotz ihrer humorig einfachen Aufmachung sehr deutlich theologische Problempunkte ins Spiel, deren Lösung alles andere als einfach erscheint: So stellte etwa Thomas von Aquin in seiner Behandlung der Frage nach dem Sein Gottes[3] bereits klar, dass es bei Gott so etwas wie Geschlecht oder materielle Unterschiede nicht gibt. Dennoch konfrontiert der Film etwa in der weiblichen Gottesrolle (dargestellt von Alanis Morissette) schonungslos mit den maskulin überformten Gottesbildern der Geschichte sowie der Gegenwart. Zudem wird das bereits angesprochene Problem der kulturell und kontextuell geprägten Jesusbilder, deren ethnischer Einordnung und die Frage nach dem historischen Jesus thematisiert.[4]

Der Film macht auf spielerisch-unterhaltsame Weise durchaus theologische Pointen und Fragestellungen sichtbar, gleichzeitig wurde diese Thematisierung auch als Angriff auf die religiöse Lehre gesehen.[5] Das macht den Film problematisch wie interessant zugleich – von der komischen Wirkung der Witze einmal abgesehen. Die herausfordernde Wirkung dieser ungewohnten Bilder, die Verzerrung und Übersteigerung längst überkommener religiöser Vorurteile, brachen das Schweigen, indem sie es auf verzerrend witzige Weise ins Bild setzten. Damit aber legte Kevin James nicht nur den Mantel des Schweigens und die Scheuklappen manch theologischer Kreise ab, sondern er überschritt Grenzen und rüttelte an den Gefühlen religiöser Selbstverständlichkeit. Man muss den Film nicht lustig finden, um die theologisch provokante Formationslinie zu sehen, man muss die Problematik der angesprochenen Themenstellungen nicht einmal kennen, um dennoch zu sehen, dass damit echte Kernfragen religiösen Glaubens angesprochen werden. Der bissige Spott kann als wirkliche Anfrage an die Gottes- und Menschenbilder verstanden werden, die er thematisiert. Damit wird der Film aber zu mehr, als billiger Klamauk vermuten ließe: Die Empörungswellen aus allen Teilen der Welt machten deutlich, dass hier ein Nerv getroffen wurde, der auch theologisch aufgearbeitet gehört; der Witz weist auf die toten Winkel kirchlich-theologischer Lehren hin, weil er sie an die eigene Lächerlichkeit rückbindet. Die Entrüstung bildet eine Reaktionsfläche, die religiös und theologisch eingeholt werden muss. Oder, wie es bereits Erasmus von Rotterdam in seinem berühmten „Lob der Torheit" trefflich formuliert hat: „Sollte sich jemand getroffen fühlen, bekennt er sich damit eben schuldig oder hat Angst davor, es zu sein."[6]

Enttäuschung und Selbsterkenntnis. Der theologische Raum der Empörung

> „Am Anfang war das Wort.
> Dann muss es ihm die Sprache verschlagen haben"
> (Heinrich Wiesner)[7]

Oftmals sind es nicht die lauten Widersprüche, die äußerst bedrängend wirken. Empörung als Resultat innerer und äußerer Schockmomente kann unterschiedlichste Formen annehmen. Die Bedrängnis bleibt die gleiche, unabhängig davon, ob sie sich in einer lautstarken Entladung der Gefühle zeigt oder in stiller Sprachlosigkeit verborgen liegt. Stille kann als Konsequenz menschlichen Widerspruchs und offener Kritik bedrängend sein. Sie kann den Schlaf rauben, sie kann dröhnend wirken und Ängste auslösen. Wo Stille herrscht, wirkt es leer. An den stummen Orten der zwischenmenschlichen Kommunikation ist es aber selten völlig ruhig.

Denn selbst das Verstummen von Menschen kann sehr offenbarend sein. Besonders gilt dies in Momenten, in denen man mit dem sprichwörtlichen Latein am Ende scheint: Wenn Erklärungen unmöglich wirken, wenn die Sprache für die Wirklichkeit nicht mehr ausreichend erscheint. An den Schockmomenten des Lebens, an denen man mit der Endlichkeit, Widersprüchlichkeit, ja mit der Absurdität des Lebens[8], konfrontiert wird, treten die Bruchlinien unserer Selbstwahrnehmung zutage. Das drohende oder real erfahrene Auseinanderdriften jener Säulen, auf denen die Wirklichkeitsdeutungen der Menschen aufbauen, kommt einem Zusammenbruch ihrer Gedankengebäude und Weltordnungen gleich.

Dies betrifft im Besonderen auch das von Religionen bereitgestellte Identitätsformat des Glaubens: Wer von den eigenen Gottesbildern so überzeugt ist, dass sie als die Fundamente der eigenen Weltsicht einzementiert werden sollen, wird an vielen Stellen des irdischen Daseins damit konfrontiert werden, dass selbst den komplexesten Glaubensformen ihre toten Winkel und sprachlosen Momente bleiben. An den Bruchstücken des Glaubens hängt nicht selten die eigene Fähigkeit, das Leben leben zu können. Der Schock des Verstummens trifft in diesen Fällen auch Gott bzw. unsere Vorstellungen von ihm. Wo Gott nicht mehr als Begründungsfigur des Glaubens, sondern als anklagende Frage oder blanke Fragwürdigkeit auftritt, kommt man in den Irritationen des Lebens zur Einsicht, dass sich „Gott" nicht in Worte fassen lässt. Dies ist eine Grundbedingung des Glaubens, der mit den Ereignissen und Erfahrungen der Welt fertig werden möchte, ohne sie mit einer letzten Sicherheit einordnen oder erklären zu können. Der Gott, der hier zur Sprache kommt, ist das Produkt zerbrochener Gottesbilder.

> „Gott [kommt] nicht nur immer zu spät, er verschwindet vielmehr im Sog jener existentiellen schwarzen Löcher, die mit der Macht des Nichts aus den Erfahrungen der Nichtgegebenheit Gottes auf seine Existenz zugreifen."[9]

Die Differenz zwischen Angemessenheit und Nicht-Angemessenheit einer Gottesrede, der Spalt zwischen lange Zeit gültigen und praktikablen Umgangsformen mit den letzten Fragen der Menschen und neuen Ereignissen, worauf diese keine Antwort mehr bieten können, ist eine Konstante der Theologiegeschichte. Die Erfahrung, dass religiöse Bilder und theologische Konzepte im Lauf der Geschichte teils schmerzvoll revidiert werden (müssen), begleitet die Arbeit von Theolog*innen dauerhaft. Sie artikulieren ihre Formate und Theorien in einen Raum des Unerwartbaren, nicht wissend, ob und wie sich diese Sprachformen in den Epochen der Geschichte bewähren werden oder nicht. Diese Dynamik des Werdens bildet ein vernarbtes Gesicht der einstigen „Königin der Wissenschaften", ihre Äußerungen stehen unter dem spannungsgeladenen Diktum der Revidierbarkeit, ihre Sprachformen immer an der Grenze zum Schweigen. Der Schock, der in der Unzulänglichkeit ihrer Worte und Bilder immer drohend mitschwingt, wird zum Ausdruck einer zutiefst verletzbaren Autorität. Damit aber verbindet sich – besonders seit dem 20. Jahrhundert – auch die Einsicht, dass eine authentische Rede von Gott jenseits der menschlichen Bruchlinien und existentiellen Abgrunderfahrungen nicht zu haben ist, dass sie immer in den prekären Grenzgebieten menschlichen Daseins entsteht.[10] Vielmehr sind Glaube und Theologie eine Bewährungsgeschichte, die immer mit den Gefühlen des Scheiterns verbunden bleibt.

Das macht wiederum die Emotionen, die sich mit Widerspruch und Enttäuschung verbinden, sowohl für die religiösen Erfahrungen höchst relevant, aber auch theologisch virulent: Hinter den Endlichkeitserfahrungen von Religion und Theologie steht nicht zuletzt die Einsicht, dass ihre Tätigkeit keine von Gefühlen und Empfindungen losgelöste Tätigkeit ist, sondern dass sie an und in ihnen menschliche Identitäten sowie die dazugehörigen Gefühlslagen konstituieren. Die Subjekte des Glaubens strecken mit ihrer eigenen Unzulänglichkeit in ihrer Gottesbeziehung in Richtung dessen, was sie niemals fassen können – ständig bedroht, das Gleichgewicht zwischen eigenem Anspruch, Zugriffen von außen und dem letztlich unerreichbaren Ziel zu verlieren. Diese Einsicht mag vielen trivial erscheinen, dennoch wirkt sie offenbarend: Die Empörung, die angesichts der Widerlegbarkeit, der Endlichkeit und Widersprüchlichkeit von Glaubenssätzen im Inneren der Menschen aufzusteigen droht, ist Teil jener prekären Dynamik, in der sich der geschichtliche Glaube manifestiert. Für unser Projekt über das menschliche Lachen bzw. die Lächerlichkeit und Ambivalenz des religiösen Daseins bedeutet das aber, dass selbst jene schmerzlichen Erfahrungen von Enttäuschung und Beleidigung Teil eines geschichtlich umschriebenen Erlebnisraumes sind, ohne die religiöse Gefühle nicht zu haben sind: Wo Erwartungen und Prognosen an ihr Ende kommen, haben wir es mit ähnlich gefährlichen Emotionen zu tun, wie wenn in Kunst, Medien oder Literatur die zutiefst prägenden Identitätsformen durch den sprichwörtlichen Kakao gezogen werden. Die Sprachlosigkeit, die sich in solchen Momenten einstellt, hat etwas Offenbarendes, aber auch enorm Bedrängendes: In ihr wird deutlich, dass der Weg einer Glaubensreise niemals an den geschichtlich erfahrenen Widerständen vorbeigehen kann. Sie ist und bleibt in die Ambivalenzen eingebunden, die nicht nur Freude und Hoffnung, sondern auch Trauer und Angst[11], Zustimmung und Empörung, Konsens und Dissens hervorrufen.

Damit aber werden die humorigen Zerrbilder in Film und Medien, wie auch das Lächerlichmachen und Verlachen von Religion, zu einem Teil ihrer eigenen Identität: Sie ist und bleibt eine angreifbare. Die religiösen, spirituellen und theologischen Menschen sind immer damit konfrontiert, dass ihre Tätigkeiten und Erfahrungen von einem dauernden Widerspruch begleitet sind. Sie müssen mit den damit einhergehenden Emotionen umgehen (lernen), sie können diese Empörung nicht aufheben, sondern dürfen – biblisch gesehen – darauf hoffen, dass selbst Empörung und Enttäuschung im Angesicht Gottes einen Sinn haben. Im Ersten Testament begegnet uns hier die Figur des „widerspenstigen" Propheten Jona: Nicht nur, dass er sich der Berufung durch Gott durch Flucht entziehen will, ihm wird zugleich auch noch die bittere Erfahrung auferlegt, dass Gott an seinem zuvor geäußerten Willen, die Stadt Ninive zu zerstören, nicht festhält. Als Gott, von Erbarmen geprägt, die Menschen in der Stadt sah und ihre Intention erkannte, ihr Leben zu ändern, ließ er von seinem Urteil ab. „Das missfiel Jona ganz und gar und er wurde zornig. Er betete zum Herrn und sagte: Ach Herr, habe ich das nicht schon gesagt, als ich noch daheim war?" (Jona 4,1f) Die Enttäuschung des „kleinen Propheten" war so groß, dass er Gott sogar bat, ihm das Leben zu nehmen – was dieser aber nicht tat. Vielmehr war der Weg des Lernens für Jona noch nicht vorbei. Gott ließ einen Rizinusstrauch als Schattenspender wachsen, ihn aber am nächsten Morgen verdorren, was Jona erneut zum Erzürnen brachte. Der Herr wiederum nahm den verdorrten Strauch und die Emotionen Jonas zum Anlass, ihm zu zeigen, dass das Mitleid Gottes gegenüber der Stadt unendlich größer ist, als es das Mitleid der Menschen jemals sein könnte.

Die Geschichte Jonas ist enorm ironisch: Der Prophet, der eigentlich keiner sein wollte, gibt sich endlich seiner Berufung hin – und wird dann zutiefst davon enttäuscht, dass Gott größer und unfassbarer ist, als es menschliche Erwartungen fassen können. Seine zutiefst emotionalen Reaktionen wirken wie eine Karikatur menschlicher Entrüstungswellen, gleichzeitig bergen aber genau diese Gefühle einen Raum der Gotteserkenntnis. In der innerlichen Leere Jonas, in seinem Zorn und Widerspruch gegen Gott, wächst seine Beziehung zu ihm. Er gibt seinen Gefühlen Raum, Gott wiederum lässt das (Selbst-)Zerstörerische in der emotionalen Achterbahn Jonas nicht zu und schützt ihn so auch vor sich selbst. Jona findet in Gott beides: Enttäuschung seiner selbst und zugleich Schutz vor seinem enttäuschten „Ich". Zwar ist dieser Prozess für Jona enorm schmerzhaft, aber letztlich ist es genau die Erfahrung der Inkongruenz zwischen Erwartung und Wirklichkeit, sein Durchgehen durch Widerspruch und Endlichkeit, die ihn zu einem gereiften Glauben bringen. Jona muss in seinen eigenen Augen wie eine Witzfigur gewirkt haben – ein Spielball Gottes, der mit ihm seinen (bösen) Spaß treibt. Ohnmächtig, ja hilflos, liegt er in der Wüste, liefert sich Gott aus, um zu erfahren, dass er und sein Glaube an dieser Erfahrung nicht zerschellen. Auf diese Weise wird in der wendungsreichen (Kurz-)Geschichte deutlich, dass in der Erfahrung von Endlichkeit, Widerspruch und der eigenen Ironie eine Form von Einsicht liegen kann. Die Empörung Jonas schafft einen Raum der Enttäuschung – einen Freiraum von täuschenden Erwartungen und begrifflichen Begrenzungen. In der Irritation liegt eine kreative Leerstelle, im Murren des Propheten – seinem emotionalen Ausbruch – ein Lernprozess im Spirituellen. Das macht die Empörung zu einer offenbarungstheologisch enorm relevanten Größe: Die Empörung steht an einem Ort, an dem die Menschen drohen, in Destruktivität und Gewalt, in Ohnmacht und Lethargie zu verfallen. Zugleich aber öffnet sich an der Einsicht der Selbst-Enttäuschung eine theologische Produktivität über den eigenen Glauben. Den Widerspruch nicht nur als Angriff, sondern auch als Chance des Lernens zu sehen, wird damit zu einer spirituellen Aufgabe, in der sich das Existential des Glaubens an seinen Bruchlinien neu formieren kann.

Prekäre Verletzbarkeit. Zwischen Enttäuschung, Gegenangriff und Beleidigtsein

Das Gesicht der Religionen hat sich mit dem Aufkommen von Fernsehen, Film, Internet und neuen Medien rasant verändert. Mit dieser Veränderung wurde auch an scheinbar lange unhinterfragten Bildern gerüttelt, die besonders auf das Leben Jesu und seine Bedeutung abzielen. Durch die Neuinszenierungen biblischer Hintergrundformationen, Perspektivenwechsel in zeitlicher und kultureller Hinsicht sowie auch Fragestellungen jenseits der traditionell religiös codierten Zugangsformen zu Jesus von Nazareth, wurde ein vielschichtiger Zugang zu dieser Person geschaffen.[12] Keinesfalls stieß diese Form der Neuentdeckung Christi immer auf offene Ohren, geschweige denn auf Gegenliebe – eher das Gegenteil war der Fall –, doch zeigte sich darin durchaus eine Verschiebung der Deutungshoheit im Kontext der säkularen Gesellschaften: Plötzlich waren es nicht mehr nur kirchliche Autoritäten und Religionsgemeinschaften, die sich um die interpretative Erschließung Jesu bemühten, sondern die Figur Jesu tauchte vermehrt in Produktionen und damit auch in Lebensfeldern auf, die auf den ersten Blick wenig bis gar nichts mit einem religiösen Zugang zu tun hatten.

Besonders komische Verfilmungen haben bis heute einen sehr schweren Stand. Selbst wenn die Problematik wie bei „Dogma" und ähnlich bei „Das Leben des Brian" dadurch umgangen wird, dass Jesus selbst gar nicht oder nur in leichten Anspielungen gezeigt wird, bleibt das Konfliktpotential hoch. Das mediale Darstellen von religiösen Inhalten hat zwar eine gewisse Tradition – besonders in den USA seit den 1950er-Jahren, der Zeit der großen biblischen Historienfilme –, doch ist das Genre der Komödie in Bezug auf diese Inhalte immer noch ein hart umkämpftes Feld. Diese Erfahrung musste auch die bekannte Streamingplattform „Netflix" bei einer von ihr finanzierten Produktion machen. So wandte sich 2019 der texanische Bischof Strickland entschieden gegen die Comedy-Serie „The First Temptation of Christ", in der Jesus als homosexueller Mann dargestellt wurde. Der Vorwurf der „Blasphemie" ließ nicht lange auf sich warten – die religiöse Darstellung dieser (in der Lehre der Kirche als verwerflich dargestellten) Lebensweise schien in ein theologisches Wespennest zu stechen.[13]

Die Provokationen dieser filmischen Machwerke erschütterten manche kirchlichen Kreise nachhaltig, die Rufe nach gesetzlichen Konsequenzen nahmen zu, sie vermischten sich nicht selten mit erbosten Rachegelüsten. Man muss nicht genauer auf die Inhalte und Akzentuierung der einzelnen Filme eingehen, um zu verstehen, was hier passiert ist: Die Herauslösung Jesu[14] (oder anderer religiöser Erzählungen) aus dem sakralen Kontext von Religionsgemeinschaften, deren Lehre und des damit verbundenen Gottesbildes vieler Menschen kam einem Eingriff in ihre Lebens- und Glaubenswelten gleich. Durch die filmischen Aufmachungen fanden pointierte Entfremdungsprozesse statt, die in konfrontativer

Art und Weise zu suggerieren schienen, dass Jesus, die Bibel bzw. andere bedeutende religiöse Dinge nicht (mehr) unter dem alleinigen Diktum einer spezifisch sakral verorteten Interpretation stehen. Diese Konfrontation hat es in sich: Mit ihr werden nicht nur tragende Säulen so mancher Religionslehre herausgefordert, sondern es rührt an der existentiellen Basis von Millionen von Menschen. Diese Neujustierung traditionell stabiler und austarierter Glaubensbilder kann mitunter heftigste Reaktionen hervorrufen, gerade weil es ein Eingriff in das scheinbar Selbstverständliche ist: Die wohlige Ruhe, in der viele religiöse Menschen zu existieren geglaubt haben, wird durch die komische Invertierung ihres Glaubensmusters auf eine harte Probe gestellt. Mit der verstörenden Eindringlichkeit solcher Filme (oder anderer künstlerischer und medialer Entwürfe), kommt genau dieses Weltbild ins Wanken, weil etwas sichtbar zutage tritt, das nicht innerhalb des Rahmens der ursprünglichen Denkmuster erfasst werden kann. Die Menschen werden sprichwörtlich vor den Kopf gestoßen, die Säulen ihrer Weltordnung beginnen zu wanken, ja sie können diesem Angriff auch nicht einfach ausweichen. Ein Ignorieren scheint in vielerlei Hinsicht nicht geboten zu sein, da dieser Eingriff so etwas wie eine Invasion des intimsten Privatbereichs religiöser Weltsichten darstellt. Sie müssen sich dieser stellen, auch wenn es in ihnen Widerwillen und mitunter Angst oder Abwehrreaktionen hervorruft. Die Tatsache, dass man nicht schweigen kann und zu einer Reaktion genötigt wird, ist Herausforderung und Gefahr zugleich – denn wie diese letztes Endes aussieht, ist nicht einfach vorgegeben. Wenn sich Schweigen schlichtweg verbietet, die Wucht der „Verrückung" des Weltbildes allzu heftig ausfällt, kann es zu weitreichenden Konsequenzen kommen. Sie reichen von lethargischer Niedergeschlagenheit, beleidigter Abschottung, gewaltförmigen Gegenangriffen bis hin zu Fundamentalisierungsstrategien.

Was hier aufleuchtet, ist die Fragilität religiöser Bekenntnisse. Noch dazu eine Fragilität von Inhalten, Gegenständen und Personen des Glaubens, die von vielen Menschen als hochheilig angesehen werden. Dass solche religiösen Formate und Objekte durch eine Neu-Perspektive aus ihrem gewohnt sakralen Zusammenhang gerissen, umgedeutet oder neu akzentuiert werden, macht sichtbar, dass es sich bei deren zugeschriebener Heiligkeit um keine objektiv nachweisbare Charakteristik handelt: Was als heilig gilt, hängt davon ab, ob es durch Subjekte oder Gemeinschaften von Personen als heilig eingestuft und so gesehen wird. Wenn die religiöse Gültigkeit bzw. Perspektive nun aber keine „beweisbare" Sichtweise ist, „sondern eine Attribution, eine Zuschreibung durch Menschen, ... [die überzeugt sind,] dass eine solche Zuschreibung angemessen ist"[15], dann wird die Zerbrechlichkeit und Kontingenz der religiösen Überzeugungen noch einmal schärfer erfahren. Die Relativierung, die durch mediale Inszenierung hervorgerufen wird und die Inhalte des religiösen Glaubens bloßstellt, fällt damit eigentlich nicht auf das Objekt des Spottes zurück, sondern genau genommen auf jene Menschen, die diesem Objekt den Modus der Heiligkeit, Göttlichkeit oder wie auch immer zugeschrieben haben. Die Verzerrung des Jesusbildes ist nicht zuallererst eine Beleidigung Jesu, die Darstellung Gottes, der als Frau („Dogma"), Farbiger („Bruce Allmächtig") oder gelber, gesichtsloser, alter Mann („Die Simpsons"[16]) auftritt, trifft ebenso nicht in erster Linie Gott selbst, sondern die Menschen bzw. jene Bilder, die sich für diesen Gott über Jahrhunderte hinweg durchgesetzt haben. Ob eine „Beleidigung" Gottes überhaupt möglich ist, haben wir schon mit dem Verweis auf die biblischen Quellen offenlassen müssen – eher ist dies nicht der Fall. Was aber durchaus angegriffen und sehr wohl höchst verletzenden Motiven ausgesetzt werden kann, das ist der menschliche Glaube bzw. dessen Inhalte.[17] Selbst wenn die Majestät Gottes durch Spott oder Komik nicht angegriffen werden kann, gilt dies nicht für die menschlichen Versuche, mit und über ihn in Beziehung zu treten. Zwar muss den angesprochenen humorvollen Verzerrungen keineswegs immer blanke Bosheit oder Grausamkeit zugrunde liegen, ebenso wenig müssen ihnen ernsthafte theologische Absichten entspringen.

Das Resultat der humorvollen Spottbilder des Glaubens bleibt aber unabhängig der tiefer liegenden Intentionen ihrer Urheber*innen über weite Strecken dasselbe, nämlich, dass sie jene Glaubensformen aufs Korn nehmen, die von anderen Menschen als deren Lebensfundament und Sinnquelle gesehen werden. Es ist fast schon logisch, dass hier Auseinandersetzungen programmiert sind. Die Verletzlichkeit des Glaubens kann reale Schmerzen zufügen, die in Mark und Bein fahren. Sowohl psychische als auch physische Folgen können durch Kränkungen oder Spott hervorgerufen werden[18], diese können in vielerlei Hinsicht als Auslösemomente für extreme, mitunter gewaltbereite, Reaktionen gelten. Die Kränkung vollzieht sich in solchen Beispielen oft nicht auf der Ebene des Gegenstandes – in unserem Fall wäre das Jesus oder Gott – sondern auf der Ebene der interpretierenden Personen, denen die Möglichkeit einer Fehleinschätzung ihrerseits, eines Selbstwiderspruches oder einfach nur wenig bedachter Momente des eigenen Glaubenslebens vor Augen geführt wird.

Wenn wir uns die von Aristoteles und Platon dargelegte Funktion der Komik als Beschreibung des „Auseinanderklaffens" von Erwartung und Realität in Erinnerung rufen, so werden durch religiöse Komödien oftmals die Glaubensformate ironisiert, indem ihnen eine solche Inkongruenz vorgehalten wird. Diese Diskrepanz kann real oder konstruiert, sie kann auf Basis sachlicher Argumente beschrieben, möglicherweise aber auch vollends an den sprichwörtlichen Haaren herbeigezogen worden sein – was bleibt, ist die Irritation des Gegenübers mit einem Zerrbild seiner/ihrer selbst. Die Verrückung des Weltbildes, der Schock der lachhaften Inversion ist jedoch tiefgreifend und unabhängig davon, ob sich dahinter eine theologische Kritik, satirische Überzeichnung oder eine bloße Beleidigung verbirgt. Das Ereignis[19] der direkten Konfrontation mit dem Unfassbaren löst eine enorme Druckwelle menschlicher Emotion aus. Die Verzerrung erscheint als Aufforderung zu einer direkten Reaktion. Den Betroffenen wird die Fragilität ihres Glaubens, die Möglichkeit ihres eigenen Scheiterns und die Gefahr der Täuschung vor Augen geführt. Der Schock, den sie erleben, sitzt tief. Er markiert die offene Wunde jeder religiösen Weltsicht, die dem erkenntnistheoretischen Einlösen ihres Anspruches, den sie in der Geschichte und vor den Menschen vertritt, immer hinterherhinkt. Kurz gesagt: Die Tatsache, dass man über Religion und Glaube Witze machen kann, macht die Möglichkeit des Irrglaubens deutlich. Es ist eine Form des Angriffs auf die Selbstverständlichkeit mancher Glaubensformen, zugleich eine Erinnerung, dass Glaubenswelten einem Wandel unterworfen sein können und *de facto* immer einem Wandel unterworfen sind.

Die hohe Kunst der Selbstironie. Vom Gradmesser religiöser Fundamentalisierung

„Wer keinen Spaß versteht, hat ein ernstes Problem"[20], so der Poet und Aphoristiker Klaus Klages. Wie Recht der selbsternannte „Gebrauchsphilosoph" mit diesem Ausspruch hat, lässt sich problemlos an zahlreichen Episoden der Religionsgeschichte wie auch der Gegenwart ablesen. Die Grenzen, die Tabus aufrichten, Grenzen, die dem Bereich einer unantastbaren Heiligkeit sowie den Gefühlen einer mit gewissem Geltungsanspruch versehenen Weltsicht entspringen, erscheinen am deutlichsten dort, wo sie überschritten werden – oder besser gesagt: dort, wo Menschen der Meinung sind, dass diese Grenzen verletzt worden seien. Die Grenzen des Sag- und Machbaren werden damit auch zu den Markern des Ertragbaren. Gerade die Kunstgeschichte seit dem 19. Jahrhundert ist voll von Versuchen, diese scheinbar festgezurrten Ordnungen zu verschieben, aufzubrechen oder einfach nur zu zeigen, dass jene Trennschärfen nicht so unhinterfragt Gültigkeit beanspruchen können, wie das oftmals proklamiert wird. An den Verletzungen wird sichtbar, dass Grenzen überschritten werden können, dass es also eine Perspektive „von der anderen Seite" gibt. Die Uneindeutigkeit, die hier zutage tritt, wirkt bedrängend, weil sie sich als alternative Sichtweise präsentiert, die möglicherweise zwar nicht ernst gemeint ist, aber dennoch ausgedrückt werden kann. Wenn also in noch so fiktionalen und humorvollen Komödien religiöse Glaubensmuster konterkariert werden, dann ist dies zwar kein Hinweis auf die Überzeugungskraft dieser Darstellungen, wohl aber – und das erscheint umso gewichtiger – ist es ein Hinweis an die Menschen, dass es neben der traditionell angestammten Glaubenswelt Alternativen gibt. Würden viele Menschen bei der Vorstellung Gottes als Frau spontan sagen: „Das geht doch nicht!", so ist der „Dogma"-Film der mediale Beweis (und bei Weitem nicht der Einzige), dass dies sehr wohl möglich ist.

In der konstruierten Inkongruenz von Komödien und Komik eröffnen sich reale Räume des „Anderssehens", die neue kreative Denkformationen, Neuschöpfungen und andersartige Akzentuierungen inspirieren können. Wenn also, wie in unserem eingangs erwähnten Beispiel, Alanis Morissette 1999 als „Frau Göttin" aufgetreten ist, kann in diesem eigentlich humorvollen Zugang eine harte theologische Fragestellung zutage treten – die im konkreten Fall mit der feministischen Theologie natürlich schon seit Jahrzehnten bearbeitet wird.

Gerne wird Christian Morgenstern folgender Ausspruch zugeschrieben: „Den Charakter eines Menschen erkennt man an den Scherzen, die er übelnimmt."[21] Ohne die Historizität dieser Behauptung umfassend prüfen zu können, wirkt der Satz für unsere Überlegungen inspirierend und anschlussfähig zugleich. Denn die Irritationen, die bei Witzen oder humorvollen Bemerkungen ausgelöst werden können, wirken nicht nur verletzend, sondern in vielen Fällen fördern sie auch tiefer liegende Persönlichkeitsmerkmale zutage, nämlich in der Art und Weise, wie eine betroffene Person auf die Provokation reagiert. Eine explosionsartige Entrüstung, ein selbstironisches Lächeln, eine gewaltförmige Antwort im körperlichen Sinn oder auch ein komischer Gegenangriff – in vielen dieser Fälle wird die Art der Reaktion zu einem Kennzeichen jener Menschen, die sich gekränkt, herausgefordert oder verletzt fühlen. Das komische Moment ist deshalb auch niemals nur eine Einbahnstraße mit genau gekennzeichneten Rollen von Aktivität und Passivität, sondern es ist Teil einer komplexen Kommunikation. Was bleibt, ist aber auch an dieser Stelle eine grundsätzliche Unplanbarkeit der Abläufe – wie das Gegenüber reagiert, weiß man nicht. Ja, man weiß nicht einmal, ob der angedachte Witz verstanden wird, ob subtile Subtexte erkannt werden oder ob eine Irritation als Beleidigung wirkt.

Die Räume, die hier geöffnet werden, haben etwas Komplexes und zutiefst Unberechenbares an sich – sie sind nicht statisch oder penibel geordnet, sie sind nur schwer prognostizierbar und letztlich wissen die Beteiligten nicht, ob und wie sich ihre Perspektiven in diesem Prozess der kommunikativen Interaktion vielleicht verändern und verschieben. Deshalb ist die Komik bzw. die humorvolle Kommunikation über das Religiöse auch in vielen Fällen so brisant, weil hier deutlich wird, dass die Bereiche „Heiligkeit", „Sakralität" oder „Tabu" nicht starr vorgegeben, sondern Ergebnis diskursiver Zuschreibungen sind, sie also auch zur Disposition stehen und sich wandeln können.[22] Damit läuft diese Erfahrung aber dem, was durch den Begriff des „Heiligen" in vielen Fällen religiösen oder sakralen Handelns ausgedrückt wird – nämlich, dass das Heilige eben nicht beliebig ist – zuwider. Die Trennung der Räume des *fanum* (lat. Heiligtum, Tempel) und *pro-fanum* (das außerhalb der Mauern des Heiligtums) wirkt plötzlich durchlässig. Was als heilig zu gelten hat, mag zwar innerhalb einer religiösen Gruppe möglicherweise noch als sprachliches Sperrgebiet ausgewiesen und mit einem Diskussionsverbot belegt werden. Doch gelten solche Regelungen nicht für Personen oder Gruppierungen, die sich nicht diesen Regeln unterworfen fühlen.

Aber zurück zu unserem Problem: Wer den scheinbar unhinterfragt gültigen Bereich des Heiligen verletzt, verzerrt oder infrage stellt, begeht ein „Sakrileg". Das ist aber nicht bloß ein Grenzübertritt zum Heiligen hin, sondern kann zugleich als ein Angriff auf die Personen verstanden werden, die sich damit identifizieren, oder – noch radikaler – als Angriff auf die religiöse Perspektive *per se*. Natürlich gibt es zuhauf Fälle, in denen mit der religiösen Provokation und der Überschreitung von Grenzen bewusst gearbeitet wird, in denen eine Reaktion des Gegenübers herausgefordert wird – die Frage, die für uns nun durchaus interessant erscheint, ist die, wie die Reaktion in den einzelnen Fällen aussieht.

Magnus Striet hat bei einem Vortrag im Rahmen der „Salzburger Hochschulwochen" 2019 beklagt, dass es in religiösen Gruppierungen, die in einem höheren Maße von Fundamentalisierung geprägt sind, keine Spur von Humor oder Selbstironie gibt[23]. Diese Feststellung umschreibt eine wichtige Beobachtung: Der Grad religiöser Fundamentalisierung ist nicht selten mit einer steigenden Unfähigkeit verbunden, alternative Denkmuster anzuerkennen, selbstkritische Reflexionen anzustellen oder mit Ambiguitäten, mit Vieldeutigkeiten im Eigenen umzugehen.[24] Solche Tendenzen gibt es übrigens nicht nur im Islam, nicht nur in den großen Religionen, sondern durchaus auch im säkularen Bereich.

Dennoch ist die Geschichte des Fundamentalismus eng mit der Geschichte des Christentums[25] und (erst) später mit dem Islam verbunden. Als religionssoziologische und -historische Phänomene sind fundamentalsierende Bewegungen ein zutiefst in der Moderne angesiedeltes Geschehen, das eng mit Infragestellungen angesichts weltanschaulich pluraler, säkularer wissenschaftlicher und politisch unreligiösen Diskursen verbunden ist.[26] Jürgen Habermas stellte klar, dass Fundamentalismus-Tendenzen einerseits in die Ausdifferenzierung säkularer Wirklichkeitsdeutungen eingewoben sind und andererseits in zahlreichen Fällen als direkte Folge der religiösen Infragestellung zu verstehen sind. Die Relativierung der sakral verorteten Religionsperspektiven führe zu einer Reaktion, die sich gegen diese „Eingriffe von außen" zur Wehr setzen möchte: Angesichts der modernen (und postmodernen) Infragestellungen des prädefinierten Heiligen wird zu einem vermehrten Schutz des Göttlichen, der stabilisierten Glaubenswahrheiten und des Heiligen aufgerufen – oder sogar zu einem Gegenangriff, um diesen Erschütterungen des Glaubens den Garaus zu machen. Die dahinterliegende Logik ist simpel: Der Gott, der sich in den Glaubenswahrheiten, der unfehlbaren Schrift bzw. der religiösen Lehre geoffenbart hat und von dieser auch lückenlos wiedergegeben wird, muss vor den Angriffen der menschlichen Fehltritte geschützt werden. Das Göttliche, wenn es denn von den Menschen adäquat und punktgenau erfasst werden kann, liegt den Zugriffen der Spötter und „Ungläubigen" ausgeliefert da. Der Schutz dieses Allerheiligsten wird zur Lebensaufgabe – selbst wenn man dabei übersieht, dass dieses Göttliche nichts mehr mit Transzendenz zu tun hat: Gott ist in dieser Logik zu einem Gegenstand geworden – zu einem begreifbaren und zu einem angreifbaren. Gleichzeitig jedoch werden die Menschen in ein binäres Schema gepresst: Die der gläubigen Menschen und der ungläubigen Angreifer. Der Standpunkt der Gegenseite interessiert nicht mehr. Was bleibt, ist das Gefühl der Verletzlichkeit der eigenen Position, gleichzeitig wird dem Gegenüber (über weite Stellen unbewusst) die Fähigkeit zugesprochen, dass seine Alternativdeutungen, seine Infragestellungen und Verzerrungen dem Göttlichen einen enormen Schaden zufügen könnten. Doch bleiben deren eigentliche Beweggründe im Dunkeln – sie brauchen auch gar nicht zu interessieren. Dort, wo nicht die Klarheit des Bekenntnisses regiert, sondern eine davon abweichende Perspektive, ist sowieso nur Dunkelheit zu finden.

Man könnte provokant behaupten: Wo es eine kritische Unfähigkeit gibt, sich mit alternativen Denkmustern und Interpretationen der Wirklichkeit auf ernsthafte, produktive und respektvolle Weise auseinanderzusetzen, werden Abwehr- und Schutzmechanismen in Gang gesetzt, die den Bereich des „Eigenen" absichern sollen. Wo die Toleranz gegenüber möglichen Deutungen und Lebensentwürfen der Wirklichkeit nicht vorhanden ist, werden gruppenspezifische Reaktionen hervorgerufen, die genau diese fehlende Toleranz kompensieren wollen, indem sie den zu schützenden Bereich unantastbar machen oder die Angreifer*innen ausschalten wollen. Hier muss betont werden: Nicht alle fundamentalistischen Reaktionsweisen beinhalten Mord und Totschlag – ebenso können Abschottung, Abbruch jeder Kommunikation und Interaktion mit der modernen Welt, Aufbau von Parallelgesellschaften oder auch humoristische Gegenangriffe von solchen Gruppierungen genützt werden.[27] Die Abwehrhaltung gegenüber „Freiräumen von Interpretation", Vieldeutigkeiten, Leerstellen oder Infragestellung begleitet die Phänomene jedoch trotz ihrer jeweiligen Eigenart.

Der Affront des religionsbezogenen Humors bzw. die Frage der Reaktion auf diesen können somit durchaus als „Rohrschachtest" für die Fähigkeit und Bereitschaft der betreffenden Personen und Gruppierungen gelten, sich mit einem kritischen Gegenüber, mit einer Stimme „von außen", auseinanderzusetzen: Die Form der Antwort, die Haltung, die eingenommen wird, offenbart mitunter Tendenzen im Inneren dieser Gemeinschaften. Die Irritation durch das religionsbezogene Komische fördert oftmals zutage, was das Selbstverständnis der betroffenen Menschen sowie deren Fähigkeit zum selbstkritischen Umgang betrifft: Was wird als Beleidigung gesehen? Wird jeder Witz auch als Blasphemie gedeutet? Steht eine satirische Überzeichnung der Religionsvertreter*innen oder der Gläubigen auf einer Ebene mit einer Beleidigung der Glaubensinhalte? Die Differenzierung in der Betrachtungsweise solcher Momente manifestiert nicht selten eine Komplexität des Denkens. Wer zu einer Differenzierung nicht fähig oder willens ist, offenbart oftmals die eigene Weltsicht als klar getrenntes Binärsystem zwischen Schwarz und Weiß, das keine Grautöne, verschwommenen Grenzen oder Unklarheiten dulden kann. Wer sich selbst und die eigene Perspektive nicht relativieren (lassen) kann, wird die Infragestellung umso mehr als einen gewaltvollen Angriff wahrnehmen, der eine „adäquate" Reaktion erfordert – was dies dann im konkreten Moment auch immer ist. In diesen Fällen bestimmt nicht selten die Angst des Verlustes die eigene Position, die Furcht, das absichernde „Fundament" der eigenen Weltsicht zu verlieren. Nicht zufällig fühlt man sich in vielen fundamentalistischen Gewaltexzessen an den eifernden Petrus bei der Verhaftung Jesu erinnert (Joh 18,10): Der ängstliche und gleichzeitig wütende Jünger zückt sein Schwert und greift zu Gewalt, um seinen Herrn vor den Zugriffen der Autoritäten zu schützen – Petrus hat in diesem Moment nur den Schutz Jesu im Blick, was verständlich und auch nachzuvollziehen ist. Sein Tunnelblick in Bezug auf das, was er an seinem Glaubensbild erhalten und sicherstellen möchte, treibt ihn in eine verängstigte Sackgasse. Er reagiert auf diese Furcht mit Gewalt, er greift zur Waffe und möchte seinen Meister mit diesem Akt der Gegenbrutalität sichern.

Was er aber dabei nicht merkt: Er degradiert Jesus zu einem bloßen Menschen, dessen irdisches Sein über allem steht, und stellt sich damit jener Erfüllung in den Weg, die Jesus seinen Schüler*innen seit Langem näherbringen möchte. So verständlich die Reaktion des Petrus erscheinen mag, so falsch ist sie: Denn sie wird dem Jesus des Johannesevangeliums, der sogar in seinem Tod, Leiden und Scheitern über allen Dingen steht, nicht gerecht. Er droht, Jesus das Ruder der Erfüllung aus der Hand zu nehmen – was dieser natürlich nicht zulässt.

Zugriffe „von außen" bringen religiöse Menschen nicht selten genau in solche Zwickmühlen, weil sie deren stabilisierende Glaubensmuster auf den Kopf stellen und hinterfragen. Blasphemische Inversionen, Sakrilegien, religiöse Umdeutungen hat es dabei in der Religionsgeschichte immer gegeben: Nicht selten treten sie besonders dort auf, wo sich neue Gemeinschaften formieren, wo sich Absetzbewegungen entwickeln und so eine pointierte Abgrenzung gesucht wurde. Was in politischer Hinsicht oftmals in einer Symbol- und Zeichenpolitik versucht wurde[28], etwa als in der französischen Revolution Kirchen besetzt, entweiht und umgewidmet wurden, kommt in weltanschaulicher Hinsicht besonders an Bruchlinien und Umdeutungen vorhandener theologischer und sakraler Themen zum Vorschein. Die Erfahrungen solcher Umdeutungen sind religionspsychologisch nicht selten mit jenen verwandt, die durch die Kränkung bzw. Verzerrung in karikaturistischen oder humorigen Darstellungen vorzufinden sind. Die Fähigkeit oder Bereitschaft, in solchen Momenten nicht mit Gewalt, nicht abschottend oder destruktiv zu reagieren, ist auch eine Form der „heiteren Aufklärung", die gelernt werden soll, aber dennoch nicht jede Form von Verletzung ertragen muss.[29]

> „Wo Götter sind, da sind Spötter nicht weit. Wo Spötter sind, da ist Streit nicht weit. […] Aggressiv vorgetragene Attacken gegen sie erschweren einen klaren Blick für die Eigenart des Angriffs. Verhaltensunsicherheit führt nicht selten zu verzerrten Wahrnehmungen[.]"[30]

Wir bewegen uns auf schwierigem Terrain, das nicht einfach zu bearbeiten ist: Denn hinter welcher Form religiösen Humors steckt eine Chance, hinter welcher Verzerrung eine Kränkung? Wer entscheidet, ob es sich bei einer Infragestellung um eine erlaubte – vielleicht sogar notwendige – kritische Anmerkung handelt oder ob es sich um eine verletzende, beleidigende und damit auch strafrechtlich verfolgbare Grenzüberschreitung handelt? In letzterem Fall müsste man natürlich den Rechtsstaat als Autoritätsorgan anführen, wobei es auch hier nicht einfach durchzusetzende Graubereiche gibt, wie 2016 anhand des Schmähgedichts von Jan Böhmermann bewiesen wurde.[31] Nicht hinter jeder Abwehrhaltung muss gleich eine fundamentalisierende Tendenz liegen, nicht in jeder komischen Darstellung von Religion gleich ein möglicher Erkenntnisgewinn liegen. Das macht die Sache noch einmal problematischer: Ähnlich wie wir es schon im zwischenmenschlichen Bereich gesehen haben, wo das Lachen keinesfalls als einheitlich zu interpretierende Ausdrucksform gelten kann, lässt sich dies bei unterschiedliche Kulturen, Religionen und Kunstformen ebenso wenig sagen. Die Herausforderung für die Menschen bleibt dieselbe, nämlich sich im Raum der Irritation damit auseinanderzusetzen, was in diesem Bruch der Selbstverständlichkeit eigentlich ausgesagt wird, welche Intentionen dahinterstehen und inwiefern man von einer Kränkung ausgehen kann. Die humorigen Irritationen werden zu ethischen Brennpunkten, die heftig umkämpft sind – nicht nur im Hinblick auf die Beleidigten, sondern auch auf die Beleidigenden. Wie begegnet man Anfragen oder Verzerrungen? Mit einem grundsätzlich „positiven Vorurteil", einer Offenheit und einer Ausklammerung möglicher negativer Intentionen – oder vielmehr mit einem grundsätzlichen Argwohn und Unterstellung einer Ehrenbeleidigung? Neben bzw. zwischen diesen Extremen sind zahllose Nuancen angesiedelt, einfache Lösungsvorschläge gibt es nicht. Dennoch wird sichtbar, dass gerade in der Gefahr einer persönlichen Kränkung Grundsätzliches in der Kommunikation zwischen den Menschen an die Oberfläche gespült wird – ob diese Kränkung nun aus einem

Missverständnis heraus, mit Vorsatz oder im Rahmen einer pointierten Kunstform geschehen ist. Die Problematik bleibt immer dieselbe.

Trügerische Sicherheit: Die Isolationshaft ängstlicher Weltanschauungen

Der verständlichen Sehnsucht nach Stabilität und Eindeutigkeit entspricht nicht selten eine Bereitschaft, für diese über sprichwörtliche Leichen zu gehen. Der zerstörerischen Erfahrung, die im Zerbersten lang aufgebauter und wohl geordneter Theorie- und Zeichensysteme erlebt wurde, entspricht die mindestens ebenso große Gefahr, aus dieser Ent-Täuschung in eine destruktive Zerstörungswirkung zu verfallen. Die Erschütterung der Weltbilder wird als eine zutiefst bittere Kränkung festgestellt, die in Gewalt und Unterdrückung umschlagen kann, ja dies vielerorts auch tut.[32] Dass scheinbar stabile Lebens- und Denkformen, Glaubensbilder und Normierungsstrategien in weltpolitischen Ereignissen oder zwischenmenschlichen Interaktionen infrage gestellt werden, fährt den Betroffenen nicht selten in Mark und Bein. Die damit verbundene Kränkungserfahrung bewirkt etwas mit den so Verletzten: Sie fühlen sich nicht selten als ungerecht Betroffene, als zutiefst Verwundete, die glauben, an den Schmerzen der Infragestellung zugrunde zu gehen. Dass dabei die subjektive Wahrnehmung und die objektive Erschütterung weit auseinanderklaffen können, sei hier nur angemerkt. Ebenso liegen die Formen der Bewältigung dieser Erlebnisse auf höchst unterschiedlichen Ebenen. Jedenfalls aber implizieren Formen von Kränkung und Beleidigung eine hohe Bandbreite an Konfliktpotential. Dies betrifft keinesfalls nur religiöse Gefühle, sondern auch andere Formen von Überzeugungsgemeinschaften und Identitätsformationen: Besonders die Arbeiten von Bärbel Wardetzki[33] oder Reinhard Haller[34] haben auf die vielschichtigen Probleme aufmerksam gemacht, die sich bei diesem alltäglichen Phänomen entwickeln können, sowohl in individueller Hinsicht wie auch in kollektiven Zusammenhängen. Wenn die wohl geordneten Wirklichkeitsbilder durch ein Gegenüber, ein Ereignis oder eine Provokation ins Wanken gebracht werden, ist dies eine zutiefst bedrängende Erfahrung, die Abwehr- und Angstmechanismen aktivieren kann. Dass Angst und fundamentalisierende Reaktionen in vielen Fällen miteinander verbunden sind, wurde bereits in zahlreichen Publikationen nachgewiesen.[35] Die Furcht vor Relativierung begleitet dabei wesentliche Formen der Identitätsarbeit: Nicht selten werden umfassende Sicherungsmaßnahmen entwickelt, um möglichen Infragestellungen etwa durch Tabuisierung oder etwaigen Strafandrohungen zuvor zu kommen und solchen Bedrängungen schon im ersten Ansatz den Garaus zu machen. Solche Absicherungen gegenüber relativierenden Momenten erfordern ihrerseits ein hohes Maß an Energie, ja nicht selten setzen diejenigen, die in der ständigen Angst einer Infragestellung leben, einen beträchtlichen Teil ihrer Energie in Versuche, diese von vornherein zu unterbinden. Einer auf solche Strukturen von Angst und Furcht gebauten Perspektive wird aber nicht selten jegliche Form der Vitalität und Entwicklungsmöglichkeit genommen: Den Tendenzen zur Verfestigung müssen alle Formen von Dynamik und Wandlungsmöglichkeiten untergeordnet werden. Insofern führen fundamentalistische Tendenzen nicht selten dazu, dass man in eine dauerhafte Abwehrhaltung verfällt, die aus Furcht vor Veränderung und Relativierung jegliche Reformmaßnahmen unterbindet, wenn diese nicht dem Erhalt des bereits Vorhandenen dienen.

Das Hemmnis der Paranoia, das solche Gemeinschaften oder Einzelpersonen begleitet, wirkt auch nach außen: Fundamentalistisch ausgerichtete Identitäten scheinen oftmals nicht nur immun gegenüber jeglicher Infragestellung von außen, sondern auch gegenüber allen Entwicklungspotentialen von innen. Wandel wird hier mit Verlust gleichgesetzt, Dynamik mit der Gefahr drohenden Verfalles identifiziert. Biblisch könnte man sich an das Gleichnis von den „anvertrauten Talenten" erinnert fühlen. Das jesuanische Gleichnis (Mt 25,14–30) arbeitet paradigmatisch mit den Haltungen von Mut und Offenheit im Gegenüber einer Tendenz zu Furcht und Unsicherheit – und zeigt, in welche Bredouille übermäßige Angst führen kann. Diese Parabel wurde höchst unterschiedlich rezipiert und ausgelegt.[36] Der Kern der Geschichte ist nicht einfach zu erkennen, deutlich wird aber in jedem Fall, dass es ein Gleichnis über die Aktivität gläubigen Handelns ist. Die Haltung der darin auftretenden Personen begründet ihren Umgang mit der Wirklichkeit, ihre Position wird bestimmt von der Art und Weise, wie sie ihren Handlungsspielraum deuten und Chancen bzw. auch Risiken annehmen. Zwar wirkt die Geschichte vom reichen Gutsbesitzer, der vor seiner Abreise drei Dienern Silberstücke anvertraut, besonders für Teile einer ausgeprägten Spargesellschaft durchaus befremdend, doch macht sie deutlich, dass übermäßige Furcht und Unsicherheit lähmen können. Während zwei der Diener das Geld vermehren, gräbt es der dritte in der Erde ein, um es nicht zu verlieren und kein Risiko einzugehen. Zwar kann er seinem Herrn bei dessen Rückkehr das anvertraute Geld wieder aushändigen, macht damit aber auch deutlich, dass er angesichts seiner Angst unfähig war, die anvertrauten Talente aktiv einzusetzen. Die Unsicherheit des Dieners lähmte ihn so stark, dass er in seiner Furcht nichts zu tun vermochte – er war zum Untätigsein verdammt, weil ihm jedes Risiko der Angreifbarkeit zu viel war.

Ohne hier in eine tiefenpsychologische Deutung dieser Perikope zu verfallen, kann diese Geschichte jedoch für unsere Überlegungen insofern interessant sein, da hier von Jesus offenbar ein menschliches Handeln gefordert wird, bei dem es auch die Möglichkeit des Scheiterns gibt. Dass der übervorsichtige und ängstliche Diener von seinem Herrn gestraft wird, befremdet – gibt er doch zumindest denselben Teil zurück, den er erhalten hat. Doch macht er damit zugleich deutlich, dass er sich von seiner Angst hat leiten lassen. Diese habe ihn in eine Lethargie gestürzt, in der er nicht mehr in der Lage war, aktiv planend tätig zu sein. Das tadelt sein Vorgesetzter. Was hier ein Diener in seinem Handeln erfahren hat, gilt umso mehr für Gruppen oder Gemeinschaften, die von

Furcht geprägt sind: Sie geben einen beträchtlichen Teil ihres Handlungspotentials auf, weil sie vor dem Risiko des Verlustes zurückweichen. Der Abwehr real existierender oder mutmaßlicher Feinde wird dann nicht selten mehr Aufmerksamkeit und Energie geschenkt als dem, wofür die Gesellschaft eigentlich steht – wenn das eigentliche Ziel des Handelns (wobei man zugeben muss, dass dieses im Gleichnis Jesu nicht eindeutig klar wird) aus dem Blick verloren wird und nicht mehr an seiner Verwirklichung, sondern nur mehr an der ängstlichen Absicherung gearbeitet wird, droht die Gemeinschaft zu versteinern. Im Falle von religiösen Gemeinschaften bedeutet das, dass sie ihren spirituellen Auftrag möglicherweise vernachlässigen, um nicht das Risiko der Infragestellung eingehen zu müssen: Man vergisst, den Glauben und die eigene Botschaft mitzuteilen, weil man Widerspruch fürchtet, man versucht sich selbst unangreifbar zu machen, indem man die drohende Konfrontation oder Irritation mit dem Gegenüber nicht mehr sucht.

Gemeinschaften, die von Angst und Unsicherheit geprägt sind, begeben sich auf diese Weise aber in eine Verfestigungsstrategie, die sie lähmt. Nicht selten werden Gefahren und Oppositionen wahrgenommen, wo es keine gibt. Angreifer werden allerorts vermutet, wobei diese möglicherweise gar nicht existieren: Hier befinden wir uns nicht mehr nur in einer Haltung der Angst, sondern bewegen uns nahe an der krankhaften Paranoia. Wenn die Selbst- und Wirklichkeitswahrnehmung so verzerrt ist, dass hinter jeder Infragestellung, in jedem Widerspruch oder einer bloßen Vieldeutigkeit eine existenzbedrohende Gefahr vermutet wird, wird sich der kollektive Körper der Gemeinschaft vor allem auf einen Abwehrkampf ausrichten. Der Umgang mit Kritik oder Infragestellungen ist dennoch nichts, was man punktuell erlernen könnte, um sich ihrer dauerhaft sicher sein zu können: Der Umgang mit Selbst- und Fremdrelativierung ist ein Prozess menschlicher Kommunikation – so, wie Humor und Komik etwas ist, das tief im menschlichen Verstehensvorgang als kommunikativem Akt eingebettet ist, so ist auch das Lernen am Eigenen, durch andere und mit anderen ein Weg der dauerhaften Neubesinnung: Kritik und Widerspruch gehören zu einem Prozess der Identitätsfindung, der seinerseits höchst irritierende Momente einer erfahrenen Ent-Täuschung in sich trägt: Aus der konfrontativen Erfahrung mit Widersprüchen und dem Aufbrechen von Selbstverständlichkeiten im eigenen Selbstbild ergibt sich eine Fähigkeit der Entwicklung. Diese gibt der Dynamik der Veränderung Raum, ohne zugleich in eine Ohnmacht zu fallen. Dieses Erleben beschreibt eine Form der Erfahrung mit sich selbst. Der Umgang mit den eigenen Widersprüchlichkeiten und Endlichkeiten, der Umgang mit der Welt des Lächerlich-Absurden wird gelernt, so dass man diese Widersprüche als Teil des Eignen verarbeiten und in die Ambivalenzen der menschlichen Existenz integrieren kann. „Sie lassen sich [...] im Zeichen besonderer Differenzwahrnehmung charakterisieren und [...] dokumentieren sich in den kulturwissenschaftlichen Diskursumstellungen und ihren Dekonstruktionen."[37] Wer sich diesen Herausforderungen nicht stellen, sich an der Infragestellung durch alternative Deutungsmodelle nicht abarbeiten kann, droht, in eine Isolierung der ängstlichen Selbstwahrnehmung zu verfallen. Das bedeutet aber auch, die Fähigkeit einzubüßen, andere Perspektiven und Deutungshorizonte zuzulassen, selbst wenn von diesen eine irritierende Provokation für lang gehegte Identitäts- und Glaubensformate ausgeht. In der Isolationshaft abseits der Fähigkeit zur Selbstrelativierung wird man tatsächlich wenig Vermögen haben, selbstironische oder humorvolle Ansichten über das eigene Leben, Denken und Handeln zu finden. Wer in der Angst vor der Infragestellung lebt, wird sich die heitere Form eines Perspektivenwechsels – und sei es nur eine humorvolle Nebenbemerkung – nicht leisten können, weil darin gleich eine Angreifbarkeit vermutet wird – und wer sich so angreifbar macht, gibt in der Logik der Angst Raum für Feinde. Ob es diese nun geben dürfte oder ob sie nur eingebildet sind.

Anstöße von innen und außen. Eine Bekanntschaft mit der Satire

„Die Theologen sollte man füglich mit Schweigen übergehen und diesem Kräutchen Rührmichnichtan aus dem Weg bleiben. [...] Sie dräuen nämlich unversehens mit dem Bannstrahl, wenn sie einem nicht grün sind. Sie sonnen sich in ihrer Eigenliebe wie im dritten Himmel und blicken aus ihrer erhabenen Höhe voll Verachtung und Mitleid auf alle anderen [...] herab."
(Erasmus von Rotterdam)[38]

Man staunte nicht schlecht, als die satirische Schrift des Erasmus von Rotterdam die Runde machte. Der gelehrte Humanist hatte sich auf einer Reise von Italien nach England im Jahre 1508 einem Büchlein gewidmet, das sich bis heute als eines seiner bekanntesten Werke halten sollte: „Das Lob der Torheit" gilt bis heute als eines der schärfsten, einfallsreichsten und sprachlich gewieftesten Beispiele von Satire in der aufkommenden Neuzeit. Dabei lässt der gelehrte Denker keinen noch so angesehenen Berufsstand seiner Zeit unangetastet, übersät alle mit trockener Ironie und lachhaften Überzeichnungen.

Dass sich Erasmus, schon zu Lebzeiten ein angesehener, aber auch kritisch beäugter Denker, mit dieser Schrift nicht nur Freunde gemacht hat, dürfte schnell klar sein: Schließlich legt er sich mit allen nur vorstellbaren Schichten an, die in den Gesellschaften Europas das Sagen hatten. Ob Adelige, Könige, Mönche, Priester, Bischöfe – keiner war vor dem Spott dieses Büchleins sicher. Die Tatsache, dass der Gelehrte dafür nicht persönlich unter die Räder kam, war einerseits wohl bischöflicher Intervention für ihn zu danken (er hatte gute Kontakte bis hinein in das Kardinalskollegium) sowie der Methodik seiner Arbeit: Ein gattungsspezifischer Kunstgriff ließ ihn bzw. seine Schrift als weniger ernsthaft erscheinen als zahlreiche darin vorgenommenen Anschuldigungen oder Seitenhiebe vermuten ließen. Nicht er selbst, sondern die allegorisch auftretende Torheit, die versinnbildlichte „Muse der Narren", tritt als Hauptdarstellerin auf und lässt sich darüber aus, dass sie wohl die wichtigste aller inspirierenden Kräfte für die Menschen sei, weil sie doch alle Stände und Berufsfelder beeinflusse, ja sogar für die Götter selbst eine zutiefst einflussreiche Quelle der Torheiten sei.[39] Die lachende Torheit als wortgewaltige Allegorie – ihr Auftritt ist legendär, ihre scharfen Worte waren zur damaligen Zeit alles andere als gewohnt. Dennoch konnte Erasmus mit den beiden Stilmitteln, nämlich der allegorischen Darstellung sowie dem biblisch bereits durch Paulus verwendeten Gestus der „Narrenrede" (2Kor 11,16–12,13), auf etablierte Kunstformen zurückgreifen. Die Wirkung dieser satirischen Redegewalt der „Frau Torheit" ist jedoch keinesfalls nur eine Beleidigung, sondern eine Form der Befreiung – durch die Einsicht in die eigene Unzulänglichkeit können Menschen eine Form der Unbeschwertheit lernen, die erst aus dem kritischen Umgang mit sich selbst erwächst.

> „Die Torheit singt ihr eigenes Lob, den Menschen zum Trost und zur Selbsterkenntnis[. …] Die Torheit, so ist Erasmus zu verstehen, befreit den Menschen zu einem erhellend-törichten Leben, das allererst die Würde des Menschen ausmacht."[40]

Die Spitzen, die Erasmus gegenüber den Reichen und Mächtigen, den kirchlichen und staatlichen Oberen austeilt, stehen damit im Dienst einer menschlichen Unterweisung: Erasmus möchte mit den närrischen Behauptungen, die ihm gut und gerne Strafen und Gefängnis hätten einbringen können, den Menschen einen kritischen Blick lehren. Die Intention des Erasmus liegt auf der Ebene einer humanistischen Bildung, gleichzeitig aber auch auf einem grundlegend kritischen Blick auf die Fähigkeiten und Fertigkeiten der Menschen, sowohl ihre theoretisch-wissenschaftlichen als auch ethischen. Allein die lachende Torheit könne über die scheinbar unumstößlichen Wahrheiten hinausführen und zu einem wahren gottesfürchtigen Leben führen, das sich nicht auf Scheinwissen beschränkt, sondern in einem kritischen Selbstverhältnis offen für Gott sein kann.

„Erasmus [hält …] seinen Zeitgenossen – und nicht nur ihnen – einen Spiegel vor, der aufscheinen lässt, dass der Mensch sich selbst verfehlt, wenn er ohne humanistische Bildung bleibt […] sich frank und frei [aber] eingestehen muss, dass [er] eben auch bei aller Bildung und allem Wissen ein Tor bleibt."[41]

Obwohl also Erasmus von Rotterdam scheinbar viele der religiösen Bereiche damaligen kirchlichen Lebens auf die Schippe nimmt, geht es ihm um ein ernstes Anliegen – doch war dieses Anliegen wohl nicht allen Zeitgenoss*innen gleichermaßen einsichtig. Rhetorisch geschickt verpackt er in seine Kritik auch religiöse Anspielungen, die gepaart mit zahlreichen Bibelzitaten die Unkenntnis, Torheit und Begrenztheit der Menschen herausstellen. So gibt er seinem Anliegen, das zwar eine Kritik der kirchlichen Vertreter und deren Arbeitsbereiche beinhaltet, einen theologischen Kern, eine Argumentationsweise, die ganz auf der Autorität der Schrift beruht, aber die Begrenztheit menschlicher Versuche herausstreicht. „Wer immer die lachende Vernunft der Torheit ausmerzen will, wer alles nach starrer Vernünftigkeit und – modern gesprochen – Rationalität ordnen will, der zerstört das Leben der Menschen."[42]

In der berühmten Schrift des Erasmus von Rotterdam begegnen uns mehrere Motive, die uns bereits begleitet haben: Zunächst das Motiv der kritischen Selbstbetrachtung, der humorvollen Infragestellung der Menschen angesichts ihrer eigenen Unzulänglichkeit. Des Weiteren finden wir ebenso die satirischen Charakteristika des bissigen Spotts, also eines Lachens, das Gefahr läuft, bei den Betroffenen im sprichwörtlichen Halse stecken zu bleiben. Die Satire spielt mit den Grenzen des Sagbaren, indem sie diese auslotet und überschreitet. Die Grenzverletzung ist das Markenzeichen eines solch bissigen Spottes, der genau im Tabubruch eine Botschaft vermitteln, so für sein Anliegen erhöhte Aufmerksamkeit erreichen will. Damit rührt die Satire an Selbstverständlichkeiten, indem sie diese ignoriert bzw. explizit infrage stellt. Das Normale wird anormal, die jenseits des Denk- und Sagbaren liegenden Motive werden ausgesprochen und auf die Spitze getrieben. Der Schock ist der Satire inhärent – eine Satire ohne die drohende Empörung keine Satire. Dennoch ist dieser stilistische Kunstbereich eine Grauzone. Eine Definition der Satire zu finden ist schwierig, weil sie sich selbst dadurch kennzeichnet, definitorische oder moralische Grenzen zu ignorieren. Eine Begrenzung für das zu finden, was sich durch Grenzverletzungen auszeichnet, klingt nicht nur abenteuerlich, sondern schlichtweg unmöglich. Jacob Wetzel betont: Satire ist

„ein form- und gattungsübergreifendes Stilprinzip[...], das vor allem durch eine satirische Intention gekennzeichnet ist und durch zumindest drei Merkmale bestimmt werden kann: durch Aggressivität, durch den Bezug auf eine Norm und durch die Wahl indirekter Mittel: *Satire ist sozialisierte Aggression* (Brummark)[.]"[43]

Ja, Aggressivität kann man in einigen Abschnitten im „Lob der Torheit" durchaus finden. Manche Passagen der Darstellung klingen so aktuell, dass sie mühelos heute noch auf manche Berufsgruppen angewendet werden könnten und nach wie vor Potential für so manchen Entrüstungssturm hätten. So sehr den Grundlinien der Beschreibung von Wetzel zuzustimmen ist, so schwierig bleibt natürlich die Feststellung im Einzelnen: Muss jedes Merkmal nachgewiesen werden können? Wie klar muss dieses vorliegen? Welcher Bezug auf eine Norm muss vorliegen – muss diese tangiert, gebrochen, überschritten werden? Gerade die Uneindeutigkeit dieser Zuordnungen führt nämlich in zahlreichen Situationen zu enormen Gegenaggressionen, Abwehrhaltungen oder Missverständnissen: Was mit der Intention einer Satire vorgetragen wird, kann in der Rezeption durchaus als Grenzfall der Beleidigungen wahrgenommen werden. Außerdem: Wenn es sich um eine Beleidigung handelt, welche Reaktion ist angemessen?

In dieser Frage sind wir besonders im Bereich der Sakralität an einem wunden Punkt: Dort wo mit religiösen Argumentationsmustern gearbeitet, mit der Aura einer göttlichen Offenbarung und überzeitlicher Gültigkeit begründet wird, wirkt die Grenzüberschreitung noch einmal schwerwiegender. Hier sind es dann nicht nur menschliche Tabuzonen, sondern möglicherweise göttliche. Das macht den Bereich zwischen Satire und Religion enorm explosiv, weist aber – wie bereits angesprochen – die Religion(en) selbst als angreifbare Größe(n) aus. In der satirischen Überzeichnung, Inversion und Provokation kommen Maßstäbe an ihr Ende, sie erfahren Umkehrungen, wo eigentlich keine vorgesehen sind, gleichzeitig werden sie dadurch aber selbst als dynamisch ausgewiesen, die Menschen, die ihnen folgen als erschütterbar inszeniert. Die Gewalt des satirischen Schocks markiert einen Nicht-Ort der Ordnungen: Es wird etwas zutage gefördert, was nicht vorgesehen war, es wird ein Raum eröffnet, wo sich eigentlich keiner befinden dürfte. Das macht die Satire so problematisch, da sie Räume erschließt, die nicht einfach abgesteckt sind – in diesen Leerstellen gibt es keine klaren Regeln, es gibt keine „Maßnahmenkataloge", die genau regeln, was passiert oder wie reagiert werden muss, wenn bissiger Spott über scheinbar unhinterfragte Selbstverständlichkeiten angestellt wird. Das trifft auch den religiösen Bereich: Als die Satirezeitschrift „Titanic" im Jahr 2012 während der „Vati-Leaks"-Affäre rund um veröffentlichte Geheimunterlagen aus dem Papstbüro ein Cover veröffentlichte, das Papst Benedikt XVI. in seiner weißen Soutane mit einem eindeutigen gelben Fleck auf Höhe der Lendengegend zeigte, war der Aufschrei groß: Die Überschrift „Die undichte Stelle ist gefunden" heizte die Empörung noch einmal an.

Die folgenden Auseinandersetzungen machten die Komplexität der Lage deutlich: Was wurde mit dieser Aufmachung bezweckt? Handelte es sich hier um Satire oder um eine gezielte Beleidigung und Bloßstellung eines alten Mannes? Selbst der Rückzieher der Redakteure des Magazins konnte die Entrüstung nur schwer bändigen.[44] Die bissige Titelseite wurde zu einem moralischen Problem; wie soll auf Provokationen dieser Art reagiert werden? Der Grundsatzdiskussion über Satire folgten Gegenangriffe von kirchlicher Seite, Prozessandrohungen und Unterlassungsklagen. So stellte sich auch aufseiten der christlichen Gemeinschaft die Frage, wie man mit solchen säkularen Zugriffen auf Religion und religiöse Würdenträger umzugehen hat. Aus der Konfrontation mit dem eigentlich Unfassbaren jenseits der Grenzen des guten Geschmacks wurde somit auch eine ethische Debatte im Rahmen der kirchlichen Grenzen: Soll man angesichts dieser Provokationen still bleiben? Auch die andere Wange hinhalten?

6. Irritierte Sprachlosigkeit.
Oder: Die Kunst, beleidigt zu sein

> „Nicht die Kinder! [...] Man kann doch keine Kinder töten!
> Das ist eigentlich die Art von Dingen,
> die man von meinem Herrn erwarten würde."
> (Crowley aka David Tennant)[1]

Das Schweigen der Engel. Ein Seufzen für die Ewigkeit

Aziraphale seufzt. Der Engel steht lethargisch vor der herannahenden Flut, die die Menschheit nach dem Ratschluss Gottes vernichten soll. Nur eine kleine Gruppe von Personen rund um den braven Noah soll die Flutkatastrophe überleben – so will es der Herr. Man sieht im Gesicht des Engels (in der deutschen Übersetzung „Erziraphael" genannt), dass er den Willen des Allmächtigen nicht nachvollziehen kann. Der Dämon Crowley steht an seiner Seite, ebenfalls ungläubig staunend über das Schauspiel, das sich auf der Erde anbahnt. Kinder zu töten? Das geht offenbar selbst dem Dämon zu weit. Wie kann Gott so etwas nur wollen? Der gefallene Engel, klassisch in der teuflischen Rolle des „Einflüsterns"[2], begleitet die Szene und stellt Fragen – unangenehme Fragen. Es sind pointierte Nadelstiche, die sich in seinen Worten finden und an das Grundsätzliche von Gut und Böse, Leben und Tod rühren. Wie kann Gott die gesamte Menschheit ausrotten? Alle. Unterschiedslos.

Der Engel jedoch schweigt. Es ist kein Schweigen, das entschlossen wirkt, keine Stille, die sich hinter der Autorität und Macht Gottes versteckt, der bedingungslos zu folgen wäre. Das Schweigen Aziraphales ist kein Stummsein, dem eine Zustimmung zu den Taten Gottes zu entlocken wäre, wie Papst Bonifaz VIII. mit seinem bekannten Ausspruch „Wer schweigt, stimmt offenbar zu"[3] suggerieren würde. Im Gesicht des himmlischen Dieners spiegelt sich Unverständnis, er kann dem Ratschluss Gottes zwar nichts entgegensetzen, doch ihn in gewisser Weise unkommentiert lassen und ihn so nicht verteidigen. Erziraphael setzt nicht zu einer glühenden Apologetik seines Herrn an, er gibt gegenüber dem Dämon keine Begründungen, Argumentationen oder Erklärungen ab, warum dieser Wille Gottes geschehen muss. Vielmehr gibt er in seinem Schweigen dem Einflüsterer Raum. Doch was passiert? Der Dämon wird selbst sprachlos. Er erhebt sich in seinem Zweifel und seiner harschen Kritik nicht über den betroffen dastehenden himmlischen Boten, sondern er selbst wirkt geschockt. Ungläubige Trauer macht sich in beiden Gesichtern breit. Der Dämon wirkt betroffen. Vielleicht gerade deshalb, weil er keine argumentative Gegenwehr bekommt, wird er selbst in eine Lethargie angesichts des Unfassbaren gerissen.

Die eigentlich mit Komik, britischem Humor und zahlreichen religiösen Seitenhieben gespickte TV-Serie „Good Omens" vermag einige theologische Fragestellungen des zugrundeliegenden Romans von Terry Pratchett und Neil Gaiman aufzunehmen. Sie kann bildlich inszenieren, was die beiden ungleichen Hauptcharaktere umtreibt, was sie unterscheidet, worin aber auch ihre gemeinsame Herausforderung besteht, nämlich nicht alles zu verstehen (und zu befolgen), was ihnen ihre jeweiligen „Vorgesetzten" auftragen. In der Lächerlichkeit zahlreicher Szenen verbergen sich ernsthafte Fragen und konkrete Probleme, die das Menschsein, die Frage nach dem Sinn sowie die Erklärbarkeit sakraler und theologischer Begründungsformen betrifft. Das Komische wird zu einem Vehikel des Ernsten, das Lachen des Publikums wird zu einem emotionalen Anknüpfungspunkt, an dem sich durchaus offene Fragen des Lebens eröffnen. Die Szenerie der Apokalypse, des Untergangs aller Welt und Schöpfung, dient als Bühne für einen Kampf nicht nur um das faktische Überleben, sondern auch für die Rettung von Sinn und Glaubwürdigkeit des himmlischen Herrschers. Die Grenzen zwischen Gut und Böse verschwimmen, die beiden Figuren zeigen sich in ihren Verfehlungen, ihrer Ohnmacht und mit ihren Lastern – und wirken dadurch gerade ambivalent menschlich. Sie spiegeln die Zerbrechlichkeit der Schöpfung, die Zweideutigkeit irdischen Daseins. Damit transportiert das wechselvolle Genre der Komödie auch die Vieldeutigkeit der Welt sowie die Begrenztheit aller Gottesbilder: Die Szene im Kontext der biblischen Arche Noah-Geschichte wirkt exemplarisch. Sie vereint die Ernsthaftigkeit der Frage nach Sinn und Unsinn göttlicher Bestrafung, sie sucht für die Vorstellung eines zornigen Gottes nach einer einsichtigen Erklärung; es wirkt wie eine drängende Anfrage an religiöse Autoritäten oder gläubige Vertreter*innen, wenn Crowley den Engel mit der offensichtlichen Grausamkeit Gottes konfrontiert. Aber dieser schweigt. Er schweigt betreten, lethargisch, trauernd. Das wiederum verschlägt dem Dämon die Sprache, was angesichts der Unterschiedlichkeit der beiden Akteure wiederum witzig erscheint. Aber auch die humorvollen Wendungen können nicht darüber hinwegtäuschen, dass die Fragen voller Skepsis, Betroffenheit und Ohnmacht ihren Sitz im Leben des Publikums haben. Was hier artikuliert wird, sind Fragen aus der schicksalhaften Erfahrung unzähliger Menschen, die religiösen Erklärungen auf den Zahn fühlen.

Höchst irritierend. Oder: Von der Gottlosigkeit des gefesselten Gottes

Es dürfte kein Zufall sein, dass man in etlichen theologischen Kreisen mit humoristischen Büchern, Serien und Filmen (bzw. Theaterstücken) keine Freude hat – das war in anderen Zeiten bzw. in anderen religiösen Kulturen nicht wesentlich anders. Die Infragestellung, die von solchen medialen Stücken ausgeht, ist zutiefst erschütternd. Allzu gerne werden solchen humorvollen Darbietungen vorschnell die Siegel von „Beleidigung", „Lächerlichkeit" oder „billigem Kommerz" aufgedrückt, um sich nicht mit deren Anliegen und tieferen Themenstellungen auseinandersetzen zu müssen. Das funktioniert über weite Strecken theologischer Arbeit auch recht gut, man hat sich in den letzten Jahrzehnten sehr gut vom modernen medialen Geschehen abgesondert. Doch merkt man zunehmend, dass diese Isolation religiöser Sprachformen von säkularen Werken an einigen Stellen Risse bekommen hat – und das ist auch gut so.

Nicht, dass sich in jeder Satire oder Comedy-Serie oder Komödie gleich eine tiefere religiöse Fragestellung verbergen muss oder in jeder modernen Form von Mythologie oder Science-Fiktion religionsbezogene Fragestellungen ausgehandelt werden. Das wäre sicherlich zu hoch gegriffen. Aber die Einbeziehung von modernen Medien, Kultur und Kunst war für die Geisteswissenschaft immer schon eine Quelle von Inspiration und Anstoß – und beides funktioniert nicht nur in der wohligen Kuschelzone braver, realistischer Narrative, sondern auch in der teils surrealen Welt irritierender Kunstformen der Gegenwart. Die Provokation – nicht erst in der Gegenwart eine beliebte und verbreitete Form kulturellen Instrumentariums[4] – findet zunehmend Eingang in geisteswissenschaftliche Sparten[5], bei denen man das vielleicht nicht in dieser Form erwartet hätte.[6] Dabei hat die Irritation einen enormen theologischen Wert. Im Raum der Differenz zwischen Anspruch und Realität, Erwartung und Vertröstung, Erklärung und Sprachlosigkeit liegen enorme erkenntnistheologische Potentiale, die nicht selten erst durch die Umkehrung der Sicherheiten wahrgenommen werden.[7] In diesen Räumen kann eine Form theologischer Kreativität erwachsen, die jenseits von abgesteckten Sicherheiten und religiösen Erklärungen ihre Wirkung entfalten kann – nicht in der Macht scheinbar finaler Begründungsfiguren, sondern in der Entdeckung der eigenen Marginalität.[8] Dabei werden in den brüchigen Begriffen oder Begründungsformen religiösen Sprechens Einsichten über den Glauben selbst, die menschliche Existenz und auch die damit verbundenen Gottesbilder gewonnen. Insofern sind Orte der Provokation immer mögliche Quellen einer tieferen Einsicht über sich selbst. Das gilt nun nicht nur für humorige Irritationen, aber auch für diese. Die Verzerrung durch Humor, Komik und Satire bewirkt nicht selten eine zutiefst heilsame Einsicht, nämlich dass es eine absolute Bestimmbarkeit Gottes, eine geschlossene Erklärung der Welt sowie eine unantastbare religiöse Begründungsfigur nicht gibt.

„Im Gebrauch der theologischen Zeichen ist der Verlust ihrer Geltung mitzudenken. Kein Zeichen behält seinen festen Sinn, so wenig wie ein Gottesname oder -attribut seiner Kritik, dem eschatologischen Vorbehalt entkommt."[9]

Die Konfrontation mit der eigenen Angreifbarkeit ist eine enorme Herausforderung, gleichzeitig macht sie aber auch klar, dass ein religiöses Bekenntnis jenseits der menschlichen Hinfälligkeit nicht zu haben und zu leben ist. Die Illusion der eigenen Unantastbarkeit ist keinesfalls immer das Resultat von Machtfantasien und Unterdrückungsmechanismen (obwohl diese oftmals mitspielen), sondern kann auch einem zutiefst menschlichen Wunsch nach Sicherheit entspringen. Es ist zutiefst menschlich, nach Gefügen und Rahmenbedingungen zu suchen, nach Gebäuden, die dem Glauben einen Raum der Intimität und Stabilität geben. So wie Petrus in der bekannten Erzählung der „Verklärung Jesu" (Mt 17), der die Erfahrung dieses Moments mit dem Bau von Hütten „verfestigen" möchte. Der Wunsch nach einem Festhalten und nach Objektivierung dessen, was im religiösen Glauben oftmals unvermittelt und punktuell auftritt, begleitet auch und besonders die Sprachformen der Glaubensartikulation. Dennoch bleibt diese Illusion einer Absolutsetzung gefährlich, da sie nicht mehr in der Lage ist, die eigene Position als relativ anzunehmen. Dies ist nicht nur ein Gebot erkenntnistheologischer Selbstkritik, sondern auch ein höchst spirituelles *Memento*: Die Annäherung an Gott, die Beziehung zu ihm kann nur dort geschehen, wo man sich des Risikos dieses Wagnisses bewusst ist. Diese „Gefahr der Widerlegung" gilt nicht Gott, sondern den menschlichen Wegen bzw. Sprachformen gegenüber diesem Gott. Dem Glauben würde die Vorläufigkeit, den menschlichen Versuchen, über Gott zu sprechen, würde ihr Zeichencharakter genommen werden. Damit wäre aber ebenso ein entscheidendes Existential des Glaubens, nämlich seine irdische Vorläufigkeit ausgeschaltet: Das Bekenntnis der Suchenden würde zu einer Ideologie der scheinbaren Sicherheit werden. Tomáš Halík formuliert dies treffend:

> „Wenn der Glaube auf seinem Weg seinen Bruder, den Zweifel, verlieren würde, würde er aufhören, ein Suchender und ein Fragender zu sein; er könnte in eine geistlose religiöse Praxis absinken, in einen Ritualismus oder eine Ideologie."[10]

Vor einer solchen Gefahr zu warnen bzw. dieser vorzubeugen, gelingt nicht nur im Modus einer theoretischen Erkenntniskritik, sondern auch im Erleben der Angreifbarkeit: Die Umkehrung der Perspektive zeugt von der Möglichkeit des Scheiterns, auch die Verzerrung von Komik wirkt als eine Erinnerung an den Vorbehalt, der jeder religiösen Perspektive mitgegeben ist, die sich als menschliche Sprache versteht und nicht als göttliche Stimme zu inszenieren versucht. Das weist sie jedoch als zerbrechlich und begrenzt aus. Dazu noch einmal Gregor Maria Hoff: „Das Scheitern im Sprechen von Gott muss demnach als ein spezifischer *locus theologicus*, als ein Ort der Gottesrede begriffen werden – es ist konstitutives Moment jeder Möglichkeit, den Namen Gottes auszusprechen."[11]

Die religiöse Perspektive, die in der humorvollen Inversion, im satirischen Spott oder selbst in der beleidigenden Verletzung ihre eigene Unzulänglichkeit erfährt, ist verwundbar. Sie ist nicht im Begriff, über ihren Glauben oder sogar den Gegenstand des Glaubens frei verfügen zu können: Wenn sie in der Lage ist, ihr eigenes Scheitern mitzudenken, dann wird sie sogar in der zutiefst kränkenden Beleidigung einen Teil der eigenen Identität finden: Die Verwundbarkeit ist ein *Signum* der geschichtlichen Rede von Gott, so wie es ein Charakteristikum des christlichen Gottes ist, der sich in der Menschwerdung der Verletzlichkeit ausgeliefert hat. Dieser Gott ist keiner, der geschichtlich gebunden oder theoretisch begriffen werden kann, ebenso ist dieser Mensch gewordene Gott auch keiner, der durch das Grab oder den Tod gebunden werden kann. Würde er sich „fassen" lassen – in Begriffe, Sätze oder physisch – wäre es ein gefesselter Gott, niedergebunden wie Gulliver aus dem gleichnamigen Roman von Jonathan Swift auf der Insel Liliput.[12] Der Schock der Konfrontation umgibt die zutiefst theologische Erkenntnis, dass all ihr Schaffen im Angesicht Gottes immer nur „Stückwerk" bleibt und sich eine Form der vollständigen Begründung nicht nur aufgrund des begrenzten Instrumentariums menschlicher Sprache, sondern auch und besonders wegen ihres Gegenübers verbietet. Oder wie Bernd Hagenkord betont: „Gott bleibt Suche. Gott ‚ist' niemals. Wenn wir es begreifen, dann ist es nicht Gott."[13]

Die Leerstelle eines jeden Sprechens über Gott wird durch die Erschütterungen „von außen" herausgefordert. Sich dagegen zu isolieren oder in einen gewaltförmigen Gegenangriff überzugehen, vom Unterdrückten zum Unterdrückenden zu werden, ist jedoch ebenso eine Gefahr, wie eine vorschnelle Verteufelung einer jeden Kritik. Hier kommen wir tatsächlich nicht nur an theologische Implikationen, sondern an ethische Fragen, die auch das Handeln im Alltag angesichts von Marginalisierung, Spott oder Beleidigungen betreffen: Diese Erfahrungen umschreiben den prekären Ort, dem ein religiöses Bekennen ausgeliefert ist, aber wo es gleichzeitig Raum und Inspiration finden kann. „Die eigene Erfahrung von Marginalität sperrt sich gegenüber gewaltförmigen Majorisierungs-‚Versuchungen', wie sie religiösen Wahrheitsansprüchen eignen, ihrem Gehalt aber zugleich widersprechen"[14], so Hoff. Dem ist nur beizupflichten: Die Versuchung einer racheförmigen Eskalation oder einer gewaltbasierten Gegenreaktion begleitet – nicht nur, aber auch – das religiöse Sprechen – und zwar auf allen Ebenen. Nicht nur in den oftmals proklamierten elfenbeinernen Türmen der Gelehrtenstuben, sondern auch im Leben jedes/jeder einzelnen Gläubigen kommt diese Herausforderung vor. Die Versuchung, von der Irritation zu einem Akt der Gegengewalt zu greifen, begleitet die Existenzformen des Glaubens, umso mehr, wenn das religiöse Bekenntnis zu einem kulturell machtvollen Instrument geworden ist. Diesem einerseits zu widerstehen, andererseits aber ebenso wenig in eine lethargische Selbstisolation zu fallen, die dem Anspruch und Auftrag Jesu zu einem glaubwürdigen Zeugnis entgegensteht, ist eine Herausforderung, die sich quer durch die Zeiten immer neu stellt. Der Schock der Irritation markiert das Auseinanderklaffen jener Inkongruenz des Komisch-Ironischen, den schon Aristoteles als möglichen Anstoß zur Selbsterkenntnis, dann aber besonders Reinhold Niebuhr als ethisch-politischen Auftrag der Gegenwart herausgestrichen hat. An der Stelle der eigenen Lächerlichkeit wird das gläubige Leben auf die Probe seines geschichtlichen Ortes gestellt: Das menschliche Verhältnis zu Gott ist nicht jenseits der Ambivalenzen der geschichtlichen Welt zu haben, sondern in diese eingewoben. Das macht aber den Glauben zu einer Haltung, die immer auch angesichts der Sprachlosigkeiten dieser Welt existiert. Am Boden des Lebens wird das gläubige „Subjekt der Erkenntnis allen Versuchungen seiner Selbstbehauptung entrissen. Es ist nicht der sichere Ausgangspunkt einer Gottesvergewisserung, sondern vielmehr am Rand seiner selbst[.]"[15] In diesem prekären Moment des Anstoßes findet sich ein theologischer Kern christlicher Existenz, die sich nicht den Menschen und ihren Anliegen entziehen kann, gleichzeitig aber auch ihrer Kritik und ihren problematischen Anfragen ausgeliefert ist. Mit den Worten Hoffs: „Das Christentum muss seine Innenwelt […] dem Außen zur Verfügung [stellen …] und sich zugleich von ihm *inspirieren* und bestimmen lassen. Aus dieser Differenz ergibt sich sein *gegenwärtiger Sinn*."[16]

Fäuste für ein Halleluja? Papst Franziskus und die Beleidigungen einer Mutter

Keine Woche nach den grausamen Anschlägen auf die Pariser Satirezeitschrift „Charlie Hebdo" war vergangen, nur einige Tage, nachdem Europa gebannt und entsetzt auf die Ereignisse von Paris blickte und um Antworten rang – vor Augen immer noch das Bild der Attentäter, die auf offener Straße einen Polizisten quasi hinrichteten, aus ihren gekränkten religiösen Gefühlen zu Mördern wurden. In ihrer eigenen Selbstwahrnehmung waren sie die

Vollstrecker eines göttlichen Urteils, in der Fremdwahrnehmung waren sie fanatische Radikalisten, die zu ihren Glaubensgrundsätzen keinen Widerspruch und noch weniger Scherz darüber duldeten. Papst Franziskus befand sich gerade auf dem Flug von Rom nach Manila, als er zu den verheerenden Morden vom 7. Januar in der französischen Hauptstadt befragt wurde.[17] Langsam hatte sich bereits abgezeichnet, dass die Motive der Anschläge in der religiösen Kränkung durch die Cartoons der Zeitschrift zu suchen waren. Der Papst, als Oberhaupt von mehr als 1,2 Milliarden Gläubigen der katholischen Christenheit, wurde mit den mutmaßlichen Motiven konfrontiert. Ein Satz aus der Antwort des Pontifex erstaunte:

> „Viele Menschen ziehen über Religion her, das kann passieren, hat aber Grenzen. [...] Wenn Dr. Gasbarri (der Reiseorganisator des Papstes, Anm. der Redaktion), mein lieber Freund, meine Mama beleidigt, erwartet ihn ein Faustschlag[.]"[18]

Der Papst, der seine Fäuste sprechen lässt, löste einige Diskussionen aus.[19] Zu Recht, wie man meinen könnte: Was Papst Franziskus in dieser Anmerkung auf seine gekonnt lässige Art unkonventionell vermittelte, birgt Sprengkraft in sich. Zahlreiche Unterstützer des Papstes, die den Bischof von Rom in seinen Äußerungen verteidigten, konnten die Problematik auch nicht leugnen. Was dem obersten Hirten der katholischen Christenheit hier auf 10.000 Metern Höhe über die Lippen kam, besaß Konfliktpotential: In der fiktiven Begebenheit, von der Papst Franziskus sprach, ging es um eine Beleidigung seiner Mutter. Dass diese Formulierung christlicherseits durchaus deutungsoffen ist, muss an dieser Stelle gleich betont werden: Die „Mutter" ist einerseits in der johanneischen Tradition eine Sprachfigur für die Mutter Jesu – gleichzeitig wird sie aber auch verwendet in Verbindung mit der Kirche[20]: Die Mutter Jesu als Mutter der Kirche ist Grund dafür, warum man auch von „Mutter Kirche" spricht.[21] Diesen Deutungsraum gilt es hier mitzudenken, wenn Franziskus von „seiner" Mutter spricht. Denn hier könnte es sich nun um seine biologische Mutter, also die des Jorge Mario Bergoglio, handeln, ebenso gut aber auch um die theologische und metaphorische Mutter. Das wäre also bereits einmal die erste Problematik. Was – folgt man der Argumentation des geistlichen Oberhirten weiter – würde aus einer Beleidigung dieser mütterlichen Gestalt folgen? Ein Faustschlag, also körperliche Gewalt. Und hier liegt durchaus eine enorme Problematik: Denn der Kontext, in dem diese Frage gestellt wurde, war klar, nämlich die Erfahrung der Anschläge auf „Charlie Hebdo" und die Frage, ob und in welchem Ausmaß man sich über religiöse Inhalte lustig machen darf bzw. ob und wo es eine Grenze gibt. Eine solche Grenze gibt es anscheinend für Papst Franziskus, zugleich suggeriert er, dass ein Überschreiten dieser Grenze Gewalt, körperliche Gewalt, auslösen würde: Zwar sagt der römische Bischof nicht einfach, dass eine solche Handlung von Gott gerechtfertigt oder sogar gewollt sei, aber zumindest scheint er mitzudenken, dass eine solche harsche Reaktion wenigstens verständlich sei, wenn man das intimste Verhältnis eines Menschen zu seiner Mutter durch Beleidigungen störe. Und das ist problematisch.

Nicht nur, dass es nicht einfach zweifelsfrei nachweisbar ist, wo diese vermeintliche Grenze liegt, ebenso kann man die Reaktion auf der Ebene körperlicher Gewalt auf eine (wie auch immer geartete oder zumindest interpretierte) Beleidigung nur schwer begründen: Hier wird – was christlich ebenso umstritten ist – nicht „Gleiches mit Gleichem" vergolten, vielmehr springt der Papst von der Ebene der Beleidigung auf die der physischen Gewalt. Die ethische Dimension dieses päpstlichen Wortes ist groß, Missdeutungen könnten fatal sein. Dabei muss man noch gar nicht auf die Ebene eines völligen Gewaltverbotes im Christentum hinzielen, um die Problematik dieser päpstlichen Kategorienmischung zu erkennen. Dass nämlich die Satire seit Jahrhunderten auch in katholisch geprägten Ländern eine gängige Kunstform ist, ist ein Faktum, die Verzerrung religiöser Inhalte liegt – soziologisch gesehen – auf einer Stufe mit anderen Objekten der spöttischen Text- bzw. Bildsprache. Warum religiöse Gruppierungen, Inhalte oder Personen eines besonderen Schutzes ihrer Würde bedürfen, müsste zunächst einmal in einem säkularen Staat begründet werden. Dies kann als eine bleibende Aufgabe gelten, besonders in Zeiten, in denen das Bewusstsein quasi-religiöser Gehalte[22] wieder vermehrt ins Bewusstsein tritt. Dieser Prozess einer Abstimmung von Freiheit der Kritik, Medien und Meinung einerseits, das Austarieren mit dem Schutz und Achtung von Identität und Würde auf der anderen Seite ist über weite Strecken noch nicht beendet, wird aber auch weiterhin eine dauerhafte Agenda bleiben.[23]

Dennoch verbieten sich grundlegende Grenzüberschreitungen, wie durch Papst Franziskus suggeriert: Nicht, dass man nicht empört, verletzt oder gekränkt sein dürfte. Aber es darf nicht einmal angedeutet werden, dass eine Beleidigung eine gewaltförmige Reaktion rechtfertigen oder auch nur begründen könne: Die Gefahr einer solchen, von einer religiösen Führungsperson ausgesprochenen Feststellung ist zu groß. Die emotionale Reaktion auf eine von Verzerrung und Beleidigung gekennzeichneten Situation schließt keinerlei Recht auf Rache ein. Noch dazu, weil man in der Satire mit einem bissigen Spott konfrontiert wird, der gerade in der Irritation seinen Sinn sieht.

„Die bloße Behauptung eines religiösen Gefühls bzw. seiner Verletzung kann keine berechtigten Tabuwirkungen erzeugen und etwa unliebsame Karikaturen, provokante Theateraufführungen oder kabarettistische Persiflagen als Blasphemie oder Gotteslästerung zu unterbinden. Aber ebenso wenig ist dies ein hinreichender Grund, [...] Äußerungen [nicht] ernst zu nehmen, die von verletzter Ehre und Würde sprechen."[24]

Die Grauzone der Satire markiert einen Problembereich: Hier kommen individuelle und kollektive Gefühle auf eine provokative Art und Weise zur Sprache, so dass diese bloßgestellt werden. Dabei aber werden subjektive Empfindungen von Verletzung und Herabwürdigung ebenso ausgedrückt, wie tiefer liegende Intentionen der Urheber*innen der Satire. Die Grenzen, die Papst Franzskus in seinem Kommentar am Flug nach Manila vorausgesetzt hat, sind tatsächlich schwimmend bzw. nicht präzise zu ziehen. Sie werden innerhalb der Gesellschaft ausgehandelt, sie bewegen sich an Grenzgebieten des guten Geschmacks, ja die Satire lebt gerade davon, dass die Grenzen, an denen sie sich entlang hangelt, nicht genau abgesteckt sind. Das macht die Satire für die Betroffenen als auch für die Satiriker*innen selbst zu einem enorm problematischen Geschehen, in der Verletzungen geschehen, gegen die nicht einfach auf dem Klageweg vorgegangen werden kann. Subjektive Eindrücke und objektive Gründe sind hier nicht einfach zu bestimmen und zu klären. Das macht aber die Satire auch von religiöser Seite her zu einem bleibenden Anstoß, dem man nicht einfach entkommen kann: Die Angreifbarkeit des Glaubens wird besonders dort sichtbar, wo Inhalte durch äußere Zugriffe verschoben, umgekehrt, ja sogar spöttisch entblößt und lächerlich gemacht werden. Die Erfahrung dieser Kränkung ist eine existentielle Erfahrung, sie löst reale Gefühle, Emotionen und Affekte aus – auch diese sind nicht einfach vorgegeben, sondern höchst individuell. Aber das macht den Umgang mit ihnen auch zu einem politischen Thema in zunehmend säkularen Staaten, aber ebenso zu einem theologisch und spirituell herausfordernden Geschehen. An der Reaktion auf die Wirklichkeit, im Umgang mit den Bedrängnissen und Herausforderungen des Lebens, entscheidet sich im christlichen Verständnis einiges. Dies gilt auch in der Auseinandersetzung mit Menschen, die die eigene Überzeugung nicht teilen (vgl. Mt 10).

Am heilsamen Ort der Grabesstille. Eine (theologische) Anleitung zum Beleidigtsein

Die Frage bleibt: Nach welchen Maßstäben hat sich der christliche Umgang mit einem Verlachtwerden zu richten? Welche Reaktion scheint angemessen, welche möglicherweise übertrieben? Dass diese Frage nicht einfach zu beantworten ist, haben wir beim Interview von Papst Franziskus schon gesehen. So verständlich sein bildliches Beispiel der Beleidigung seiner Mutter möglicherweise war, so problematisch kann sich eine solche Haltung erweisen, wenn sie falsch interpretiert wird. Die Impulse für eine aggressive Reaktion auf kritische und lächerlich machende Infragestellungen sind beim Menschen sicher vorhanden, obgleich daraus nicht notwendigerweise folgt, dass dies adäquate Reaktionen sind. In jedem Fall sollte aber gelten, dass Ausdrücke von Empörung, Kränkung und Verletzung ebenso einen Raum in der zwischenmenschlichen Kommunikation haben sollen, wie andere Ausdrucksformen, die die Gemütslage von Menschen mitteilen. Ja! Man darf beleidigt sein, man darf sich gekränkt fühlen und es ist auch völlig angemessen, dies das Gegenüber wissen zu lassen. Wenn satirische Kunst oder andere Formen medialer Komik in den Augen der Betroffenen eine Beleidigung darstellen, sollte dies zur Sprache kommen können. Das stille Leiden ist kein Auftrag Jesu, Kränkungen und Verletzungen sollen dort mitgeteilt werden, wo sie geschehen. Dass sie in weiterer Folge zwischen den religiösen, staatlichen und künstlerischen Beteiligten geklärt werden müssen, möglicherweise auch vor Gerichten, ist auch im Sinne einer pluralistischen Gesellschaft, in der die vielen unterschiedlichen Beteiligten den gegenseitigen Umgang nur im möglichst ehrlichen und konstruktiven Austausch lernen können bzw. wo, wenn nötig, auch der Staat mit unterbindenden Maßnahmen eingreift. Dieses Recht des Eingriffs liegt aber nicht in der Rolle des Beleidigten begründet, die Maßnahmen entspringen nicht der Willkür jener, die verletzt wurden. Dazu noch einmal Hans-Joachim Höhn:

„Was als Herabwürdigung oder Verunglimpfung zu betrachten ist, kann aber nicht Gegenstand religiöser Diskurse sein oder gar von religiösen Prämissen abhängig gemacht werden, sondern ist in moralischen Diskursen zu klären und stellt für religiöse und säkulare Subjekte eine kooperativ zu lösende Aufgabe dar."[25]

Die religiöse Seite muss anerkennen, dass ihre Glaubenssicht mitunter auf Paradigmen beruht, die vom Gegenüber nicht verstanden werden. Das bedeutet aber auch, dass eine künstlerische Ausdrucksform nicht einfach auf Basis der religiösen Grundsätze verurteilt werden kann, sondern in einem neutral geführten Austausch zur Sprache kommen muss, damit das Gegenüber auch verstehen kann, warum etwas als Verletzung angesehen wird. Für die religiöse Seite bedeutet dies, dass man an sich selbst und an der Art und Weise arbeiten muss, wie man die eigene Position darlegt und verständlich macht. Für die staatliche Seite heißt dies, dass man auf Basis säkularer Grundsätze zu entscheiden hat, ob die von Religionen beanstandete Grenzüberschreitung auch in den Augen eines säkular verfassten Staates eine Verletzung der persönlichen Würde, des guten Geschmacks oder der Gefühle von Staatsbürger*innen darstellt. Wir merken schon: Eine einfache Lösung gibt es hier nicht. Die Sache ist und bleibt kompliziert. Hier bleibt die Problematik bestehen, da Satiriker*innen genau auf die Verletzbarkeit der Spottobjekte zielen und ihre Kritik bzw. satirische Intention in Form von aggressiver Enttabuisierung anbringen wollen. Die Verletzung ist in dieser Kunstform inkludiert, das Lachen, das im Halse stecken bleibt, ist nicht nur eine gezielte Intention, sondern macht Satire erst zur Satire.

In den Momenten solcher „toter Winkel" der Kommunikation zwischen satirischen Urheber*innen und allen Beteiligten droht eine tiefe Sprachlosigkeit. Das muss aber wiederum nicht bedeuten, dass hier jegliche Tätigkeit unterbunden ist. Auch oder vielleicht sogar besonders in der kommunikativen Ausweglosigkeit, wo Verständnis auf gegenseitiger Ebene unmöglich scheint, kann sich ein Prozess der Identitätsbildung fortsetzen. Nicht im Verschließen vor einem Gespräch, sondern im Bereitstellen eines Kanales, der dem Gegenüber offen ist, obwohl eine wirkliche Verständigung auf den ersten Blick unmöglich erscheint. Am Ort der Ohnmacht wird dort, wo diese nicht als eine zerstörerische Kraft wahrgenommen wird, auch in spiritueller Hinsicht ein Reservoir an Möglichkeiten kreativer Neujustierung sichtbar. Gerade im christlichen Glauben können sich in Verletzung, Verstummen oder Verzweiflung wiederum Orte zeigen, in denen der Glaube neu gelebt werden kann, mitunter sogar muss. Die Erfahrung der Jünger vor dem Kreuz Jesu, im Angesicht seines Todes, ist eine biblisch codierte Grunderfahrung der

Enttäuschung. Der Anblick des leidenden Gekreuzigten, der seine letzten Atemzüge macht, kann sinnbildlich als das Zugrundegehen ihrer Hoffnungen, ihres religiösen Selbstbildes gesehen werden. Dieses Erlebnis muss selbst auf die getreuesten Jünger*innen wie ein Spottlied auf all ihre Hoffnung, ihren Glauben und ihre Erwartungen gewirkt haben. Der „von Gott am Kreuz Verfluchte"[26] dürfte für diejenigen, die ihm zuvor möglicherweise Monate oder Jahre nachgefolgt waren, wie eine entsetzliche Karikatur ihres Meisters gewirkt haben. Dieser Anblick traf sie ins Herz, doch konnten auch sie keine Mittel dagegen ergreifen, sie konnten ihren Schmerz nicht einfach bei den religiösen oder politischen Autoritäten einklagen. Ihnen blieb nichts anderes übrig, als den Schmerz dieses Schocks hinauszuschreien, ihn zu durchleiden, ohne in eine aggressive Gegenreaktion verfallen zu können. Erst in der Ostererfahrung, in der sich der Schmerz allmählich in einen neu justierten Glauben verwandelt, wird aus dieser Ohnmachtserfahrung ein Ort des gelebten Glaubens. Hier ist es kein machtvoller Glaube, der mit „Pauken und Trompeten" triumphalistischer Geschichtsdeutung auftritt, sondern ein Glaube, der durch die Niederungen menschlichen Leids und Enttäuschung durchgegangen ist. Mit Karl Rahner kann man betonen:

> „Eine solche Theologie der Macht ... wäre noch nicht durch das Mysterium des Todes Christi hindurchgegangen, wäre keine theologia crucis und also auch nicht wahrhaft christlich."[27]

Die Schädelhöhe, der Ort der Kreuzigung, erwächst damit zum Topos einer ereignishaften Weltsicht, die sich von der Überschreitung jener Ordnungen her versteht, die an diesem Ort erschüttert wurden. Hier wird ein Raum geschaffen, der nicht mit den Grenzen einer religiös und politisch codierten Ausschlusskonzeption mit dem Kreuzestod zurückgehalten werden kann. Dies

> „geschieht in der radikalsten Verwirklichung dessen, was diese Welt schöpferisch begründet und trägt [...:] in und als eine Beziehung, die nicht abbricht. Auch das macht *Menschwerdung* in einem anthropogenetischen wie theologischen Sinn aus."[28]

Die christliche Erfahrung der Leidhaftigkeit artikuliert den Schmerz, die Angst und die Verzweiflung der Jünger vor dem Hintergrund des gerade Erlebten, macht zugleich aber auch den Raum des Glaubens am Ort des puren Verstummens, nämlich des Grabes, fest. Im Durchleben der Grabesstille, in der Begegnung mit der eigenen Endlichkeit sowie der Begrenztheit der irdischen Glaubensperspektive, eröffnet sich ein kreativer und heilsamer Umgang. Dort, wo eigentlich alle menschliche Kommunikation abgebrochen wird, wo alle Worte zu viel scheinen und die bedrückende Stille von emotionaler Angeschlagenheit und erfahrener Kontingenz dominiert, wird im christlichen Glauben der Ort der umfassenden Lebensmacht gefunden.

Dort, wo die Sprache versagt, kann ein Raum der segensreichen Selbsterfahrung möglich sein, so schmerzvoll das im Einzelfall auch ist. Die Narben des zuvor Erlebten werden nicht einfach weggenommen, der Schmerz wird nicht einfach ausgemerzt. Aber aus dem Schock des Erlebten wird gleichsam etwas „Neues" geschaffen. Das Bewusstsein dieser Endlichkeit ist besonders dort möglich, wo die Begrenztheit irritierend erfahren wird – selbst da, wo etwa erschütternde Ereignisse, Kritik oder eben der Spott die Oberhand zu gewinnen drohen. In der Verletzlichkeit zeigen sich Motive des Heils, weil der Glaube am Ort der Verwundung auf einen Bezugspunkt verwiesen ist, der in der irdischen Antastbarkeit nicht gebunden ist. Hier setzt ein Wachsen im Glauben ein, das mit der Infragestellung, mit der eigenen Begrenztheit, umgehen kann, ohne in ein abgrundtief „Schwarzes Loch" religiöser Verzweiflung oder in eine gewaltförmige Aggression und destruktive Entladung zu verfallen. Am metaphorischen Ort der „Funkstille" zwischen den Positionen, wo Humor, Satire und die verlachte Religion aufeinandertreffen, kann etwas entstehen, das den Glauben wachsen lässt. In der leidvollen Erfahrung des Verlacht- und Verspottetseins, in der Ablehnung oder Marginalisierung kommt so auch zum Ausdruck, dass diese Formen der geschichtlichen Fragilität Orte des Heils werden können. Sie fordern dazu auf, dass man sich und die eigene Lage von der „unmöglichen Perspektive" des Glaubens neu bewertet, vor sich neu verantwortet und auch die Koordinaten des Glaubens immer wieder am unfassbaren „Anderen" neu ausrichtet.

An dieser Stelle sind wir an einem Punkt angelangt, der den Glauben als etwas höchst Dynamisches wie auch Ereignishaftes ausweist, das sich weder in der Begrenzung noch in der Infragestellung einfach auslöschen lässt. Die Erfahrung der Endlichkeit ist dem Glauben mitgegeben, sie ist aber auch Quelle einer zutiefst spirituellen Einsicht, nämlich dass der Glaube auf etwas weist, das sich nicht in irdischen Erschütterungen auflöst. Sogar pure Destruktivität kann diese Möglichkeit nicht auslöschen. Auch eine Verletzung im zwischenmenschlichen Bereich kann ein selbstkritisches Moment bewirken. Diese Haltung beschönigt nichts: Die auslösende Handlung des Spottes oder der Herabwürdigung wird damit nicht einfach gutgeheißen, aber es wird ein Potential für einen produktiven Umgang frei. Dort, wo der bedrängte Glaube zu einem freien Glauben, wo die Erfahrung von Ohnmacht zu einem kreativen Werden führt, wirkt – christlich gesprochen – der unberechenbare Geist Gottes. Es handelt sich hier um eine Erfahrung, die an eine schiere Unmöglichkeit gebunden ist: Der Gott, der sich am Ort des Todes und des Gottesfluches offenbart, sprengt die Grenzen und die Irritation dadurch, dass er Segen zuteilwerden lässt, wo dieser nicht absehbar ist.[29]

Verlachter Wandel. Auf dem Weg zu einer irritierten Metanoia

Unser Weg durch die theologischen und religiösen Irritationen menschlichen Lachens hat uns durch viele Themenfelder geführt. Wir haben von philosophischen (Vor-)Urteilen gehört, sind biblischen Lachmomenten auf die Spur gekommen und modernen Humorepisoden begegnet. All diese Situationen könnte man unter dem Diktum einer „anthropologischen Ambivalenz" umschreiben, die das menschliche Phänomen des Lachens begleitet, die es unmöglich macht, religionsbezogene Lachmomente einfach als

„gut" oder „schlecht" zu klassifizieren. Wir haben es mit Grauzonen zu tun, die sich nicht auslöschen, ebenso wenig kontrollieren lassen. Trotzdem sind diese Momente der sakralen Komik auch in der Lage, viel über die menschlichen Versuche der Gottesbeziehung zu offenbaren, sie zu tieferen Einsichten zu bewegen, aber auch die Menschen, die davon betroffen sind, stark zu verletzen, in ihrer Würde anzugreifen oder mit dem Spott der Überheblichkeit zu unterdrücken. Das Lachen ist beides: Mögliches Instrument zur zwischenmenschlichen Herabsetzung, gleichzeitig aber auch möglicher Ort der Selbsterkenntnis, der Annahme der menschlichen Kontingenz sowie Ausgangspunkt möglicher neuer Einsichten. So streicht Max Lühl heraus:

> „Die Hermeneutik des Lachens besteht [...] im Kern in einer Anerkennung der ‚Mehrdimensionalität von Sprache und Wirklichkeit' [...] und folgerichtig in der Fragmentierung eines apriorischen Glaubensbegriffes. Im Medium des Witzes und der Ironie unterbricht das Lachen Sach- und Denkzwänge und eröffnet ein neues Verstehen[.]"[30]

Das menschliche Lachen umschreibt eine Vielzahl von Erfahrungsmomenten – im Zentrum steht jedoch eine Absage an Statik und Festlegbarkeit, ein kritisches Moment gegenüber festgefahrenen Normen sowie eine lebendige Beziehung zur geschichtlichen Welt: Lachen, Witz und Humor sind Teil des geschichtlichen Erfahrungshorizontes der Menschen, als solche sind sie aber auch vieldeutige bzw. vielschichtige Motive in der Welt der religiösen Erfahrung. Unberechenbarkeit mag verunsichern, wo kein Raum für Leerstellen festgelegt ist, gleichzeitig kann sich in dieser sprachlosen Verunsicherung auch ein Ort kreativer Neuentdeckung verbergen, indem es im kommunikativen Austausch zwischen den Menschen in Distanz und Perspektivenwechsel ein „pneumatisches Erlebnis" bekunden kann.[31]

Als solches Ereignis haftet den vielfältigen Lachmomenten des menschlichen Lebens etwas zutiefst Theologisches an: In ihnen wird Lebendigkeit vermittelt, sie stehen für einen konstruktiven und produktiven Umgang mit den Tiefen geschichtlicher Menschlichkeit, mit der Menschlichkeit der eigenen Sichtweise sowie der Zerbrechlichkeit aller theologischen Begriffsbildungen. Wenn das sprichwörtliche Lachen im Halse stecken bleibt, manifestiert sich ein Weg der inneren Verwandlung, ein Weg aus der Kränkung zu einem neu orientierten Selbstbild: Auch angesichts von Anfeindung, Spott und Verlachen, wird das Heft des Glaubens oder der Gottesbeziehung nicht einfach aus der Hand gegeben, die Selbstbestimmung nicht automatisch in eine Fremdbestimmung verschoben. Selbst im passiven Verlachtwerden können Momente des spirituellen Lernens, einer religiösen Verwandlung liegen, die biblischerseits mit *Metanoia* umschrieben wird.[32] Der „veränderte Sinn" einer Gottes-, Menschen- und Wirklichkeitsbeziehung, die sich durch das „Andere" bzw. den Anderen leiten lässt, im dialogischen Austausch, nicht im machtvollen Zugriffsgeschehen auf die Wirklichkeit lernen will. Das impliziert nicht selten einen Bruch mit dem vorhandenen Selbstbild, führt aber zu einem neuen kreativen Identitätsprozess. Die Metanoia beschreibt hier einen Wandel im Inneren, der nicht ausschließlich aus der Eigenperspektive, sondern durch den Bezug auf eine Alterität ermöglicht wird. Das bedeutet in unserem Fall, dass eine religiöse Haltung aus der Haltung einer Metanoia zu einem erheblichen Teil die Macht über die Selbstbestimmung abgeben muss. In einer so durch den dialogischen Anspruch ausgerichteten Form von Theologie und Glaube „durchbricht das Lachen traditionalistische Deutungsroutinen und [...] bekundet eine performative Wahrheit[.]"[33] Dieser Glaube nähert sich der Wirklichkeit nicht im vorgefertigten Raster von Glaubenssätzen und theologischen Begrifflichkeiten an, die alle Erfahrungen des Lebens in Gesetzlichkeiten von dogmatischen Mustern einordnen muss. Vielmehr vermittelt eine durch Lachen geprägte, angestoßene, irritierte, mitunter auch gekränkte Theologie neue Kraft und wird ihrerseits performative, d. h. aktiv gestaltende Kreativität.

Im Aufruhr des Lachens, in der Erschütterung der Weltbilder, in den Tiefen der kontingenten Ambivalenz bleibt die nicht zu schließende Leerstelle eine für die Ereignishaftigkeit des „ganz Anderen" reservierte Möglichkeit der Neuschöpfung: In der Inkongruenz der Lächerlichkeiten, dem Auseinanderdriften von eigenem Anspruch und erlebter Realität, Selbstbild und Fremdwahrnehmung, Angreifbarkeit und fehlender Immunisierung, verbirgt sich so ein differenzhermeneutischer Spin: Das Selbstbild, das sich in der Umkehrung und Verzerrung seiner selbst neu konstituiert, kann sich auf dynamische Art und Weise der Außenwelt des Glaubens nähern. „Jedes Bedeutungssystem wird durch seinen unbeherrschbaren Fremdbezug aufgebracht, irritiert, verändert."[34] Diese Veränderung schließt Schmerzen, Kränkung und Erschütterung ein, sie kann diese negativ bedrückenden Erfahrungen nicht ausschalten. Die Glaubensperspektive als geschichtliche Beziehung kann und darf sich gegen diese Bedrängnisse nicht immunisieren, wenn sie nicht zu einer leblosen Hülle verkümmern möchte. Sodann heißt dies aber auch, dass die nicht steuerbaren Zugriffe und Umkehrungen zum Existential einer lebendigen „Rede von Gott" gehören, die sich der eigenen Zeichenhaftigkeit bewusst ist. Somit wird das Lachen, das an unterschiedlichen Stellen als eine bedrängende Beleidigung erfahren und vorgetragen wird, zu einer Aufforderung im Glauben: Zu einem Imperativ der Auseinandersetzung, zu einer Auslieferung an die eigene Endlichkeit, in der sich dennoch die Kraft des Glaubens manifestieren kann. Dies ist eine enorme Provokation, gerade weil der Mensch als Subjekt des Glaubens genötigt wird, aus dieser Subjektivität herauszutreten – und dabei kann er sich weder Zeit noch Ort aussuchen, an dem diese Erschütterung geschieht. Gregor Hoff hat es so ausgedrückt: Die jeweils mit Offenbarung und Gottesbezug neu gegebenen Verhältnisse

„sind nicht dramatisch und einschneidend genug zu denken. Das Wort des Herrn weist sie als Ereignis aus [...] Die Erwählung, in der sich Gott selbst offenbart, verlangt vom Menschen, die eigene Identität umzustellen."[35]

Auf diese Weise beschreibt die Metanoia nicht nur einen (gerne immer wieder so verstandenen) singulären Zeitpunkt, der mit dem Erreichen einer neuen Perspektive wieder abgeschlossen ist, sondern es ist ein dauerhaft mitgegebenes Existential der dauernden Verwandlung am und im Anderen. Der irritierte Existenzwechsel des Glaubens markiert eine Identitätsformation, die sich an den Erschütterungen des eigenen Weltbildes neu denken lernt. Sie kann in der Sprachlosigkeit eine kreative Wandlungsfülle entdecken, die aus der Erschütterung, der Kränkung, der Stille der Irritation heraustritt und neu zu sich selbst kommt, ohne destruktiv und gewaltförmig zu werden. Die Differenzerfahrung der eigenen Verletzlichkeit ist damit nicht einfach ein Fremdbereich des Glaubens, sondern führt immer wieder neu zu seinem eigentlichen Kern, der auf die Verletzlichkeit Jesu rückbindet bzw. auf die jeweils neu zu entdeckende Identität des Christlichen in der Welt. Ein immunisierter Glaube würde der Differenz ausweichen, in die er eingebunden ist – er würde nicht nur die eigene Verletzlichkeit preisgeben, sondern er würde auch die bleibende Irritation der Berufung Gottes leugnen: Der Weg des Glaubens ist christlich gesehen eine „Gottesstrapaze"[36], in der sich die eigene Beziehung zu Gott, zu sich selbst, aber auch zur Gemeinschaft der Gläubigen, die niemals friktions- und differenzfrei zu denken ist, neu formiert. Damit wird aber der Weg des Glaubens zu einem von Ambivalenzen begleiteten Geschehen, von Irritationen bezeichneten Pfad, „der immer wieder neu bestimmt werden muss".[37]

„An ihrem Lachen werdet ihr sie erkennen." Religiöse Ambiguitätstoleranz als humorvolle Kategorie

Thomas Erne hat darauf hingewiesen, dass „Humor immer wieder als Kandidat für die Transformation einer erstarrten und leblos gewordenen Religion gehandelt wird."[38] Nicht zuletzt führt auch er den Modus der Unbestimmtheit des Humors an, der das Komische als eine Spielart nicht statisch begrenzten Denkens in Abgrenzung zu fundamentalistischen Festlegungstendenzen sieht. Dies ist besonders auch für unsere Überlegungen wichtig, da wir auf unserer Reise durch die theologischen Humorformen gesehen haben, dass sich das Humorvolle in den Religionen niemals selbstverständlich anbietet, sondern dass eine gehörige Portion Wagemut dazugehört: Die religiöse Sprache befindet sich ständig an einem Scheideweg: Nimmt sie den fragilen Ort an, an dem sie vor Gott und den Menschen steht[39] oder versucht sie, diese prekäre Ausgangslage ihres eigenen Sprechens zu übergehen und jegliche Ambivalenzen, Endlichkeiten und Sprachlosigkeiten zu übertünchen? Das menschliche Lachen wird hier zu einem sinnbildlichen Abdruck der zugrundeliegenden Haltungen: Das theologische Lachen der „Unantastbarkeit" würde keine Schwäche dulden, sähe sich selbst nicht als Zeichen menschlicher Niedrigkeit, sondern würde sich in der scheinbaren Sicherheit religiöser Macht und göttlicher Erlösung von oben herab auf die Menschen beziehen. Unbestimmtheit und Vagheit hätten in dieser Welt- und Gottessicht keinen Platz, sie würden die Statik des abgesicherten Glaubens gefährden. Das Lachen, das hier möglich ist, ist ein Ausdruck der Überlegenheit, ein Lachen, das mit Macht und Deutungshoheit auftritt, für jede menschliche Frage eine Antwort haben müsste und zugleich von den Problemen dieser Welt nicht betroffen wäre. Demgegenüber erschiene ein Lachen, das sich selbst relativieren kann, ohne die Leiden der Welt verlachen und verschweigen zu müssen, jedoch immer einen „Raum des Unerwartbaren" für Gott reservieren kann. Dies ist im christlichen Reden besonders in pneumatologischer Hinsicht relevant: „Die Wirkung des Geistes lässt sich [...] nicht kontrollieren, allenfalls nachzeichnen und begrifflich rekonstruieren"[40] Thomas Erne plädiert deshalb auch dafür, dass Humor eine dem christlichen Glauben inhärente Kategorie ist, „in der sich der Geist des Christentums artikuliert."[41]

Wenn sich der christliche Glaube aber immer auch in den widersprüchlichen, zerbrechlichen Momenten des Lebens, in den stummen Sprachlosigkeiten menschlichen Daseins artikuliert, dann steht die Rede von Gott immer auch vor der Aufgabe, Räume für Ungewissheiten, Inkongruenzen und zeitliche Begrenztheiten offenzuhalten: Nicht jede Glaubensform oder Sprachform der vergangenen Jahrhunderte kann ihre Plausibilität auch in der Gegenwart ausspielen, manche Begründungsfiguren und Begriffsbildungen sind unverständlich geworden, oftmals kommen ihre Formulierungen einfach auch in den komplexen Lebenswelten des 21. Jahrhunderts an ihre Grenzen. Mehrdeutigkeiten bahnen sich den Weg, kontextuell und kulturell marginalisierte Formen christlicher Theologie brechen hervor und bereichern das theologisch-religiöse Tableau von innen, das Bekenntnis des Christlichen spielt sich auf höchst unterschiedlichen Ebenen menschlicher Existenz ab. Das wiederum bedeutet, dass es keine einfachen Lösungen für komplexe Fragen geben kann. Bereits hier merken wir schon wieder den Schatten des Lächerlich-Ironischen aufsteigen, der das religiöse Bekenntnis zu begleiten scheint: Die Sehnsucht nach dem Unbedingten, das sich in höchst endlichen Vorstellungen manifestiert und zugleich Gefahr läuft, diese Begrenztheit aus dem Auge zu verlieren. Mit Niklas Luhmann lässt sich behaupten, dass Religion es immer mit dem Nebeneinander von „Bestimmtheit und Unbestimmtheit" zu tun habe.[42] Im Humor bzw. den ambivalenten Welten des Lachens finden sich ähnliche Anhaltspunkte, die sich mit Inkongruenzen und Unbestimmtheit, dem Durchbrechen von Ordnungen und Infragestellung von Selbstverständlichkeiten skizzieren lassen. Deshalb ist aber – mit Thomas Erne – auch zu betonen, dass es zwischen dem Humor und dem Religiösen eine funktionale Ähnlichkeit gibt, die sich auf der existentiellen Ebene des Daseins abspielt: Wer lachen kann, der kann eine alternative Perspektive zum scheinbar Unumstößlichen einnehmen. Humor, Lachen und Komik können zu einem veränderten Blick auf die Welt führen, weil sie hinter die Offensichtlichkeiten irdischer Zusammenhänge auf einen Raum des Möglichen verweisen. Die Perspektive des Glaubens ist auch die Perspektive des „als ob" – der Perspektivenwechsel des Glaubens wird ähnlich mit dem Überraschungseffekt des Humors auf der Ebene des Widersprüchlichen gefunden. Weder den Humor noch den Glauben kann man einfach mit Sicherheit planen oder „produzieren" – über weite Strecken bleiben beide Formen ein ereignishaftes Zusammenkommen.

Für das religiöse Moment des Glaubens bedeutet dies aber wiederum, dass er auch mit der eigenen Fragwürdigkeit umgehen lernen muss, um nicht in eine Ideologie oder fundamentalistische Haltung zu verfallen: Das Lachen – nicht nur über sich selbst, sondern auch über die höchst endlichen Vorstellungen im religiösen Bekenntnis – bietet ein emotionales Moment der Selbsterkenntnis, durch das eine veränderte Beziehungsfähigkeit zu anderen Menschen und zu eigenen Überzeugungen möglich wird. Der christliche Glaube ist in seinen Verhältnisbestimmungen des verborgenen und zugleich offenbaren Gottes, in der Beziehung zum „historischen" Jesus, der jedoch in seinen tatsächlichen Facetten immer wieder verborgen bleibt, sowie in der Erwartung und Hoffnung auf den heiligen Geist, der in seinem Wirken weder begrenzt noch bestimmt werden kann, immer auf Mehrdeutigkeiten verwiesen: Im Umgang mit der eigenen Unsicherheit, mit den emotionalen Abgründen des Lebens, aber auch in der Beziehung zu Gott, liegt damit im Humor eine erkenntnistheologische Relevanz. Das Lachen transportiert in der Perspektive des Unmöglichen eine implizite Ahnung, die auch in der Theologie und Religion höchst relevant ist, nämlich dass sich das Sein der Wirklichkeit nicht auf die scheinbar oberflächlichen Momente reduzieren lässt, „als indirekte Mitteilung oder inverser Verweis auf die Fülle des Seins."[43] Die Entdeckung des „ganz Anderen", sowohl in der Grenzüberschreitung zu fremden Mitmenschen als auch in der Beziehung zu Gott, ist auf die Perspektive des Andersseinkönnens angewiesen – eine Sicht, die sich nicht hinter der scheinbaren Statik fest gezogener Grenzen und Artikulationsformen verschanzt, sondern ein Bewusstsein für die ambivalenten Alteritäten im offenen Raum des Denkens, Handelns und Glaubens sicherstellen kann. Darauf weist auch Karl-Josef Kuschel hin, wenn er betont: „*Lachen heißt*: Mit den Tatsachen der Welt nicht fertig sein[.]"[44]

Lach- und Humorfähigkeit werden damit zu einem Fingerabdruck des Glaubens: Sie bilden einen Rohrschachtest dafür, ob und wie religiöse Formate mit den Infragestellungen ihrer selbst, aber auch mit den Niedrigkeiten des Lebens umgehen können.

„An ihrem Lachen werdet ihr sie erkennen."

Wenn man so will: Das Lachen macht mit dem Glauben ernst – denn es legt humorvoll den Finger in die Wunde der bleibenden Unabgeschlossenheit: Man kann sich über Religion und Glaube lustig machen, ihnen widersprechen, sie verzerren oder auch den darin artikulierten Gott beleidigen, weil es sich um begrenzte Glaubens- und Wissensformen handelt. Für die Religionen selbst bedeutet das aber nun nicht, dass sie diese Endlichkeiten mit einer Absolutsetzung ihrer selbst, mit Macht und Gewalt absichern sollen. Vielmehr sind sie aufgerufen im Wissen um ihre Kontingenz und Fragilität produktiv mit den Schockmomenten umzugehen, die das Leben birgt. Nicht jede Form von Lächerlichkeit wird auf diese Weise gleich zu einem Offenbarungsgeschehen Gottes, wohl aber zu einer prekären geschichtlichen Herausforderung, in der sich der Glaube bewähren muss. In der Art der Reaktion, aber auch in der Fähigkeit, mit Formen von Humor und Witzen über die eigene Lächerlichkeit umzugehen, wird sehr wohl Grundsätzliches über die betroffenen Personen, Gruppen und Institutionen sichtbar: Wer keinen Spaß versteht in Bezug auf die eigene Zeitlichkeit und Revidierbarkeit, der wird nur schwerlich von einem Raum Gottes sprechen können, in dem alle Widersprüche aufgehoben sind.

Das religiöse Lachen kann demnach ein Vielfaches sein: Es kann von der Erlösung Gottes kommen, die er in Jesu Christi Tod und Auferstehung bereits erfahrbar gemacht und der Welt nach christlichem Glauben Versöhnung geschenkt hat. Daneben aber kann das religiöse Lachen auch ein erleichtertes Lachen gegenüber den Widrigkeiten der Welt sein, das sich in der unberechenbaren Beziehung zu Gott einen Raum für dessen Überraschungen offenlässt – und dadurch zwar Deutungsmacht und Begründungskraft verliert, aber die existentielle Öffnung auf die Andersheit Gottes gewinnt. Der Humor wirkt in beiden Fällen wie eine Stufe in der Selbsterkenntnis des Menschen (Aristoteles), wird als eine Episode im Prozess der oftmals postulierten Kontingenzbewältigung[45] irdischen Daseins sichtbar – nicht nur als eine „Medikation" oder „Heilkraft des Lachens"[46] angesichts der geschichtlichen Schicksalsschläge, sondern durchaus als segensreiches Moment der Selbsterfahrung, die sich zwar an vielen Stellen schmerzhafter Irritation, Verletzung und Beleidigung mitteilt[47], die aber auf die österliche Erfahrung der Hoffnung Bezug nehmen kann. Lachende Christ*innen sind daher durch ihr Lachen nicht einfach von der Welt enthoben, sondern das ambivalente Moment des Humors bindet sie quasi in die widersprüchliche Existenz des Irdischen zurück, wohl aber wissend, dass es Räume gibt, die dadurch nicht erschlossen werden. Das christliche Lachen, als solch geschichtlich rückgekoppeltes Gelächter, wird damit aber immer auch vor die Aufgabe gestellt, angesichts der erlittenen Widersprüche und Irritationen nicht selbst zum Verletzenden zu werden – das verbietet nicht nur die Erfahrung des Leides, sondern auch die Identifikation mit dem Gekreuzigten. „Eine Theologie der Freude wäre nichts als naive Wirklichkeitsverdrängung, wenn sie nicht mit einer Theologie des Leidens kritisch vermittelt wäre. [...] Beide Theologien schließen sich nicht kontradiktorisch aus, sondern bedingen einander."[48] Die Erfahrung der Jünger*innen im Angesicht des Kreuzes Jesu, der Erfahrung von Leiden, die unerwartete Wendung in der Auferstehung, die Hoffnung auf die Anders-Räume Gottes begleiten damit auch den erkenntnistheologischen Wert des Lachens: Die Erfahrung der Verwundbarkeit, die Wahrnehmung der eigenen Begrenzung, ist eng verbunden mit der Sehnsucht ihrer Überschreitung. Da diese aber niemals im Modus einer Sicherheit zugänglich ist, bleibt auch das Lachen der Christ*innen an die höchst ambivalente Existenz in der Geschichte gebunden.

7. Wer hat Angst vor Lächerlichkeit? Oder: Lachen als Konfliktraum religiöser Identitäten

> „Lachen muß von Herzen kommen,
> sogar von jenem Herzen,
> das nicht einmal der Heilige
> ganz in seiner Gewalt hat."
> (Karl Rahner SJ)[1]

„Lacht!" Im Bekenntnisraum des Menschlichen

Kein Geringerer als Karl Rahner nimmt in seinem kurzen Aufsatz „Vom Lachen und Weinen des Christen"[2] einen theologischen Bezug zum menschlichen Lachen. Diese kurze Betrachtung, verfasst kurz vor Beginn der Fastenzeit 1951, kann heute als Klassiker der theologischen Lachanalyse gelten, vereint sie doch kurze philosophische Einordnungen ebenso wie spirituelle Facetten und zutiefst menschliche Einblicke. „Laßt uns eine Apologie halten für dieses Lachen! Wenn wir's tun, wird uns das Lachen plötzlich sehr ernste Dinge lächelnd sagen."[3] Auch Karl Rahner sieht das Lachen letztlich als einen Spiegel der Menschlichkeit an – als eine „Mixtur" der Seelenverfassung ambivalenter Menschlichkeit, als eine Quelle in der Selbsterkenntnis der Gläubigen. Im Lachen treffen sich die emotional-affektive Erheiterung und die tiefer gehende Einsicht in das teils Bedrängende, teils Erheiternde des irdischen Lebens. So betont Rahner: „Du bist ein Mensch, sagt das Lachen, du wandelst dich, du wirst gewandelt, ungefragt und überraschend gewandelt. Deine Stätte ist die Unaufhörlichkeit der Veränderung."[4] Nicht nur, dass uns hier eine ähnliche allegorische Anleihe begegnet, wie sie Erasmus von Rotterdam der universalen Torheit in den Munde gelegt hat, Karl Rahner geht noch einen Schritt weiter: Das Lachen spricht zum Menschen – es ist wie ein Akteur in jenem Geschehen, in dem sich der Mensch seines Ortes in der Welt gewahr wird. Das macht das Lachen aber nicht nur zu einem affektiven Ereignis, das die Menschen nur schwer unter Kontrolle haben, sondern im Lachen spielt sich eine Form von Offenbarung ab. Wandel und Veränderung sind dieser Existenz eingeschrieben, von ihr kann und darf sich der Mensch nicht einfach davonstehlen – vielmehr ist genau diese mitunter prekäre Widersprüchlichkeit, Wandelbarkeit und Relativität des Menschseins genau der Ort, der ihm von Gott als seinem Schöpfer zugedacht ist.

Es gibt im irdischen Leben keine Garantien für Beständigkeit, keinen Schutz vor ironischem Wandeln oder selbst sarkastischen Angriffen. Nein, das menschliche Leben spielt sich vielmehr auf der Ebene der Verletzlichkeit ab und so werden die Emotionen dieser Verletzlichkeit auch zu Wegmarken der geschöpflichen Identität:

> „Deine Stätte ist die Unaufhörlichkeit der Veränderung. Euch ist gegeben, an keiner Stätte zu ruhen. Ihr seid das Vielfältige, Unübersehbare, das in keiner Rechnung aufgeht, auf keinen Nenner gebracht werden kann, als auf den, der Gott heißt und der ihr nicht und nimmer seid."[5]

Die Wechselhaftigkeit der Geschichte wird für Rahner in der Wechselhaftigkeit der Heiterkeit abgebildet, die Ereignishaftigkeit und Unberechenbarkeit Gottes (in den Augen der Menschen) tritt in eine Analogie zur affektiv-spontanen Gefühlsverfassung des Menschen – und weist ihm zugleich seinen Ort vor Gott zu: Das Lachen der Menschen, das unverständig-kindliche Lachen, das sich des Anspruches vollständiger Gottes- und Welterkenntnis entsagt, wird damit zu einem Bekenntnis vor Gott. Im Lachen nimmt sich der Mensch als das an, was er ist – ein endliches Geschöpf, nicht der Herr der Geschichte. Rahner ruft die Menschen auf:

> „Lacht! Denn dieses Lachen ist ein Bekenntnis, daß ihr Menschen seid. Ein Bekenntnis, das selber schon der Anfang des Bekennens Gottes ist. Denn wie soll der Mensch anders Gott bekennen, als dadurch, daß er in seinem Leben und durch sein Leben bekennt, daß er selber nicht Gott ist, sondern ein Geschöpf, das seine Zeiten hat, von denen die eine nicht die andere ist. Ein Rühmen Gottes ist das Lachen, weil es den Menschen Mensch sein läßt."[6]

Nicht nur, dass die Göttlichkeit des „Allmächtigen" im menschlichen Lachen und der irdischen Heiterkeit anerkannt wird, vielmehr erhält der Mensch einen Lebensraum im Lachen: Das Einstimmen in das Gelächter der Menschen bringt ihm selbst den Ort seiner Existenz. Wer Emotionen, Gefühlen und den Widersprüchlichkeiten der Welt entfliehen will, wird zu einer Existenz ohne Wohnstatt degradiert – zwischen Himmel und Hölle, die ihren Ort in der Geschichte nicht annehmen kann, sondern nach etwas strebt, das jedoch von menschlicher Seite nicht zu erreichen ist. Was Rahner hier anmahnt, ist mehr als ein bloßer Aufruf zur Bejahung der menschlichen Gefühle, sondern es ist eine Erinnerung an den geschöpflichen Status der Menschlichkeit, die ihren Ort von Gott zugewiesen hat, die sich zwar hoffend und glaubend nach einem ewigen Aufenthaltsort bei Gott sehnen darf und soll, aber letztlich nicht von selbst dorthin gelangen kann. Das Lachen als ein Bekenntnis verbindet in sich ein Credo zu Gottes Göttlichkeit und dem Menschsein der Menschen – diejenigen, die lachen, anerkennen ihren Ort in der Geschichte, ohne dass sie sich von Gott isolieren müssen. Ihr Lachen verweist nach Rahner auf die Hoffnung, dass es in der Vollendung in ein Lachen der Erfüllung verwandelt wird. Dies führt nicht nur Rahner, sondern auch uns zurück an das erste Buch der Bibel, der Genesis, nämlich zum Lachen Abrahams und Saras: Ihre Anfälle von Heiterkeit sind für Rahner Fingerabdrücke der menschlichen Glaubensgeschichte. Eingebunden in die teils widersprüchlichen, unglaublichen und beinahe unertragbaren Widrigkeiten des Lebens, werden sie zu lachenden Wegweisern zu Gott: Das Lachen der Geschichte wartet darauf, in ein Lachen der Erfüllung gewandelt zu werden. Im Lachen – dies schließt auch die Akzeptanz der eigenen Lächerlichkeit und Verletzbarkeit ein – wird ein anthropologischer Spannungsbogen erzeugt, der über das Irdische hinausweist. Damit aber erhält das Lachen der Menschen als Bekenntnis beinahe den Charakter des Gebetes:

„Darum kündet das Lachen des Alltags […], daß ein Mensch einverstanden ist mit der Wirklichkeit,[…] in dem die Geretteten einst Gott ihr Amen sagen werden zu allem, was er wirkte und geschehen ließ. Ein Rühmen Gottes ist das Lachen, weil es vorhersagt die ewige Rühmung Gottes am Ende der Zeiten, da die lachen werden, die hier weinen mußten."[7]

Dieses Lachen braucht sich nicht zu verstecken. Es kann selbstbewusst auftreten, weil es ein erkennendes Lachen ist, das den Ort des Menschen anerkennen und annehmen kann und dennoch über ihn hinausweist. Dieses Lachen hat ein spirituelles Profil: Es ist gerade dadurch auf die Transzendenz gerichtet, weil es seinen Ort in der Geschichte annehmen kann, weil es bekennt, dass es fragil ist, dass die Existenz, die dieses Lachen ausstößt, nicht herrschende, sondern vielmehr verletzliche und bedürftige Kreatur ist. Dieses Lachen ist kein Lachen unumschränkter Macht und irdischer Unantastbarkeit, sondern Ausdruck dafür, dass der Mensch in seinem Leben auf einem Pilgerweg des Glaubens ist.

Jenseits festgezurrter Statik. Von der Macht- zur Interpretationsgemeinschaft

Rahners kurzer Text entpuppt sich als Kurzformel für ein christliches Lachverständnis. Es ist ein Bekenntnis, das diese Form von spirituell eingebetteter Heiterkeit einfordert, weil sich darin gerade das Menschliche offenbart. Es greift das Geschöpfliche in seinem Innersten auf, insbesondere deshalb, weil es die Menschen in ihrer emotionalen Statur auf den eigentlich ambivalenten Platz ihres Daseins rückbindet. Dieses Lachen hat inklusiven Charakter: Es ist nicht in der Einzelerfahrung eingeschlossen, die Menschen sind weder in den positiven noch in den negativen Erlebnissen von ihren Mitmenschen abgekapselt. Sowohl Lachen als auch Trauer oder Angst, Gefühle der Überlegenheit und Ausgrenzung, Gefühle in positiven und negativen Situationen, werden durch Mitgefühl und Sympathie[8] zu kollektiven Phänomenen. Das wiederum hat Konsequenzen für die Existenz der Glaubensgemeinschaften und die Art und Weise, wie sie sich in der eigenen Rolle durch die Geschichte hindurch positionieren. Man muss nicht die täglichen Nachrichtenmeldungen aus aller Welt zurate ziehen, um zu dem Schluss zu kommen, dass sich in den spirituellen Gemeinschaften der Welt enormes Konfliktpotential verbirgt. Dies betrifft nicht nur die Religionsgemeinschaften untereinander; auch innerhalb der jeweiligen Gruppierungen kommt es ständig zu Reibungspunkten, Widersprüchlichkeiten und Richtungsstreitigkeiten, die nicht zuletzt aus Differenzen ihrer eigenen Selbstreflektion über ihre Funktion in der (Heils-)Geschichte resultieren. Noch einmal Rahner: „Weh euch, sagt das Lachen, wenn ihr das gleichbleibende, das ewige Jetzt [sic!] in dieser Zeit sein wolltet, ihr würdet nichts sein als das Tote und Verdorrte."[9]

Was können Lachen und Humor, satirische Grenzüberschreitungen und religiöse Reaktionsformen auf humorvolle Anstößigkeiten von innen und außen leisten? Was ist ihr Beitrag bzw. ihr Lernpotential auf dem steinigen Weg menschlicher Humorfähigkeit? Die Gedankengänge unseres Projektes haben uns tief in die theologische Problematik des Lachens, gleichzeitig aber auch in die Chancen einer Humor-kompatiblen Glaubensform gebracht. Es wäre an dieser Stelle falsch, von einer „befreienden Erleichterung" durch das Lachen zu sprechen, denn wir haben gesehen, mit welchen Herausforderungen, Problemen und gefährlichen Auseinandersetzungen der Pfad des Lachens in der Geistesgeschichte im Allgemeinen, in der (christlichen) Religionsgeschichte im Speziellen gepflastert ist. Das Lachen innerhalb religiösen und theologischen Denkens zu akzeptieren oder produktiv zu machen, ist keine einfache Arbeit – es ist eine Auseinandersetzung mit den Tiefen und Begrenztheiten religiösen Denkens und gläubigen Sprechens. Man kommt im Lachen sprichwörtlich an die Grenzen des Ertragbaren, da hier Räume aufgerissen, Klüfte mitunter vergrößert, in jedem Fall aber Emotionen hervorgerufen werden. Je mehr man sich mit der Ambivalenz religiösen Sprechens und der gläubigen Existenz als Ganzer nähert, umso brenzliger wird die Situation. Der Kern des Glaubens ist Angriffen ausgesetzt, die man nicht im Sinne eines Beweises entlasten kann, sondern man bewegt sich in einem dynamischen Raum von Plausibilitäten, die – manchmal mehr, manchmal weniger einleuchtend – vermittelt, aber niemals eingeklagt werden können. In einer von Humor und Ambivalenzen getragenen Selbstsicht des Religiösen wird ihr eigener Raum angesichts offener Punkte, sowie theologischen und religiösen Begründungsnotstandes selbst fragwürdig – die Identität der Religionsgemeinschaft wird zunehmend als eine Interpretationsgemeinschaft offenen Ausgangs wahrgenommen, die ihre Ansprüche nicht mit der eindeutigen Zuordnung von Macht, sondern in der ständig angreifbaren Authentizität menschlichen Sprechens darlegen kann. An den meisten Stellen der Kirchen- und Religionsgeschichte findet man kein „ein Herz und eine Seele"-Schema (Apg 4,32), vielmehr sind Dissens und Widerspruch an der Tagesordnung. Auch hier liegt die Einsicht zugrunde, dass kirchliche Identität im Zusammen- und Wechselspiel von Perspektiven an Bruchlinien ihres Sprechens zustande kommt.[10] Diese Form kirchlichen Sprechens und Bekennens kann sich auf innere Widersprüche und Auseinandersetzungen einlassen. Hier werden die sprechenden und glaubenden Personen als Subjekte und als Maßstab der Kontinuität wahrgenommen und nicht auf starre dogmatische Begrifflichkeiten gesetzt[11]: Ihre Gemeinschaft konstituiert sich in den lebendigen Zeugnissen und in der Interpretationsleistung in der Geschichte.

Dass eine solche Gemeinschaft im kirchlichen Sinn sodann als eine Pilgergemeinschaft ihrer jeweiligen Lebenszeugnisse und nicht als System in der Summe der Lehrsätze wahrgenommen wird, bringt uns auch zu unseren Überlegungen zurück, dass sich Identität immer an den friktionsreichen Punkten menschlichen Lebens neu konstituieren muss.

Damit hängt auch die Selbstwahrnehmung der Kirche als eine Gruppe von Individuen und Subjekten davon ab, wie die Menschen im Innenraum des Glaubens mit den Inkongruenzen der Geschichte umgehen können. Gerade die Kirchengeschichte (aber auch die kirchliche Gegenwart) ist voll vom Auseinanderklaffen zwischen Anspruch und Realität, zwischen verkündeter Liebe und gelebter (Macht-)Praxis. Auch mit diesen Widersprüchlichkeiten müssen nicht nur die Kirchenoberen, sondern letztlich alle Gläubigen produktiv umgehen – in der Verarbeitung der eigenen Verfehlungsgeschichte liegt auch eine heilende Form der Gegenwartsbewältigung, nicht im Lächerlichmachen der Skandale und kirchlichen Abgründe, sondern in der produktiven Auseinandersetzung mit der eigenen Fehlbarkeit. Dissens und Mehrdeutigkeiten, Ambivalenz und Irrwege werden damit aber zum Identitätsmerkmal dieser Pilgergemeinschaft, die gemeinsam auf dem Weg ist, aber dennoch in den Fallstricken der eigenen Begrenztheit eingebettet bleibt. Es erfordert – katholischerseits – eine enorme Glaubens- und Hoffnungskraft, dass diese Identität weiter erhalten und in ihrer Unterschiedlichkeit gelebt werden kann; dafür braucht es aber auch die Kunst der Selbstrelativierung. Die eigentlich hoffnungsvolle Kraft der Kirche erweist sich dann aber nicht in der unhinterfragbaren Proklamation ewig gültiger Begriffsmatrizen und Satzkonstruktionen, sondern in der Fähigkeit, den Menschen in ihrer Vielfalt und ihren Lebenssituationen einen interpretativen Schatz zu geben, an dem sie ihre Identität, ihre Sorge und Hoffnung, ihren Glauben und ihre Sehnsüchte entdecken können – rückgebunden an das Evangelium und die Person dessen, der in Tod und Auferstehung eine Inspiration der „Perspektive des Unmöglichen" gegeben hat. Damit wird das identitätsstiftende Programm der Religionsgemeinschaft der „Ecclesia" nicht von ihren systemisch abgesteckten Bestimmungsformen, sondern von den lebendigen Kontexten ihrer Mitglieder bestimmt. Für die Kirche gilt der bleibende Auftrag, dass für die „[...] einzelnen glaubenden Menschen die Möglichkeit und die Herausforderung [besteht], die alte Glaubenstradition mit dem eigenen Leben und den eigenen Erfahrungen zu verbinden, zusammen-zuwerfen (mit dem griechischen Wort: zu »symbolisieren«)."¹² Die Abarbeitung an den Inkongruenzen des Lebens, die Bestimmung der eigenen Hoffnungsidentität im Raum der Interpretationsgemeinschaft Kirche, ist so eine prekäre Aufgabe, die nicht in einem hierarchischen Sinn gelöst werden kann, sondern durch die Subjekte des Glaubens vorgenommen werden muss. Der Schlüssel der Ambiguitätstoleranz sucht hier nach einem Nähe-Distanz-Verhältnis zur eigenen Biografie, zur Tradition der Gemeinschaft, dann aber auch zu den jeweils gültigen „Zeichen der Zeit", wobei die kreative Leerstelle des nicht zu schließenden Momentes, die Unbestimmbarkeit des göttlichen Raumes bleibend bestehen bleibt.

Wie die menschliche Humorfähigkeit in das Erfahren und das kognitive wie auch existentielle Verarbeiten erfahrener Brüche eingebunden bleibt, so ist auch die religiöse Existenz der Menschen an die Differenzerfahrungen des Lebens gebunden. Hier artikulieren sich Glaube, Hoffnung und Liebe als Sehnsüchte der Überschreitung, wohl wissend, dass diese „Brückenfunktion" in den Brüchen menschlichen Daseins menschlicherseits nicht vollständig erfüllt werden kann, sondern auf die Erfahrung des unfassbar Transzendenten, in der christlichen Diktion „Gottes", angewiesen bleibt, die wiederum nur ereignisreich vermittelt, nie aber geplant und „hergestellt" werden kann. Damit aber geschieht das, was Thomas Erne betont hat:

„Wenn nicht mehr allein Bestimmtheit, Festigkeit und Unerschütterlichkeit des Glaubens das Maß aller religiösen Dinge sind, sondern auch Ungewissheit, Ambivalenz und Fragen, also eine Restitution von Unbestimmtheit, der christlichen Religion neue Chancen für ihre Themen verschaffen, ist der Zeitpunkt für den Humor gekommen."¹³

An diese Überlegungen schließt sich mitunter an, die Existenzform der Kirche selbst als einen ironischen Auftrag anzusehen: Sie ist als Gemeinschaft der Gläubigen auf das Ziel im himmlischen Jerusalem gerichtet – sie ist aber weder mit diesem Ziel identisch, noch darf sie sich als allmächtiges Instrument zum Erreichen dieses Zieles interpretieren: Sie steht ständig an der Schwelle zur Überinterpretation der eigenen Rolle, gleichzeitig droht sie aber in Sackgassen der Geschichte von ihrem eigenen Weg abzukommen. Dann jedoch, wenn dereinst die himmlische Herrlichkeit erreicht ist, ist die Kirche nicht mehr. Denn in der Stadt des himmlischen Jerusalems brauche es keinen Tempel mehr (vgl. Offb 21,22). Diese prekäre Identität ist und bleibt der Kirchengemeinschaft eingeschrieben. Sie ist zwischen Angreifbarkeit und Erfüllung angesiedelt, sie steht ständig unter einem Vorbehalt, den sie selbst nicht aufheben kann, sondern nur der, auf den sie verweisen soll. Dennoch – und das ist ein springender Punkt – bedeutet diese problematische Stellung der Kirche nicht, dass sie in Angst und Lethargie, in Missmut und Paranoia verfallen muss. Auch diese Form der christlich-gemeinschaftlichen Identität darf mit der Hoffnung erfüllt werden. Größere Gefahr würde davon ausgehen, wenn der Ort der Kirche in der Geschichtlichkeit und ihre Identität als „Werkzeug des Heiles" (LG 1) für die Menschen und als irdische Sendung vergessen werden würden.

Diese brisante Funktion der Kirche rührt an die Erfahrung der Lächerlichkeit, die auch Karl Rahner im geschöpflichen Menschsein festmacht. Auch in dieser Situation wäre Angst, wie wir sie etwa im „Gleichnis der anvertrauten Talente" gesehen haben, fehl am Platz. Nicht die Angst sollte die Existenz der Menschen und der Kirche bestimmen, sondern die Annahme des eigenen Platzes in der Geschichte. Mit den Worten Karl Rahners:

„Fürchtet nicht, ein bißchen dumm zu lachen und ein bißchen oberflächlich. Am rechten Ort ist diese Oberflächlichkeit tiefer als euer gequälter Tiefsinn, der nur von einem geistigen Stolz eingegeben wäre, von einem Stolz, der es nicht aushalten will, ein bloßer Mensch zu sein."[14]

Die Befreiung zur Leichtigkeit: Die kreative Leerstelle des Lebens

Spielarten des Lachhaften sind an Differenzerfahrungen gebunden. Dies betrifft sowohl die Humorformen des „Eigenen" (Selbstironie, die Erfahrung der eigenen Lächerlichkeit, Begrenztheit usw.), als auch die Erscheinungsarten des Lachhaften in Bezug auf Lebewesen, Umstände oder die Mitmenschen. Die Kluft der Differenz wird somit zu einer emotionalen Quelle des Menschseins, die sich nicht nur im Bereich des Religiösen, wohl aber auch darin, produktiv umwandeln lässt. In jedem Fall dürfte aber klar sein, dass genau dieses Existential des Menschen, nämlich in der Welt voller Widersprüchlichkeiten und Vorläufigkeiten eingebettet zu sein, nicht jenseits oder gar entgegen seiner kreatürlichen Veranlagung angesiedelt ist: Genauso wie das Erleben der Inkongruenzen sind auch die Formen des Humors schöpfungstheologisch angelegt: als Differenz der geschichtlichen Verortung (Immanenz) einerseits und der menschlichen Fähigkeit, sich von diesen Faktizitäten gedanklich, sprachlich und symbolisch zu lösen, andererseits. Erst dadurch, dass es so etwas wie wahrgenommene oder imaginierte Brüche in der Lebenswelt gibt, können komische Widersprüchlichkeiten, Inkongruenzen, allgemein das Auseinanderklaffen von Realität und Vorstellung, wahrgenommen werden. Der Kern dieser Differenzerfahrung – als sprachliche Vermittlung, geistige Vorstellung oder fantasievolle Fiktion – kann letztlich nicht vollends eingeholt werden. Auch die Sehnsucht nach einer letzten Sicherheit im Leben, Denken und Glauben – so verständlich diese aus psychologischer Sicht auch sein mag – darf nicht darüber hinwegtäuschen, dass es eine absolute Sicherheit im irdischen Leben nicht geben kann. Dies gilt nicht nur erkenntnistheologisch und spirituell, sondern auch im Hinblick auf Grenzerfahrungen in moralischen, sozialen oder kulturellen Fragen.[15] Dieses Fehlen einer finalen Absolutheit kann zwar durchaus als Mangel gesehen werden, andererseits aber auch als Auftrag zur dauerhaften Bemühung um menschliche Selbsterkenntnis – als Imperativ, über die Grenzfragen menschlichen Daseins immer wieder von Neuem in Austausch zu kommen und im Hinblick auf einen *modus vivendi* aller Menschen hinzuarbeiten. Dass es dabei keine Pauschallösungen gibt, mag lästig erscheinen, ist aber ein bleibender Aufruf an alle Beteiligten, in ein Gespräch zu kommen. Weder religiöse Gemeinschaften noch politische Gruppen oder gesellschaftliche Gemeinschaften können sich einfach aus dieser Verantwortung stehlen: Sie alle sind Teil des Erkenntnisprozesses der Menschen, der niemals abgeschlossen, aber gerade deshalb immer von enormer Bedeutung ist.

„Humor ist das Inkognito des Religiösen"[16], so die Kurzformel von Sören Kierkegaard: Tatsächlich finden sich im Humorvollen wie im Religiösen ähnliche Funktionen an der Ausrichtung zum Menschsein: Beide können als Aufruf zu einer Perspektive des „Unmöglichen" gelten. In ihnen kommt eine alternative Sichtweise auf die Faktizitäten der Geschichte zustande, die existentiell verarbeitet werden müssen. Auf dieser Ebene wird der Humor zur „indirekten" Ausdrucksweise der Religion, weil er eine mögliche Denkweise vorstellt bzw. alternative Sichtweisen mitunter emotional und spontan ins Gedächtnis ruft, ohne jedoch einen unbedingten Aufschluss über die schlussendliche Interpretation des Lebens anbieten zu können.[17] Ähnlich wie das religiöse Moment des Glaubens ein heterogenes Motiv zu den scheinbaren Gesetzmäßigkeiten des Lebens ist, wird der Humor zu einem letztlich auch auf die religiöse Perspektive anzuwendendem Korrektiv, der die Religion mitunter selbst an ihre ausgesprochen provokative Funktion erinnern kann:

> „Humor ist keine der Theologie äußerliche Kategorie, wenn die Erlebnisformen des Religiösen zu einer gesellschaftlichen Konvention abgesunken sind [...] Religiöse Leidenschaft kann sich dann nur noch zeigen, wenn die eingespielte Bestimmtheit der religiösen Tradition erneut einem Risiko ausgesetzt wird."[18]

Der Sinn für die eigene Lächerlichkeit kann der Religion bzw. der theologischen Interpretation dienlich sein – und zwar gerade dadurch, dass er den Formen des Glaubens selbst als „Stachel im Fleisch" sitzt, indem er sie der Hinterfragbarkeit aussetzt, der sie selbst nicht entrinnen können. Religion gegenüber dem Humor immun machen zu wollen wäre nichts anderes als in eine Form von Fundamentalisierung zu verfallen, die jegliche Dynamik für sich selbst ausschließt. Eine solche Form des Glaubens hätte aber aufgehört, den Ort der Geschichte als ihren eigenen anzunehmen. Oder anders gesagt: Sie hätte ihre eigene Ironie in der Geschichte vergessen bzw. ihre Rolle vor Gott größer gemacht, als sie eigentlich ist. Wenn Religion durch den Humor nicht mehr relativiert werden kann bzw. sich von den Angriffen satirischer, humorvoller oder künstlerischer Infragestellung entheben will, vergisst sie ihren Platz in der (Heils-)Geschichte. Dann ist sie auf dem direkten Weg jener gefährlichen Humorlosigkeit, die die Attentäter von Paris zu ihren Anschlägen motiviert hat: Wer sich selbst nicht mehr relativieren kann, muss sich als Instrument des Absoluten verstehen – und droht dadurch aber zum Instrument von Gewalt, Mord und Vernichtung zu werden.

Ein Glaube, der sich der bedrängenden und mitunter prekären Selbsterkenntnis der eigenen Lächerlichkeit stellen kann, wird aber in der menschlichen Fähigkeit des Lachens, sowie im Humor, dem man auch selbst ausgeliefert sein kann, ein zutiefst produktives Korrektiv sehen, mit dem selbst in der verletzenden Form der Beleidigung und Erniedrigung ein Schritt zur tieferen Selbst-, Welt- und Gotteserkenntnis gegeben ist. Eine solche Form von Theologie, Glaube und Kirche wird den Widrigkeiten der Geschichte nicht ausweichen, sondern sich kritisch in sie eingebunden fühlen und auch den Blick der Veränderung auf sich selbst werfen können. Darin findet sich nicht nur eine Hinterfragung manch erstarrter oder vergessener Arten des (Glaubens-)Lebens, sondern darin verbirgt sich ein Stück Dynamik für das menschliche Leben selbst: In den Brennpunkten menschlichen Humors konstituiert sich ein kreatives Schaffen, eine Dynamik, die den Geschöpfen von der Ereignishaftigkeit Gottes zeugt und sie selbst als Teil dieser lebendigen Beziehung von der Perspektive der Andersheit in den

Blick nimmt. Eine Religiosität, die sich dem Lachen als Korrektiv aussetzen kann, wird in ihm neue Räume des Glaubens finden und kann sich auf diese Weise selbst der Vielfalt der Geschichte immer wieder von neuem annehmen.

„Wenn das Lachen [...] das theologische Dogmengebäude affiziert, dann verändert sich die Statik dieses Gebäudes nicht unbeträchtlich, die Koordinaten der Glaubenslehre verschieben sich, das Spielfeld des christlichen Seins wird neu vermessen."[19]

8. Epilog

Wenn Päpste Federn lassen. Von inszenierter Macht zur kritischen Selbstwahrnehmung eigener Lächerlichkeit

Für die Verfilmung seines gleichnamigen Romans „Der veruntreute Himmel" (1958) war Franz Werfel mit seinem Kamerateam im Vatikan zu Gast, um jene Bilder einzufangen, die der Regisseur für die Inszenierung der römischen Kulisse brauchte. So wurde eine der letzten Generalaudienzen von Papst Pius XII. kurzerhand zur Bühne des österreichischen Films. Dabei entstand ein einmaliges Bilddokument über die Darbietung päpstlicher Macht zu Zeiten des Pacelli-Papstes: Imposant wirken die Aufmachung der Audienzhalle, der Einzug des „Pontifex Maximus" sowie der Festzug, der ihn begleitete. Ehrfürchtig folgen die Gäste dem Geschehen – königlich-päpstliche Macht auf ihrem Höhepunkt, könnte man meinen. Tatsächlich sind diese Bild- und Filmdokumente aus der Zeit Pius XII. einzigartig. Sie bezeugen das Entdecken der neuen Medien im vatikanischen Geschehen. Die ersten Gehversuche, die zeigen sollen, dass die monarchische Kraft des römischen Bischofs in allem Prunk und Glorie auch in der Zeit der „bewegten Bilder" funktionieren würde. Der Papst, der über Blumenmeere schreitet, mit weit ausgebreiteten Armen in die Kamera segnet oder mit Tieren als Franz von Assisi in Szene gesetzt wird. Es scheint, als wären Heiligenbilder der Kirchenkunst auf Filmstreifen transportiert und festgehalten worden. Trotzdem war diese Form von päpstlicher Nahaufnahmen auch die letzte ihrer Art: Mit dem Tod Pius XII. im Jahr 1958 zog ein neuer Wind in den Vatikan ein – und mit Johannes XXIII. eine veränderte Art der päpstlichen (Selbst-)Darstellung. Verschnörkelte Formen wurden weniger – dennoch nicht ausgelöscht. Monarchische Elemente traten in den Hintergrund, die menschliche Person des Papstes trat deutlicher ins Zentrum.

Beobachtet man die Veränderung der folgenden Jahrzehnte in den liturgischen und filmisch inszenierten Formen genauer, wird man einen Wandel nicht abstreiten können: Gerne wird er mit dem Ablegen der päpstlichen Krone, der Tiara oder anhand des Wegfalls des berühmten päpstlichen Tragestuhls, der *sedia gestatoria*, beschrieben und daran festgemacht. Ähnlich würde es aber auch funktionieren, wenn man den Blick auf die „Flabelli", die mit Gold, Edelsteinen und übergroßen Federn geschmückten Fächer bischöflicher Liturgie wendet: Der Fächer (lat. *flabellum*), lange Zeit festes und unverzichtbares Symbol der Dienerschaft gegenüber dem Nachfolger Petri, verschwand. Papst Paul VI. war der letzte, der noch von den kostbar verzierten Federstielen begleitet wurde. Mit ihnen verschwanden auch die Träger, ebenso andere liturgische Instrumente aus anderen Zeiten – sie wurden zu Relikten in den Gerätekammern und Ausstellungsräumen der päpstlich-bischöflichen Museen. Unabhängig, ob man diese Entwicklung nun gut oder schlecht findet: Tatsache ist, dass es einen Wandel in der Fremd- und Selbstwahrnehmung des Papsttums gegeben hat. Was früher selbstverständlich und unumgänglich angesehen wurde, erschien im Licht des 20. Jahrhunderts unverständlich und wurde von außen hinterfragt. Aber auch innerhalb der Kirche mehrten sich die kritischen Stimmen gegenüber offenbar aus der Zeit gefallenen Darstellungsformen des Religiösen.

„Johannes, nimm dich nicht so wichtig!", soll ein Engel Papst Johannes XXIII. im Traum zugesprochen haben, als sich dieser nach seiner Wahl zum Pontifex von der Last der Verantwortung und Führungsfragen beinahe erdrückt gefühlt habe.[1] Die Ausformung der päpstlichen Gottesdienste und Rituale im Vatikan nach 1958 könnte durchaus unter dieser Überschrift lauten: Nicht aus einem fremden Zwang heraus, sondern mit dem Ziel der Verständlichkeit in der heutigen Zeit, wurden diese Symbole vergangener Zeiten ersetzt: Die Päpste haben mit ihren *Flabelli* sprichwörtlich Federn gelassen – sie haben sich auf einen Weg der Re-Interpretation gemacht, in eine Epoche begeben, die sich der eigenen Relativität stellt, aber auch den Raum der Fremdwahrnehmung als offenen Diskursraum nicht scheut.

Wer sich heute die Szenen aus den Tiefen der vatikanischen Filmarchive ansieht, wird merken, dass diese Form der Inszenierung heute nicht mehr verständlich wäre. Sie würde als lächerlich gelten, möglicherweise als eine ironische Fußnote für zahlreiche Geschehen in der Kirchengeschichte, in denen die kirchliche Schuld und Verantwortung oftmals unter dem Mantel von Macht, Prunk und Goldbeschlägen verborgen wurden. Und genau dies würde nicht mehr einfach funktionieren. Man musste sich der eigenen Menschlichkeit stellen und damit auch der Möglichkeit der Fehleranfälligkeit. Die liturgischen Änderungen wurden zu sichtbaren Zeugen eines päpstlich-kirchlichen Perspektivenwechsels. Dass die Päpste einfach auf ihre Tiara, den Tragestuhl oder die *Flabelli* verzichten könnten, wäre in früheren Zeiten unverständlich gewesen – es wird für uns verständlich, wenn man sich vor Augen hält, dass auch Kirche und Theologie in Kommunikationsräume des Menschlichen eingebunden sind: Sie stehen in einem dynamischen Prozess des Wahrnehmens und Wahrgenommen-Werdens, sie werden angegriffen, verlacht, aber sie reagieren auch auf Formen menschlichen Zu- und Widerspruches. Damit wird dieser Prozess aber nicht nur zu einem liturgischen Wandel, sondern zu einem Zeichen der Lebendigkeit kirchlichen Kommunikationsgeschehens angesichts der eigenen Lächerlichkeit und der Gefahr der Fehlinterpretation.

Was bedeutet das nun aber für Gegenwart und Zukunft? Sicher ist, dass dieser Prozess der religiösen Verständigung nicht an ein Ende kommen wird. Es wird in Gegenwart und Zukunft noch wichtiger, auf die Stimmen der Menschen, auf die Zeichen der Zeit und die Anforderungen an die Verkündiger*innen des Evangeliums zu hören. Lachen, Widerspruch, aber auch Aggression und Relativierung stehen hier an der Tagesordnung. Religion und Kirche haben hier ihren Ort, der Glaube der Menschen artikuliert sich nicht in einem emotionslosen Vakuum theologischer Unangreifbarkeit, sondern er hat seinen Ort im Stimmgewirr der Weltgeschichte. Sich davon abzuwenden, würde bedeuten, den Missionsaufruf Christi in Mk 16,15 zu vernachlässigen, sich hinter den Mauern dogmatischer Äußerungen zu verbergen würde Gefahr laufen, die eigene Rolle hochzustilisieren und in einem Dickicht menschlicher Definitionen gefangen zu werden. Möglicherweise würde man dabei auch übersehen, dass man den Ort des Menschlichen und des Christlichen verlassen hat – ein Glaube, der aufhört in den emotionalen Widrigkeiten des Lebens zu atmen (oder auch nach Luft zu ringen), in sie eingebettet zu sein und selbst als hinterfragtes und mitunter verletztes, beleidigtes oder verlachtes Bekenntnis zu erscheinen, würde den Ort der Verletzlichkeit Jesu aufgeben. Zugleich liefe man Gefahr, die lebendige Leerstelle irdischer Kreativität – d. h. Geschöpflichkeit – aus dem Blick zu verlieren.

Die Fähigkeit, sich anhand der Differenz zwischen Selbst- und Fremdwahrnehmung neu zu positionieren, zeugt von einem enormen kritischen Potential. Dieses Reflexionsmoment anhand einer Differenzwahrnehmung im Anderen ähnelt in seinem Anstoß zur Neujustierung und dem damit verbundenen pointierten Schockpotential jener Inkongruenz, die wir in Bezug auf Humor und Komik behandelt haben. Die Konfrontation des Schocks kann Teil eines genuinen Prozesses der Selbsterkenntnis sein, der sich im Komischen wie auch im Modus der eigenen Lächerlichkeit auf neue Art und Weise mit der Wirklichkeit auseinandersetzen kann.

Im Auseinanderklaffen von Anspruch und Realität, von Ziel und Wirkung, sowie von Erwartung und Nichterfüllung treffen sich spannungsgeladene Kontraste, die – sowohl im Komischen wie auch in jedem Prozess der Identitätsgewinnung – nicht übergangen werden dürfen. Das Widersprüchliche schreit quasi nach einer produktiven Auseinandersetzung bzw. einer „Entladung". Im Raum des Humors wird diese Funktion durch das emotionsgeladene Lachen, in Identitätsprozessen durch eine dynamische Selbstreflexion und Neujustierung erreicht. Dass hierbei der Affront des Widerspruches nicht als gewaltsamer Angriff bzw. das Gegenüber nicht automatisch als ein Feindbild, sondern als produktiver Anstoß zur Selbstkritik wahrgenommen wird, zeugt von einem kritischen und reflektierten Selbstbezug.

Religiöser Glaube ist als menschliches Geschehen in Ambivalenzen eingebettet, denen er nicht entrinnen kann. Als solcher wird er aber zutiefst von den Ereignissen der Geschichte geprägt und in sie hineingezogen. Ein christlicher Glaube jenseits der Geschichte würde seinen eigenen Auftrag verraten, gleichzeitig jene Menschen aus dem Blick verlieren, denen er zu dienen hätte. Insofern ist es eine entscheidende theologische Frage, wie man sich angesichts der eigenen Lächerlichkeit, der Kontingenz, aber auch angesichts des Beleidigtwerdens und Verlachtwerdens reagiert. Hier entscheidet sich die Kommunikationsfähigkeit des Christlichen – nicht in der Unantastbarkeit ideologischer Fundamente, sondern in der Verständigung und im aktiven Austausch angesichts aller (Selbst-) Widersprüche, Verletzungen und Ungerechtigkeiten. Humor kann sehr wohl als Werkzeug des Unmenschlichen verwendet werden, er bleibt in seinem Umgang mit Inkongruenzen aber auch immer ein Aufruf zur Verständigung, auf ein Geschehen, das sich nicht planen und herstellen lässt, sondern das sich im wahrsten Sinne des Wortes „ereignet". Die Ambivalenz der Geschichte spiegelt sich in der Ambivalenz des Komischen – das Lachen wird zu einem Schlüssel der menschlichen Existenz, weil es sowohl das Positive wie auch das Negative nahe aneinander führt – es setzt Dynamiken in Gang, die sich letztlich darum drehen, ob und wie das Menschsein miteinander und untereinander bewältigt wird. Hier werden Ambivalenzen nicht aufgelöst, das Auseinanderklaffen menschlicher Existenz zwischen Suchen und Finden, Hoffen und Erwarten wird nicht aufgehoben. Nicht nur die Gläubigen können lachen, sondern auch die Nicht-Gläubigen, nicht nur die Religiösen empfinden Heiterkeit, sondern auch die „religiös Unmusikalischen" verspüren den Drang zu lachen. Das macht die prekären Existenzbahnen des menschlichen Lebens aus, in denen sich sowohl die gläubigen Menschen wie auch die ihnen kritisch Gegenüberstehenden bewegen. Ihre Wege kreuzen sich, sie führen aneinander vorbei, oftmals geraten sie aber auch auf Kollisionskurs. Dies ist eine Herausforderung, die schlichtweg nicht aufgelöst werden kann. Dazu Karl Rahner:

„Das Lachen des Unglaubens, der Verzweiflung, des Hohnes und das Lachen der glaubenden Seligkeit sind hier unheimlich nahe beieinander, so daß man vor der Erfüllung der Verheißung fast nicht weiß, lacht da der Unglaube oder der Glaube. Und so ist es geblieben. Die Toren lachen und die Weisen, die verzweifelt Ungläubigen und die Glaubenden. Wir aber werden in diesen Tagen lachen. Und *unser* Lachen soll Gott rühmen."[2]

Für die Religion(en) wiederum heißt das aber auch, dass sie Anstöße aus der Welt der Säkularität als das auffassen sollten, was sie sind: Nämlich Zeichen und Ausspruch des Unverständnisses, an dem die kirchlichen und religiösen Gemeinschaften in vielen Fällen mindestens ebenso viel Verantwortung tragen wie diejenigen, die es aussprechen. Wenn die Kommunikation von einer Seite abgebrochen und aufgegeben wird, vielleicht sogar in Macht, Gewalt und Angriff übergeht, dann ist genau jener Auftrag am Ende, den Christus bis zu seiner Wiederkunft gegeben hat: Deshalb sollte und muss es den christlichen Gemeinschaften ein Anliegen sein, Formen der Kommunikation und des Verständlichmachens zu suchen, damit sie die Nähe zu den Adressat*innen der Botschaft Jesu nicht verlieren. Es ist auch ein zutiefst christlicher Auftrag, die Dynamik nicht zu unterbinden, die den Glauben am Ort der Geschichte lebendig hält. Aber hier treten gerade jene Ambiguitäten zutage, die der menschliche Humor zu bearbeiten bzw. zu kompensieren sucht und in denen die letztliche Einsicht der menschlichen Endlichkeit liegt. An diesen Fragmentierungen bestehender Ordnungen treffen sich Religion, Glaube und Humor. Ihr Zusammenkommen mag vieles bedeuten und kann auch ebenso viele Formen von Mord und Totschlag bis hin zu Arten der fruchtbaren Selbst- und Fremderkenntnis annehmen – langweilig wird es sicherlich nie und es bleibt herausfordernd. Das Anliegen des Glaubens muss aber klar sein: Am Ort der geschichtlichen Existenz das zur Sprache zu bringen, was die Menschen im Innersten umtreibt und ihnen Hoffnung und Lebensmut schenken kann. Dies trifft auch dann zu, wenn lange gehegte Definitionen aufgebrochen, Ordnungen verschoben werden oder die Verantwortlichen im wörtlichen Sinne Federn lassen müssen.

„*Risum fecit mihi Deus.*
[„Gott, du hast mir Lachen geschenkt"]
wollen wir sagen und – lachen!"³
(Karl Rahner)

9. Danksagung

Der Ursprung dieses Projektes liegt im Jahr 2013: Damals war ich an der Missouri State University in Springfield, Missouri (USA), als Lehrbeauftragter für „Religion in America" tätig. Nach einer Vorlesung kam eine meiner Student*innen zu mir und fragte mich Folgendes: „Herr Weiß, Sie sind doch – wie ich selbst auch – katholisch, oder?" Ich bejahte diese Frage. „Warum machen Sie dann", fragte die Studentin weiter, „über die katholische Kirche, also ihre eigene Gemeinschaft, mehr Witze als über alle anderen?" Diese Frage hat mich gleichermaßen berührt wie beschäftigt. Warum begegnen religiöse Menschen ihrem Glauben in humorvoller Art und Weise? Warum machen sie möglicherweise Witze über das, was sie jeden Sonntag als Bekenntnis ablegen und mit aller Zuversicht, manchmal auch mit Angst und Unsicherheit, in ihrem Herzen erhoffen? Ist ein komisch-selbstironisches Verhältnis zur eigenen Religion und zum eigenen Gottesbild überhaupt angebracht, da es doch – innerhalb wie außerhalb der Kirche(n) – so viel Leid, Trauer, Angst und Missgunst gibt? Die Fragen dieser Studentin trafen mich, sie beschäftigten mich zutiefst. Mein Verhältnis zu meinem eigenen Bekenntnis aus der Perspektive meines Humors zum Thema zu machen, hat mich fasziniert und die letzten Jahre begleitet. Ich fand enorm vielfältige Formen des Komischen in meinem persönlichen Glaubensleben sowie auch in meiner Art, Theologie zu betreiben. Ich spürte in zahlreichen meiner Vorträge Formen meiner bewussten und unterbewussten Humorfähigkeit nach, ich führte Gespräche mit vielen meiner Zuhörer*innen, Freund*innen und Kolleg*innen. Zusammen mit ihnen grub ich in den Tiefen dessen, was mir als Humor in meinem Leben Halt, Unterhaltung und Gelassenheit beschert. Darunter fanden sich herzliche Lacher, Freudentränen, oftmals Selbstironie, manchmal blanker Galgenhumor, selten aber auch bissiger Spott, der den Religionen in einer säkularen Welt von allen Seiten um die Ohren weht. Das Komische, konnte ich letzten Endes schlussfolgern, prägt mein Glaubensleben und umgekehrt – über weite Strecken ist es wahrscheinlich auch folgerichtig, aus dem Bereich des Heiteren Kraft für die ernsten Fragen und schweren Stunden des Lebens zu schöpfen. Insofern erscheint es auch unmöglich und nicht erstrebenswert, den Sinn für Humor vom Sinn für die Transzendenz bzw. von dem, was wir im christlichen Glauben mit Gott identifizieren, zu trennen. Schon allein deshalb war das Projekt für mich enorm spannend und herausfordernd zugleich.

Es wäre unredlich, wenn ich auch nur im Geringsten andeuten würde, die oben erwähnten Fragen mit diesem Buch genügend beantwortet zu haben. Ich konnte auf zahlreiche Gedanken anderer Denker zurückgreifen, die mich ebenso erstaunt wie auch inspiriert haben, ich konnte und wollte aber niemals einen geschlossenen Traktat fertigstellen. Dennoch, hoffe ich, kann dieses Büchlein als Zeugnis des Nachdenkens gelten – nicht als abschließende oder dogmatisiert auftretende Antwort, sondern als Ermunterung an viele Menschen, selbst und unaufhörlich zu suchen, welche Kraft, welchen Nutzen, aber auch welche Gefahr der Humor für die Menschen und Gesellschaften im Allgemeinen, für die Religion(en) im Besonderen darstellen kann – es lohnt sich nämlich!

Zu danken habe ich am Ende dieses Buches besonders jenen Menschen, die mir ein erfülltes und humorvolles Glaubensleben nähergebracht und mich in meinem Bekenntnis immer auch in Verbindung mit der heilenden Kraft des Lachens und der selbstironischen Bescheidenheit menschlicher Endlichkeit geprägt haben. Hier denke ich nicht nur an meine Familie und meinen von säkularen, nichtchristlichen Menschen geprägten Freundeskreis, sondern etwa auch an meinen besonders guten Freund P. Altmann Wand OSB, zahlreiche Professor*innen in Salzburg und Springfield, an die prägenden Priestergestalten meiner Kindheit und Jugend, Theo Mairhofer und Richard Schwarzenauer, ebenso an viele meiner Kolleg*innen in der Studienzeit, Bildungsarbeit und Vortragstätigkeit.

Danksagung

Humor, bin ich mir nach vielen Stunden des Nachdenkens sicher, lernt man ebenso wenig wie den religiösen Glauben in einer abgeschlossenen Stube, sondern im Austausch mit anderen Menschen – an Orten, an denen sich das Unerwartete seinen Weg bahnen kann, an denen sich ein Hauch dessen ereignen kann, was wir Menschen mit „Heil" und Zufriedenheit, mit Gelassenheit und Erfüllung umschreiben. Hier können wir im Miteinander, im Hinhören und Lernen dem nachspüren, was uns als Menschen ausmacht. Wir können darin sowohl Verletzungen, Beleidigungen, aber auch Herzlichkeit, Kritikfähigkeit und den Umgang mit Vieldeutigkeiten lernen. Insofern ist die Schule des Humors auch eine Schule des Lebens – und der Glaube hat keine bessere Lehrmeisterin als die Geschichte des menschlichen Lebens (Johannes XXIII.). Mit den Worten Karl Rahners: „Ach, wenn wir willige und verständige Schüler wären, wir könnten für den inneren und geistlichen Menschen keinen besseren Lehrmeister haben als den Alltag!"[1] Dieses Lernen im Humorvollen hat auch für den Glauben etwas Heilsames: Hier liegt ein Bekenntnis zur Menschlichkeit verborgen – in der Hinterfragbarkeit, der Vieldeutigkeit und der Endlichkeit. Oder, wie Gerhard Polt es – ganz untheologisch, aber umso trefflicher – in einem Interview mit Günter Kaindlsdorfer[2] auf den Punkt gebracht hat:

„Ich glaube, dass der Mensch etwas Glückliches hat: Der Mensch kann lächerlich sein, er muss sich als Ganzer nicht immer ernst nehmen – und das hat etwas Versöhnliches an sich."

Ein besonderer Dank gilt insbesondere an Dr. Stephan Weber vom Herder Verlag, sowie seinem ganzen Team, das an der Verwirklichung dieses Projekts mitgewirkt hat.

10. Anmerkungen

[1] Wilde, Oscar, Das Bildnis des Dorian Gray, Kap. 3 (Originalausgabe: The Picture of Dorian Gray, 1890).

0. Prolog

[1] https://www.francetvinfo.fr/faits-divers/charlie-hebdo-l-attentat-le-plus-meurtrier-depuis-plus-de-50-ans-en-france_1680477.html (Zugriff am 26.02.2020).
[2] https://www.hr-inforadio.de/programm/themen/charlie-hebdo–fuenf-jahre-nach-dem-anschlag-,charlie-hebdo-100.html (Zugriff am 26.02.2020).
[3] https://www.bbc.com/news/world-europe-15550350 (Zugriff am 26.02.2020).
[4] Vgl. Gamillscheg, Hannes, Karikatur der Kulturen (Frankfurter Rundschau, 02.02.2006), online: https://www.fr.de/politik/karikatur-kulturen-11651965.html (Zugriff am 26.02.2020).
[5] Eco, Umberto, Der Name der Rose, deutsche Erstausgabe: München 1982. (Originalausgabe: Il nome della rosa, 1980).
[6] https://time.com/3668875/pope-francis-charlie-hebdo/ (Zugriff am 26.02.2020).
[7] Vgl. Joas, Hans, Glaube als Option. Zukunftsmöglichkeiten des Christentums, Freiburg/Basel/Wien ²2013, 121–128.
[8] Vgl. dazu den preisgekrönten Essay von: Bauer, Thomas, Die Vereindeutigung der Welt. Über den Verlust an Mehrdeutigkeit und Vielfalt, Ditzingen 2018.

1. Gefährliche Heiterkeit. Eine Problemskizze

[1] Chesterton, G. K., The Secret People (1908), zitiert nach: https://www.johnderbyshire.com/Readings/secretpeople.html (Zugriff am 31.03.2020).
[2] Lühl, Max, Lachen als anthropologisches Phänomen. Theologische Perspektiven, Berlin/Boston 2019, 3.
[3] Vgl. dazu die umfassende Untersuchung von: Heckl, Reiner W., Das lachende Gehirn. Wie Lachen Heiterkeit und Humor entstehen, Stuttgart 2019.
[4] Berger, Klaus, Ein Kamel durchs Nadelöhr? Der Humor Jesu, Freiburg/Basel/Wien ²2019, 12.
[5] Berger, Peter L./Luckmann Thomas, Die gesellschaftliche Konstruktion der Wirklichkeit. Eine Theorie des Wissenssoziologie. Mit einer Einleitung zur deutschen Ausgabe von Helmuth Plessner. Übersetzt von Monika Plessner, Frankfurt a. M. 1980 (Originalausgabe: New York 1966).
[6] Richert, Friedemann, Kleine Geistesgeschichte des Lachens, Darmstadt ²2011, 25.
[7] Vgl. Joas, Hans, Die Sakralität der Person. Eine neue Genealogie der Menschenrechte, Berlin 2011, 18.
[8] Ders., Die Sakralität der Person, in: Schäfer, Heinrich Wilhelm (Hg.), Hans Joas in

der Diskussion. Kreativität – Selbsttranszendenz – Gewalt, Frankfurt a. M./New York 2012, 147–166, hier: 153.

[9] Vgl. Boff, Leonardo, Kleine Sakramentenlehre, Düsseldorf 1976, 27ff.
[10] Heckl, Das lachende Gehirn, 60.
[11] Ebd., 61.
[12] Vgl. etwa: Pittler, Andreas, Monty Python. 100 Seiten, Ditzingen 2019.
[13] Vgl. die ausgezeichnete Darstellung bei: Faulstich, Werner, Medien und Öffentlichkeiten im Mittelalter. 800–1400 (Die Geschichte der Medien, Bd. 2), Göttingen 1996, 52–68.
[14] Vgl. Hinnenkamp, Volker, Mißverständnisse in Gesprächen. Eine empirische Untersuchung im Rahmen der Interpretativen Soziolinguistik, Opladen/Wiesbaden 1998, hier etwa in Bezug auf das Lachen: 274f.
[15] Filmzitat aus „Die Wutprobe" (2012) von Regisseur Peter Segal.
[16] Vgl. Richert, Geistesgeschichte, besonders 17–41.
[17] Vgl. zur Vorgeschichte des Treffens bzw. der politischen Situation: Dobbs, Michael, For Clinton Sticking With Yeltsin Sealed Agreement on Nato (The Washington Post, 27. Mai 1997), verfügbar online: https://www.washingtonpost.com/archive/politics/1997/05/27/for-clinton-sticking-with-yeltsin-sealed-agreement-on-nato/b676667a-8e64-4e07-89b8-533f9292b085/ (Zugriff am 02.04.2020).
[18] Die Rezeption dieser Zusammenkunft fiel auch sehr unterschiedlich aus. So zeigte sich etwa Alison Mitchell in der „New York Times" wenig begeistert von der Einigung: ebd., THE U.N. AT 50: CLINTON AND YELTSIN;Warmth, but Little Substance, at Hyde Park Summit (The New York Times, 24.10.1995).
[19] Vgl. https://www.history.com/news/bill-clinton-boris-yeltsin-drunk-1994-russian-state-visit (Zugriff am 02.04.2020).
[20] Lüthe, Rudolf, Heitere Aufklärung. Philosophische Untersuchungen zum Verhältnis von Komik, Skepsis und Humor, Berlin 2017, 9.
[21] Polt, Gerhard, Interview am 21.11.2013 mit Günter Kaindlsdorfer: „Ich bin ein gescheiterter Bootsverleiher" auf Ö1, https://oe1.orf.at/programm/20131121/330814, abrufbar auf: https://www.youtube.com/watch?v=BquDn4U5U0I (Zugriff am 1.9.2020).
[22] Heckl, Das lachende Gehirn, 157.
[23] Vgl. Winkler, Ulrich (Hg.), Das Ereignis denken – theologische Erkundungen (Salzburger Theologische Zeitschrift, 21. Jahrgang, Heft 1, 2017).
[24] Vgl. Žižek, Slavoj, Was ist ein Ereignis? Übersetzt von Karen Genschow, Frankfurt a. M. 2014
[25] Ebd., 16.
[26] Ebd., 177.
[27] Lobrecht, Felix, Sonne und Beton: Roman, Berlin 2017, zitiert nach der E-Book-Version, o. S.
[28] Ebd.
[29] Vgl. Stowasser. Das lateinische Wörterbuch, Wien 1971, 404: Einträge zu *provocatio* bzw. *provoco 1*.

Anmerkungen 243

[30] Filmzitat aus „Meuterei auf der Bounty" (1962) von Regisseur Lewis Milestone.
[31] Vgl. Berger, Peter L., Erlösendes Lachen. Das Komische in der menschlichen Erfahrung. Übersetzt von Joachim Kalka, Boston/Berlin ²2014, 16–21.
[32] Vgl. dazu auch: Richert, Geistesgeschichte, 24–26.
[33] Ebd., 25.
[34] Ebd.
[35] Vgl. Siebert, Horst, Die heitere Vernunft des Humors, Schwalbach 2012.
[36] Vgl. Heckl, Das lachende Gehirn, 49–60.
[37] Polt, Interview am 21.11.2013. Anmerkung: Dass Gerhard Polt als Künstler die Begriffe beinahe synonym gebraucht, ist vielsagend. Zu einer konkreteren Abgrenzung bzw. Definition der einzelnen Bereiche siehe: Lühl, Lachen, 6–16. Eine davon unterschiedene Begriffsbestimmung findet sich in: Lüthe, Heitere Aufklärung, 9–13.

2. Zu Höherem berufen? Von Menschen, ihrem Lachen und dem Drang nach Erkenntnis

[1] Platon, Der Staat. Übersetzt und herausgegeben von Karl Vretska, Stuttgart 1982, 439f (Buch X, 4).
[2] Originaltitel: „Who Framed Roger Rabbit?" (1988).
[3] Kuschel, Karl-Josef, Lachen. Gottes und der Menschen Kunst, Tübingen 1998, 24.
[4] Vgl. Richert, Geistesgeschichte, 24f.
[5] Kuschel, Lachen, 29.
[6] Vgl. dazu Karl-Josef Kuschels hervorragende Analyse zahlreicher homerischer Episoden: ebd., 23–30.
[7] Ebd., 30.
[8] Vgl. Prütting, Lenz, Homo ridens. Eine phänomenologische Studie über Wesen, Formen und Funktionen des Lachens, Freiburg/München ⁴2016, 85–98.
[9] Vgl. Knoll, Manuel, Antike griechische Philosophie, Berlin/Boston 2017, 15–22.
[10] Vgl. dazu Platons Schrift „Philebos", die oftmals als die älteste Theorie des Lachens gesehen wird; vgl. auch: Seeck, Gustav Adolf, Platons Philebos. Ein kritischer Kommentar, München 2014.
[11] Vgl. Platon, Theaitetos, 174ab, paraphrasiert und sinngemäß wiedergegeben.
[12] Mader, Michael, Das Problem des Lachens und der Komödie bei Platon, Stuttgart u. a. 1977.
[13] Kuschel, Lachen, 34.
[14] Ebd., 41.
[15] Vgl. Platon Theaitetos, 174c–175a.
[16] Vgl. Richert, Geistesgeschichte, 28f.
[17] Kant, Immanuel, Erklärung in Beziehung auf Fichtes Wissenschaftslehre, in: Hartenstein, Gustav (Hg.), Immanuel Kants Sämtliche Werke, Leipzig 1868, Bd. 8, 601.
[18] Vgl. Most, Glenn W., Raffael. Die Schule von Athen. Über das Lesen der Bilder, Frankfurt am Main 1999
[19] Vgl. dazu: Rheindorf, Johann, Kants *Opus postumus* und das *Ganze der Philosophie*. Gesellschaft, Wissenschaft, Menschenbild, Tübingen 2010, 68–70.

[20] Kuschel, Lachen, 42.
[21] Aristoteles, Über die Glieder der Geschöpfe, in: Die Lehrschriften, Bd. VIII/2, hg., übertragen und in ihrer Entstehung erläutert von P Gohlke, Paderborn 1959, 124, zitiert nach: Kuschel, Lachen, 43.
[22] Vgl. Heckl, Das lachende Gehirn, 3–51.
[23] Aristoteles, Über die Seele, Buch I, 403a, zitiert nach: Richert, Geistesgeschichte, 29.
[24] Vgl. dazu etwa: Brandner, Rudolf, Aristoteles, Sein und Wissen, Phänomenologische Untersuchungen zur Grundlegung wesenslogischen Seinsverständnisses, Würzburg 1997, hier: 315–417.
[25] Vgl. dazu Aristoteles, Die Nikomachische Ethik, übersetzt und herausgegeben von Olof Gigon, München 1972.
[26] Vgl. Kuschel, Lachen, 44f.
[27] Aristoteles, Nikomachische Ethik, zitiert nach Kuschel, Lachen 42 bzw. Aristoteles, Nikomachische Ethik, übersetzt und herausgegeben von Olof Gigon, 148.
[28] Aristoteles, Poetik, Griechisch/Deutsch, übersetzt und hg. von Manfred Fuhrmann, Stuttgart 1982, 1449a.
[29] Richert, Geistesgeschichte, 31.
[30] Kuschel, Lachen, 47.
[31] Ebd.
[32] Vgl. ebd., 48.
[33] Richert, Geistesgeschichte, 32.
[34] Vgl. Meyer, Jørgen, Überlieferung der Philosophie im Altertum. Eine Einführung, Kopenhagen 2000, 26–28.
[35] Vgl. Heinzmann, Richard, Philosophie des Mittelalters, Stuttgart ³2008, 142–165.
[36] Vgl. Richert, Geistesgeschichte, 79–105.
[37] Ebd., 81.
[38] Vgl. Frank, Karl Suso (Hg.), Die Mönchsregeln, St. Ottilien 1981, 125.
[39] Vgl. Richert, Geistesgeschichte, 79–105.

3. Zwischen Himmel und Hölle. Von lachenden Menschen und dem Lachen Gottes

[1] Filmzitat aus „Bruce Allmächtig" (orig.: „Bruce Almighty") aus dem Jahr 2003, Regisseur: Tom Shadyac.
[2] Ebd.
[3] Vgl. etwa: Link-Wieczorek, Ulrike, Reden von Gott in Afrika und Asien. Darstellung und Interpretation der afrikanischen Theologie im Vergleich mit der koreanischen Minjung-Theologie (Forschungen zur systematischen und ökumenischen Theologie, Bd. 60), Göttingen 1991.
[4] Lühl, Max, Lachen als anthropologisches Phänomen. Theologische Perspektiven, Berlin/Boston 2019
[5] Richert, Geistesgeschichte, 46.
[6] Vgl. Heckl, Das lachende Gehirn, 63ff.

Anmerkungen 245

[7] Vgl. Rizzolatti, Giacomo/Sinigaglia, Corrado, Empathie und Spiegelneurone. Die biologische Basis des Mitgefühls, Übersetzt von Friedrich Griese. Frankfurt a. M. 2008, oder etwa: Bauer, Joachim, Warum ich fühle, was du fühlst: Intuitive Kommunikation und das Geheimnis der Spiegelneurone, München 2006.

[8] Anm.: Eine Gefahr, auf die nicht zuletzt auch Lühl deutlich hinweist und dies mit der äußerst reservierten Haltung des Christentums der ersten Jahrzehnte auf das Lachen in Verbindung bringt.

[9] Lüthe, Heitere Aufklärung, 55.

[10] Vgl. Beattie, James, Essay on Laughter and Ludicrous composition, in: ders., The Philosophical and Critical Works, Bd. 1, Edinburgh 1776.

[11] Zitiert nach: Einheitsübersetzung der Heiligen Schrift. Gesamtausgabe, Stuttgart 2016.

[12] Vgl. Lühl, Lachen, 393–396.

[13] Vgl. dazu auch Kuschel, Lachen, 84–87.

[14] Delitzsch, Franz Julius, Commentar zur Genesis, Leipzig 1853, 380.

[15] Vgl. ebd.

[16] Vgl. Gunkel, Hermann, Genesis, Göttingen 1902, zitiert nach: Lühl, Lachen, 394.

[17] Kuschel, Lachen, 85.

[18] Vgl. Žižek, Ereignis, 16ff.

[19] Kuschel, Lachen, 89.

[20] Hoff, Gregor Maria, Religionsgespenster. Versuch über den religiösen Schock, Paderborn 2017, 247.

[21] Vgl. ebd., 241.

[22] Vgl. Zenger, Erich, Das Erste Testament. Die jüdische Bibel und die Christen, Düsseldorf 1991.

[23] Richert, Geistesgeschichte, 46.

[24] Ebd., 46f.

[25] Kuschel, Lachen, 91.

[26] Vgl. ebd., 93–101.

[27] Lühl, Lachen, 374.

[28] Ebd.

[29] Vgl. Prütting, Homo ridens, 351.

[30] Zitiert nach: ebd.

[31] Vgl. Lühl, 374ff. „In einer theologischen Anthropologie kommt dem Lachen damit die Bedeutung eines leibseelischen Ausdrucksgeschehens zu, das die Affinität schöpfungstheologischer und eschatologischer Heilskomponenten sinnfällig macht." (Ebd. 376)

[32] Kuschel, Lachen 115.

[33] Vgl. Richert, Geistesgeschichte, 68–72.

[34] Vgl. Paulsen, Friedrich, Das Ironische in Jesu Stellung und Rede, zitiert nach: Richert, Geistesgeschichte, 69, FN 74.

[35] Berger, Klaus, Ein Kamel durchs Nadelöhr? Der Humor Jesu, Freiburg/Basel/Wien ²2019, 196.

36 Ebd., 11.
37 Vgl. Žižek, Ereignis, 16ff.
38 Berger, Humor Jesu, 13.
39 Ebd., 14.
40 Lühl, 410.
41 Berger, Humor Jesu, 111.
42 Ebd., 19.
43 Ebd.
44 Ebd., 51.
45 Ebd., 75.
46 „Dogma", Kinofilm von Regisseur Kevin Smith (1999).
47 Vgl. Wessels, Antonie, Images of Jesus: How Jesus is Perceived and Portrayed in Non-European Cultures, Grand Rapids 1990.
48 Berger, Lachen, 199.
49 Vgl. Ebd.
50 Werner, Andreas, Koptisch-gnostische Apokalypse des Petrus, in: Schneemelcher, Wilhelm (Hg.), Neutestamentliche Apokryphen in deutscher Übersetzung, Bd. II, Tübingen 1989, 633–643, zitiert nach: Kuschel, Lachen, 106.
51 Ebd.
52 Ebd.
53 Richert, Geistesgeschichte, 74f.
54 Kuschel, 108.
55 Text und Musik von Comedian und Monty-Python-Mitglied Eric Idle, der dieses Lied auch im Film anstimmen darf.
56 Idle, Eric, Always look on the bright side of life!, zitiert und übersetzt: https://musikguru.de/monty-python/songtext-always-look-on-the-bright-side-of-life-597661.html (Zugriff am 2. Juli 2020)
57 Vgl. Lorenz, Edward N., The Essence of Chaos, Washington 1993.
58 Ebd. 47.

4. Angreifbare Religion. Oder: Haben sich die Zeiten geändert?

1 Luther, Martin, Tischrede 457, in: Aland, Kurt (Hg.), Luther Deutsch. Die Werke Martin Luthers in neuer Auswahl für die Gegenwart (Band 9), Göttingen [4]1983, 189.
2 Vgl. Kuschel, Lachen, 93.
3 Vgl. etwa Braun, Heike, Geschichte des Gottesvolkes und christliche Identität. Eine kanonisch-intertextuelle Auslegung der Stephanusepisode Apg 6,1 – 8,3, Tübingen 2010, 104.
4 Ratzinger, Joseph, Einführung in das Christentum. Vorlesungen über das Apostolische Glaubensbekenntnis, München [7]1968, 28.
5 Bergson, Henri, Das Lachen. Ein Essay über die Bedeutung des Komischen, Darmstadt 1988 (Originalausgabe: Le rire: Essai sur la signification du comique, 1900).

ps://www.pinterest.co.uk/pin/410109109793794510/
Anmerkungen

[6] Vgl. Yarbrough, Oliver Larry, The Shadow of an Ass. On Reading of the Alexamenos-Graffito, in: Niang, Aliou Cissé/Osiek, Carolyn, Text, Image, and Christians in the Graeco-Roman World: A Festschrift in Honor of David Lee Balch, Eugene 2012, 239–257.

[7] Laubach, Thomas, Gotteslästerung 2.0. Thesen zur Blasphemie in der Gegenwart, in: ebd. (Hg.), Kann man Gott beleidigen? Zur aktuellen Blasphemie-Debatte (Theologie kontrovers), Freiburg/Basel/Wien 2013, 9–21, hier: 9.

[8] Vgl. dazu etwa: Merklein, Helmut, Das paulinische Paradox des Kreuzes, in: ebd., Studien zu Jesus und Paulus II (Wissenschaftliche Untersuchungen zum Neuen Testament 105), Tübingen 1998, 285–302.

[9] Quelle: https://www.pinterest.co.uk/pin/410109109793794510/ (Zugriff am 16.07.2020)

[10] Hoff, Gregor Maria, Vor dem Kreuz. Blasphemische Inversionen, in: Laubach, (Hg.), Kann man Gott beleidigen? Zur aktuellen Blasphemie-Debatte (Theologie kontrovers), Freiburg/Basel/Wien 2013, 75–91, hier: 77.

[11] Vgl. Weiß, Andreas G., Glaubensdämmerung. Was wir glauben, wenn wir glauben, Tübingen 2020.

[12] Hoff, Vor dem Kreuz, 76.

[13] Vgl. Keul, Hildegund, Weihnachten. Das Wagnis der Verwundbarkeit, Gütersloh 2013, besonders Kap. 3.

[14] Vgl. Berger, Humor, 19f.

[15] Hengel, Martin, Mors turpissima crucis. Die Kreuzigung in der antiken Welt und die „Torheit" des „Wortes vom Kreuz", in: Friedrich, Johannes u. a. (Hg.), Rechtfertigung. Festschrift für Ernst Käsemann, Tübingen/Göttingen 1976, 125–184.

[16] Laubach, Thomas, Der lächerliche Glaube. Ethische Aspekte der Blasphemie, in: ders. (Hg.), Kann man Gott beleidigen? Zur aktuellen Blasphemie-Debatte (Theologie kontrovers), Freiburg/Basel/Wien 2013, 109–128, hier: 119.

[17] Vgl. Hoff, Religionsgespenster, 242–245.

[18] Laubach, Der lächerliche Glaube, 111f.

[19] Vgl. etwa Reijners, Gerardus Q., Das Wort vom Kreuz. Kreuz- und Erlösungssymbolik bei Origenes, Köln/Wien 1983, 29–32.

[20] Morris, Thomas V., The Logic of God Incarnate, Ithaca/London 1986, 20.

[21] Eco, Umberto, Der Name der Rose, deutsche Erstausgabe: München 1982.

[22] Vgl. ebd., 632ff.

[23] Kuschel, Lachen, 70.

[24] Ebd., 72f.

[25] Vgl. ebd.

[26] Ebd., 89.

[27] Ebd.

[28] Vgl. Barber, Nicholas, Life of Brian: The most blasphemous film ever?, online: https://www.bbc.com/culture/article/20190822-life-of-brian-the-most-blasphemous-film-ever (Zugriff am 7.7.2020)

²⁹ Vgl. Ward, Graham, Unbelievable. Why we believe and why we don't, London/New York 2014.
³⁰ Vgl. Gabriel, Ingeborg/Klissenbauer, Irene, Klagen gegen Blasphemie? Zum schwierigen Verhältnis von Religions- und Meinungsfreiheit, in: Laubach, Kann man Gott beleidigen?, 179–193.
³¹ Laubach, Der lächerliche Glaube, 116.
³² Vgl. Pannenberg, Wolfhart, Dogmatische Thesen zur Lehre von der Offenbarung, in: ebd. (Hg.), Offenbarung als Geschichte, Göttingen 1961, 91–114.
³³ Kuschel, Lachen, 139.
³⁴ Sedmak, Theologie in nachtheologischer Zeit, Mainz 2003, 15.
³⁵ Ebenso – und nicht minder problematisch – erscheinen auch die Fragen, die erst im Laufe der Zeit in ihrer Vehemenz und Eindringlichkeit aufleuchten. Vgl. Seewald, Michael, Dogma im Wandel, Freiburg/Basel/Wien 2018, besonders 280–284.
³⁶ Foreville, Raymonde, Lateran I–IV, Herausgegeben von Gervais Dumeige und Heinrich Bacht. Aus dem Französischen von Nikolaus Monzel (Geschichte der ökumenischen Konzilien, Band 6), Mainz 1970, S. 319.
³⁷ Seewald, Dogma 282.
³⁸ Ebd.
³⁹ Vgl. Schulz, Winfried, Dogmenentwicklung als Problem der Geschichtlichkeit der Wahrheitserkenntnis. Eine erkenntnistheoretisch-theologische Studie im Problemkreis der Dogmenentwicklung, Rom 1969, 331–333.
⁴⁰ Ebd., 33
⁴¹ Kuschel, Lachen, 138f.
⁴² Ebd., 134.
⁴³ Thomas von Aquin, Summa theologiae I, q. 13, a. 1–5; vgl. Summa contra gentiles 1, 30.
⁴⁴ Vgl. Wittgenstein, Ludwig, Tractatus logico-philosophicus, in: ders., Werkausgabe (Band 1), Frankfurt a. M. 1984, 83.
⁴⁵ Vgl. Elders SVD, Leo J., The Philosophical Theology of St. Thomas Aquinas, Leiden u. a. 1990, 174–192.
⁴⁶ Vgl. Grenz, Stanley G., Theology for the Community of God, Grand Rapids u. a. 1994, 45–48.
⁴⁷ Sedmak, Clemens, Der Witz (in) der Theologie, in: Sauer, Hanjo/Gruber, Franz (Hg.), Lachen in Freiheit. Theologische Skizzen, Regensburg 1999, 108–115, hier: 108.
⁴⁸ Seewald, Dogma, 282.
⁴⁹ Vgl. die Pastoralkonstitution des 2. Vatikanischen Konzils „Gaudium et Spes", Nr. 1.
⁵⁰ Gruber, Franz, Ironie: Grenzgang zwischen Aufklärung und Verzweiflung, in: Sauer, Hanjo/ebd. (Hg.), Lachen in Freiheit. Theologische Skizzen, Regensburg 1999, 71–81, hier: 76.
⁵¹ Gruber, Ironie, 77.

Anmerkungen 249

[52] Vgl. etwa Bork, Uwe, Komische Heilige. Sonderbares aus der Welt der Religionen, München 2010.

[53] Zitiert nach: Hedwig, Klaus, ‚Efficiunt quod figurant'. Die Sakramente im Kontext von Natur, Zeichen und Heil, in: Speer, Andreas (Hg.), Thomas von Aquin: Die Summa theologiae. Werkinterpretationen, Berlin/New York 2012, 401–426, hier: 424.

[54] Niebuhr, Reinhold, The Irony of American History. With a New Introduction by Andrew J. Bacevick, Chicago 2008 (Erstausgabe 1952).

[55] Ebd., 23.

[56] Ebd.

[57] Gruber, Ironie, 77.

[58] Ebd., 78.

[59] Vgl. Rahner, Karl, Über den Begriff des Geheimnisses in der Katholischen Theologie, in: Karl Rahner Sämtliche Werke, Band 12: Menschsein und Menschwerdung Gottes. Studien zur Grundlegung der Dogmatik, zur Christologie, Theologischen Anthropologie und Eschatologie, bearbeitet von Herbert Vorgrimler, Freiburg i. Br. u. a. 2005, 101–135.

[60] Sedmak, Witz, 111.

[61] Vgl. etwa Kapòn, Uriel/Castellò, Elena, Die Juden in Europa – Geschichte und Vermächtnis aus zwei Jahrtausenden, Augsburg 1996, 134.

[62] Vgl. Klatzmann, Joseph, Jüdischer Witz und Humor. Aus dem Französischen von Thomas Schulz, München 2011 (Erstausgabe 1998)

[63] Vgl etwa Kühner, Axel, Voller Witz und Weisheit. Jüdischer Humor und biblische Anstöße, Neukirchen/Vluyn ^{6}2015.

[64] Klatzmann, Witz und Humor, 10.

[65] Vgl. Vgl. Kottak, Conrad Phillip, Anthropology. The Exploration of Human Diversity, Boston u. a. 9 2002, 518f. „These manifestations are sometimes called expressive culture. People express themselves creatively in dance, music ... storytelling, verse, prose, drama and comedy." (ebd.)

[66] Klatzmann, Witz und Humor, 7f.

[67] Vgl. Lüthe, Heitere Aufklärung, 13f.

[68] Kuschel, Karl-Josef, „Christus hat nie gelacht"? Nachdenken über eine Theologie des Lachens in „ernster Zeit", in: International Journal of Orthodox Theology 2:4 2011, 7–21, hier: 10.

[69] Lüthe, Heitere Aufklärung, 44.

[70] Marx, Karl, Einleitung zu seiner Schrift „Zur Kritik der Hegelschen Rechtsphilosophie" (1844) zitiert nach: http://www.zeno.org/Philosophie/M/Marx,+Karl/ Zur+Kritik+der+Hegelschen+Rechtsphilosophie.+Einleitung (Zugriff am 13.07.2020)

[71] Schiffrin, Deborah, Narrative as Self-Portrait. Sociolinguistic Constructions of Identity (Language and Society, Vol. 25/2), Cambridge 1996, 167–203.

[72] Lüthe, Heitere Aufklärung, 43.

5. Fels in der Brandung? Oder: Hört bei Gott der Spaß wirklich auf?

[1] „Dogma", Kinofilm von Regisseur Kevin Smith (1999).
[2] http://edition.cnn.com/SHOWBIZ/Movies/9909/17/dogma/ (aufgerufen am 13.07.2020)
[3] Thomas von Aquin, Summa theologiae I, q. 3 a. 5 und 6.
[4] Vgl. Wessels, Anton, Images of Jesus. How Jesus is Perceived and Portrayed in Non-European Cultures, London 1986.
[5] https://archive.nytimes.com/www.nytimes.com/library/film/111299dogma-film-review.html (Zugriff am 13.07.2020)
[6] Erasmus von Rotterdam, Vorrede an Thomas Morus, zu: Das Lob der Torheit. Aus dem Lateinischen übersetzt und herausgegeben von Anton J. Gail, Stuttgart 2012 (Erstausgabe 1508), 5–8, hier: 8.
[7] Zitiert nach: Gutknecht, Christoph, Lauter Worte über Worte, München 1999, 336.
[8] Vgl. zur existenzphilosophischen Deutung den „Meister des absurden Denkens": Camus, Albert, Der Mythos des Sisyphos. Ein Versuch über das Absurde, Hamburg 1989.
[9] Hoff, Offenbarung, 298.
[10] Vgl. ebd.
[11] Gaudium et Spes, 1.
[12] Vgl. Holderness, Graham, Re-Writing Jesus: Christ in 20th-Century Fiction and Film, London u. a. 2015.
[13] https://foxwilmington.com/entertainment/netflix-movie-showing-jesus-as-a-gay-man-slammed-by-texas-bishop-as-blasphemy/ (Zugriff am 13.7.2020)
[14] Vgl. zu den christologischen Aspekten der Verzahnung von Christusbildern und Kulturen des 20./21. Jahrhunderts besonders: Ward, Graham, Christ and Culture, Hoboken/New Jersey 2005.
[15] Joas, Hans, Die Sakralität der Person, in: Schäfer, Heinrich Wilhelm (Hg.), Hans Joas in der Diskussion. Kreativität – Selbsttranszendenz – Gewalt, Frankfurt a. M./New York 2012, 147–166, hier: 153.
[16] Vgl. Moll, Sebastian, Das Evangelium nach Homer. Die Simpsons und die Theologie, Moers 2015,
[17] Schöpfungstheologisch gesehen verbindet sich mit dieser Fragestellung durchaus eine brisante Themenlage. Wenn Gott nicht beleidigt werden kann, die Menschen bzw. die menschlichen Haltungen gegenüber diesem Gott aber schon, trifft die Bloßstellung der Geschöpfe nicht in gewisser Weise auch den Schöpfer selbst? Wenn der Glaube tatsächlich die von Gott gnadenhaft gewährte Form der Beziehung der Menschen zu ihrem Schöpfer ist, dann wäre durchaus zu fragen, ob in der Beleidigung der Würde und des Glaubens dieser Menschen nicht auch eine zumindest indirekte Beleidigung Gottes mitspielt. Insofern ist die Bemerkung von Harald Schroeter-Wittke zutreffend, wenn er betont: „Gott lässt sich schlicht nicht spotten. [… Aber:] Blasphemie ist von Mt 25,31–46 her zu lesen: Alles, was Men-

schen Menschen an Grausamkeiten antun, alles dies ist verdammungswürdige Blasphemie." (Schroeter-Wittke, Harald, Gott lässt sich nicht spotten! (Gal 6,7) Eine protestantische Positionierung zum Thema Blaspehmie, in: Laubach (Hg.), Kann man Gott beleidigen?, 59–74, hier: 61f.

[18] Vgl. Haller, Reinhard, Die Macht der Kränkung, Wals/Salzburg 2015.

[19] Vgl. Weiß, Andreas G., Der politische Raum der Theologie. Entwurf einer inkarnationstheologischen Ereignistheologie als Antwort auf „Radical Orthodoxy", Münster 2019, 35–39.

[20] Klages, Klaus, Das Schlimmste für den Humor ist der Ernstfall, Weyarn 2003.

[21] Vgl. Heckl, Das lachende Gehirn, 222.

[22] Vgl. Joas, Person, 153.

[23] Striet, Magnus, Einfach nur glauben? Ein Plädoyer für Komplexitätsresilienz statt -reduktion, gehalten am 29. und 30. Juli 2019, Salzburg. Der dazugehörige Artikel ist erschienen in: Dürnberger, Martin (Hg.), Die Komplexität der Welt und die Sehnsucht nach Einfachheit: Salzburger Hochschulwochen 2019, Innsbruck/Wien 2019, 9–28.

[24] Vgl. Bauer, Thomas, Die Vereindeutigung der Welt. Über den Verlust an Mehrdeutigkeit und Vielfalt, Ditzingen 2018.

[25] Vgl. Zur Geschichte und Eigenart des christlichen Fundamentalismus in den USA: Marsden, George, Fundamentalism and American Culture, Oxford ^{2}2006.

[26] Vgl. Habermas, Jürgen, Glaube und Wissen. Friedenspreis des Deutschen Buchhandels, Frankfurt a. M. 2001, 9–11.

[27] Vgl. Kienzler, Klaus, Der religiöse Fundamentalismus: Christentum, Judentum, Islam, München ^{5}2007, 21f.

[28] Vgl. Belafi, Mathias, Die Wucht der einfachen Zeichen – Zum Verhältnis von Liturgie und Politik, in: Glaab, Manuela/Korte, Karl-Rudolf (Hg.), Angewandte Politikforschung. Eine Festschrift für Prof. Dr. Dr. h.c. Werner Weidenfeld, Wiesbaden 2012, 251–268.

[29] Vgl. Lüthe, Heitere Aufklärung, 96–102.

[30] Wunden, Wolfgang, Loslassen mit Blick nach vorne, in: Laubach, Thomas (Hg.), Kann man Gott beleidigen? Zur aktuellen Blasphemie-Debatte (Theologie kontrovers), Freiburg/Basel/Wien 2013, 143–160, hier: 143.

[31] Vgl. etwa: https://www.spiegel.de/politik/deutschland/jan-boehmermann-schmaehgedicht-setzt-angela-merkel-unter-druck-a-1086429.html bzw. https://www.spiegel.de/kultur/tv/jan-boehmermann-das-sind-die-fakten-der-staatsaffaere-a-1086571.html (Zugriff am 15. Juli 2020)

[32] Vgl. Kippenberg, Hans G., Gewalt als Gottesdienst. Religionskriege im Zeitalter der Globalisierung, München 2008.

[33] Vgl. etwa: Wardetzki, Bärbel, Nimm's bitte nicht persönlich. Der gelassene Umgang mit Kränkungen, München 2012 bzw. ebd., Ohrfeige für die Seele. Wie wir mit Kränkung und Zurückweisung besser umgehen können, München 2014.

[34] Vgl. Haller, Reinhard, Die Macht der Kränkung, Wals/Salzburg 2015.

[35] Vgl. etwa den Sammelband von Goetz, Stefan/Hein, Rudolf B./Klöcker, Katharina

(Hg.), Fluchtpunkt Fundamentalismus. Gegenwartsdiagnosen katholischer Moral, Freiburg/Basel/Wien 2013.
36 Vgl. Köhnlein, Manfred, Gleichnisse Jesu. Visionen einer besseren Welt, Stuttgart 2009, 108–125.
37 Hoff, Gregor Maria, Offenbarung als theologische Wissensform, in: ders. (Hg.), Stichproben: Theologische Inversionen. Salzburger Aufsätze, Innsbruck/Wien 2010, 291–306, hier: 299.
38 Erasmus von Rotterdam, Lob der Torheit, 80.
39 Vgl. Richert, Geistesgeschichte, 118ff.
40 Ebd., 121f.
41 Ebd., 123f.
42 Ebd., 122.
43 Wetzel, Jacob, Satire: das unbekannte Stilprinzip. Wesen und Grenzen im Journalismus, in: Communicatio Socialis 45. Jhg., (Heft 3, 2012), 276–291, hier: 276. Der Hinweis ist entnommen aus: Wunden, Loslassen, 156.
44 https://www.sueddeutsche.de/medien/umstrittenes-magazincover-papst-machtrueckzieher-im-titanic-streit-1.1454721 (Zugriff am 15.07.2020)

6. Irritierte Sprachlosigkeit. Oder: Die Kunst, beleidigt zu sein

1 Filmzitat aus der TV-Serie „Good Omens" aus dem Jahr 2019 (Regisseur: Douglas Mackinnon). Die Handlung basiert auf dem gleichnamigen Roman: Pratchett, Terry/ Gaiman, Neil, Good Omens. The Nice and Accurate Prophecies of Agnes Nutter, Witch, London 1990.
2 Vgl. etwa Wentzel, Catharina, Dantes Teufel spricht nicht, in: Hafner, Johann/ Diemling, Patrick, Die Kommunikation Satans. Einflüsterungen, Gespräche, Briefe des Bösen, Frankfurt a. M. 2010, 189–204.
3 Lat: „Qui tacet consentire videtur", vgl. zur Geschichte und Übersetzung: Rheinfelder, Hans, Die Mannigfaltigkeit wissenschaftlicher und künstlerischer Methoden im Werk Dantes, in: Zimmermann, Albert/Hoffmann, Rudolf, Methoden in Wissenschaft und Kunst des Mittelalters, Leiden 1970, 172–197, hier: 178, FN 14.
4 Vgl. Ruf, Oliver, Zur Ästhethik der Provokation, Kritik und Literatur nach Hugo Ball, Bielefeld 2012.
5 Vgl. etwa Gersting, Günther, Nietzsches Kunst der Überschreitung: eine Provokation, Göttingen 2013.
6 Vgl. Bussmann Claus/Uehlein, Friedrich A., Mythische Provokationen in Philosophie, Theologie, Kunst und Politik, Würzburg 1999.
7 Vgl. Joachim, Valentin, Theologie post Derrida, Zum „kritischen" Verhältnis zwischen Dekonstruktion und Theologie. Durchgeführt in einer messianischen Dekonstruktion der Eschatologie, in: Zeilinger, Peter/Flatscher, Matthias (Hg.), Kreuzungen Jaques Derridas, Wien 2004, 120–138.
8 Vgl. Hoff, Gregor, Maria, Die Außenwelt der Innenwelt der Außenwelt. Zur theologischen Grammatik der Marginalisierung – Lektüren zwischen Foucault und Der-

rida, in: ders., Stichproben. Theologische Inversionen. Salzburger Aufsätze, Innsbruck, 2010, 33–58.
[9] Ebd., 57.
[10] Halík, Tomáš, Glaube und sein Bruder Zweifel, Freiburg/Basel/Wien 2017, 48.
[11] Hoff, Außenwelt, 56.
[12] Vgl. Swift, Jonathan, Gullivers Reisen. Herausgegeben und für Kinder bearbeitet von Erich Kästner, Neuausgabe der Auflage von 1939 Hamburg 2007 (EA: 1726 unter dem Titel „Travels into Several Remote Nations of the World in Four Parts By Lemuel Gulliver, first a Surgeon, and then a Captain of Several Ships").
[13] Zitiert nach: https://paterberndhagenkord.blog/sprechen-von-gott-begreifen-fremd/ (Zugriff am 17.07.2020)
[14] Hoff, Außenwelt, 57.
[15] Ebd.
[16] Ebd.
[17] https://www.zeit.de/gesellschaft/zeitgeschehen/2015-01/papst-franziskus-meinungsfreiheit-faust (Zugriff am 20.07.20)
[18] Ebd.
[19] https://www.spiegel.de/panorama/papst-franziskus-pontifex-wuerde-sich-fuer-ehre-seiner-mutter-pruegeln-a-1013191.html (Zugriff am 20.07.20)
[20] Vgl. etwa: Wilckens, Ulrich, Der Sohn Gottes und seine Gemeinde. Studien zur Theologie der johanneischen Schriften, Göttingen 2003, 147–166.
[21] Kehl, Medard, Art. Mutter Kirche, in: Kasper, Walter (Hg.), Lexikon für Theologie und Kirche (Band 7), Freiburg/Basel/Wien ^{3}1998, Sp. 561f.
[22] Taylor, Charles, Für eine grundlegende Neubestimmung des Säkularismus, in: Mendieta, Eduardo/Van Antwerpen, Jonathan (Hg.), Religion und Öffentlichkeit, Berlin 2012, 53–89, hier: 61f.
[23] Höhn, Hans-Joachim, Empört – verletzt – beleidigt. Recht und Grenzen emotionaler Reaktionen auf Blasphemien, in: Laubach, Kann man Gott beleidigen, 91–108.
[24] Ebd. 102f.
[25] Ebd. 106.
[26] Vgl. Merklein, Paradox, 293.
[27] Rahner, Karl, Theologie der Macht, in: Karl Rahner Sämtliche Werke, Band 12: Menschsein und Menschwerdung Gottes. Studien zur Grundlegung der Dogmatik, zur Christologie, Theologischen Anthropologie und Eschatologie, bearbeitet von Herbert Vorgrimler, Freiburg i. Br. u. a. 2005, 451–468, hier: 467.
[28] Hoff, Religionsgespenster, 235f.
[29] Vgl. die Arbeiten von Gregor Maria Hoff, der besonders den Überraschungs- bzw. Schockmoment der Offenbarung Gottes als lebensspendende Wirklichkeit an unterschiedlichen Stellen betont.
[30] Lühl, Lachen, 439.
[31] Vgl. ebd.
[32] Vgl. zum Begriff der Metanoia als Verwandlung auch: Foucault, Michel, Hermeneutik des Subjekts, Frankfurt a. M. ^{3}2016, 266–272 bzw. Müller, Fernando Suárez,

Skepsis und Geschichte: das Werk Michel Foucaults im Lichte des absoluten Idealismus, Würzburg 2004, 329.

[33] Ebd.
[34] Hoff, Außenwelt, 48.
[35] Ebd., 52.
[36] Ebd., 53.
[37] Ebd.
[38] Erne, Thomas, Hat Gott nichts zu lachen? Humor als theologische Kategorie, in: Geyer, Carl-Friedrich/Schneider-Stengel, Detlef (Hg.), Denken im offenen Raum. Prolegomena zu einer künftigen postmetaphysischen Theologie, Darmstadt 2008, 147–158, hier: 147.
[39] Sander, Hans-Joachim, Nicht ausweichen. Die prekäre Lage der Kirche, Würzburg 2002, 103.
[40] Erne, Hat Gott, 149.
[41] Ebd.
[42] Vgl. Luhmann, Niklas, Die Funktion der Religion, Frankfurt a. M. 1977, 36.
[43] Erne, Hat Gott, 158.
[44] Kuschel, Lachen, 188.
[45] Vgl. etwa Lübbe, Hermann, Religion nach der Aufklärung, Graz u. a. 1986.
[46] Kuschel, Lachen, 158.
[47] Vgl. ebd., 134.
[48] Ebd.

7. Wer hat Angst vor Lächerlichkeit? Oder: Lachen als Konfliktraum religiöser Identitäten

[1] Rahner, Karl, Vom Lachen und Weinen des Christen. Eine Betrachtung für Fastnacht und Aschermittwoch, in: Geist und Leben 24 (1951), 11–17 (aufgenommen in: Karl Rahner Sämtliche Werke, Band 7, 138–142).
[2] Ebd.
[3] Ebd., 11.
[4] Ebd.
[5] Ebd.
[6] Ebd., 12.
[7] Ebd., 14.
[8] Vgl. ebd., 12.
[9] Ebd., 11.
[10] Vgl. Gruber, Judith, Dissens?! Ein Gedankenanstoß mit Jacques Rancière, online: https://www.feinschwarz.net/dissens-ein-gedankenanstoss-mit-jacques-ranciere/ – veröffentlicht am 31.5.2016 (Zugriff am 27.7.2020)
[11] Vgl. Seewald, Dogma, 287.
[12] Odenthal, Andreas: Wenn Orte zu Lebensräumen werden. Der Gottesdienst als Freiraum ritueller Erfahrung, in: Diakonia 48 (2017), 99–106, hier: 100.
[13] Erne, Hat Gott, 149.

Anmerkungen 255

[14] Rahner, Lachen, 12.
[15] Vgl. Lüthe, Heitere Aufklärung, 98ff.
[16] Kierkegaard, Sören, Unwissenschaftliche Nachschrift Teil 2, übersetzt von H.M. Junghans, Düsseldorf 1958, 208.
[17] Vgl. Erne, Hat Gott, 151.
[18] Ebd., 152.
[19] Lühl, Lachen, 441.

8. Epilog

[1] Vgl. Groth, Alexander, Führungsstark in alle Richtungen. 360-Grad-Leadership für das Mittlere Management, Frunkfurt/New York ^{3}2013, 72.
[2] Rahner, Lachen, 14.
[3] Ebd.

9. Danksagung

[1] Vgl. Rahner, Karl, Im Alltag nicht alltäglich werden. Oder: wie der Alltag zum Gebet wird, Ostfildern 2019.
[2] Interview online abrufbar unter: „Ich bin ein gescheiterter Bootsverleiher" – https://www.youtube.com/watch?v=BquDn4U5U0I (Zugriff am 1.9.2020)